신방수 세무사의
N잡러를 위한
1인사업자 세무 가이드북

신방수 세무사의
N잡러를
위한

1인사업자
세무
가이드북

신방수 지음

두드림미디어

1인사업자도
왜 절세 가이드북이 필요한가?

대한민국 기업 중에서 개인사업자가 차지하는 비중은 절대적이다. 사업을 시작할 때 법인보다 비교적 간편하게 할 수 있는 장점이 있다 보니 나타난 현상이다. 그런데 개인사업자 대부분이 세무처리에 골머리를 앓고 있는 것이 현실이다. 무엇보다도 처한 상황에 따라 달라지는 제도 때문에 뭐가 뭔지 모르는 일들이 일상화되었기 때문이다.

예를 들어 한 사업자를 두고 간편장부니 복식장부니 성실신고니 따지는 것도 그렇고, 사업자카드를 등록해야 하는지 사업용 계좌를 신고해야 하는지 등에 대한 판단도 서지 않는다. 또 요즘 같은 'N잡러' 시대에 프리랜서라고 불리는 자유직업 소득자가 사업자등록을 하는 것이 유리한지, 안 해도 무방한지에 대한 판단 또한 쉽지 않다. 나아가 모든 사업자가 받을 수 있는 조세감면을 놓치는 경우도 허다하다. 운수업을 영위하는 사업자가 화물차를 산 경우 세액공제를 받을 수 있는지, 부동산 임대사업자가 고용을 증가시키면 세액공제를 받을 수 있는지도 아리송하기만 한다. 문제는 사업자가 이러한 것들을 모르고 지나쳐버리면 가산세는 물론이고, 수천만 원의 세금 혜택이 소리 소문 없이 날아가 버린다는 것이다.

이 책은 이러한 배경 아래 1인사업자를 포함해 개인사업자가 세금 때문에 손해를 보거나 세제 혜택을 놓치는 일이 없도록 사업에 관한 모든 세무정보를 제공하기 위해 집필되었다. 그렇다면 이 책《N잡러를 위한 1인사업자 세무 가이드북》은 다른 책에 비해 어떤 장점이 있을까?

첫째, 1인사업자의 세무에 관한 모든 쟁점을 다루었다.
이 책은 총 7개의 PART로 구성되어 있다. PART 01은 사업에 대한 기초적인 세무문제를, PART 02는 사업자등록증상의 정보를 통해 사업 세무의 원리를 다룬다. PART 03은 사업자등록 후 세법에서 요구하고 있는 협력의무를 살펴본다. PART 04는 부가가치세, PART 05는 종합소득세에 관한 실무적인 세무처리법을, PART 06은 최근 논란이 되고 있는 N잡러 프리랜서에 대한 전반적인 세무상 쟁점을 다룬다. 마지막 PART 07은 개인사업자들에게 법인에 대한 세무정보를 제공하는 한편 법인전환의 실익에 대해 분석한다.

- **PART 01** 사업자는 세금의 기초부터 파악하라
- **PART 02** 사업자등록증상의 정보가 중요한 이유
- **PART 03** 사업 시작 전에 알아둬야 할 것들
- **PART 04** 깔끔한 부가세처리는 사업의 기본이다
- **PART 05** 사업자의 종합소득세 절세법(조세감면 포함)
- **PART 06** 1인프리랜서(유튜버, 연예인, 강사 등) 절세 특집
- **PART 07** 법인으로 사업하기(법인전환 포함)

둘째, 실무에 필요한 핵심적인 내용을 최대한 실었다.

사업을 둘러싼 세무내용은 생각보다 복잡하다. 원천세, 부가가치세, 소득세 신고는 물론이고, 그와 관련된 자료를 제때 제출하는 것은 기본이다. 문제는 각론으로 들어가면 마치 미로찾기가 될 수 있다는 것이다. 예를 들어 업무용 승용차 2대 이상을 운행하면 업무전용 자동차보험에 가입해야 하는데, 사업자 중 복식부기 의무자와 성실신고사업자만 이에 해당한다. 그런데 이러한 의무를 이행하지 않았을 때 불이익을 주는 방법이 이 두 사업자 간에 차이가 있다. 이 외에도 수많은 사례들이 즐비하다. 이 책은 사업자의 관점에서 반드시 알아야 할 핵심 세무정보를 싣기 위해 심혈을 기울였다. 자세한 내용은 본문에서 확인하기 바란다.

셋째, 놓치기 쉬운 조세감면, 법인전환 등 최신 정보를 다루었다.

사업자는 물론이고 세무회계를 담당하고 있는 실무자 등이 가장 난감해 하는 것이 바로 조세특례제한법 등에서 정하고 있는 조세감면 제도다. 이 제도는 분명 사업자에게 혜택을 주는 제도인데, 이를 적용받기까지는 험난한 과정을 밟아야 하고, 감면 신청을 한 경우라도 요건을 잘못 적용해 추징당하는 사례들이 발생하다 보니 아예 처음부터 포기하는 경우가 잦다. 세금을 꼬박꼬박 내는 사업자의 입장에서는 아쉬운 대목이 아닐 수 없다. 이 외에도 세 부담이 많은 사업자는 법인전환을 시도할 가능성이 높은데, 법인전환이 모든 상황에 좋은 것만은 아니다. 예를 들어 재고자산이 많은 상태에서 이를 시도하다가는 소득세 폭탄을 맞을 수 있다. 이 책은 사업자의 관점에서 조세감면을 정확히 받고, 법인전환에 대한 의사결정을 잘할 수 있도록 했다.

이 책은 개인사업을 둘러싼 모든 세무에 관한 내용을 담고 있어 개인사업자들의 필독서에 해당한다. 따라서 예비 창업자는 물론이고, 사업을 영위 중에 있는 사업자, 그리고 금융 및 세무업계 등에서 일하고 있는 분들에게 많은 도움이 될 것으로 기대한다. 만약 책을 읽다가 궁금증이 생기는 경우에는 저자가 운영하고 있는 네이버 카페(신방수세무아카데미)를 찾기 바란다. 이곳에서는 실시간 세무상담은 물론이고 최신의 세무정보, 그리고 소득세 등 세금계산기도 장착되어 있어 활용도가 높을 것이다.

이 책은 많은 분들의 응원과 도움을 받았다. 우선 이 책의 내용에 대한 개선 방향 등을 지적해주신 권진수 회계사님께 감사의 말씀을 드린다. 그의 앞날에 무궁한 발전이 있기를 기원한다. 그리고 항상 저자를 응원해주신 카페회원들과 가족의 안녕을 위해 늘 기도하는 아내 배순자와 대학생으로 포부를 키워가고 있는 두 딸 하영과 주영에게 감사의 말을 전한다.

아무쪼록 이 책이 개인사업자의 세무에 능통하고자 하는 분들에게 작은 도움이라도 되었으면 한다.

독자들의 건승을 기원한다.

역삼동 사무실에서
세무사 신방수

PART 01 사업자는 세금의 기초부터 파악하라

PART 02 사업자등록증상의 정보가 중요한 이유

PART 03 사업 시작 전에 알아둬야 할 것들

PART 04 깔끔한 부가세처리는 사업의 기본이다

PART 05 사업자의 종합소득세 절세법(조세감면 포함)

PART 06 1인프리랜서(유튜버, 연예인, 강사 등) 절세 특집

PART 07 법인으로 사업하기(법인전환 포함)

일러두기

이 책을 읽을 때에는 다음 사항에 주의하시기 바랍니다.

1. 개정세법의 확인

이 책은 2023년 9월 말에 적용되고 있는 세법을 기준으로 집필되었습니다. 실무에 적용 시에는 그 당시에 적용되고 있는 세법을 확인하는 것이 좋습니다. 세법 개정이 수시로 일어나기 때문입니다.

2. 용어의 사용

이 책은 다음과 같이 용어를 사용하고 있습니다.

- 부가가치세(법)→부가세(법)
- 소득세법→소법
- 법인세법→법법
- 조세특례제한법→조특법
- 농어촌특별세(법)→농특세(법)

3. 각종 사업세무 정보

- 각종 사업에 대한 세무정보 및 신고안내문 등은 국세청 홈택스에서 자세히 알 수 있습니다.
- 사업에 필요한 각종 계약서와 서식, 소득세 및 양도소득세 등 자동계산기, 네트급여 의사결정 시뮬레이션 등은 저자의 네이버 카페(신방수세무아카데미)에서 제공하고 있습니다.
- 개정세법 및 개정법률 등은 '국회(법률)', '정부입법지원센터(시행령)', 일반 법률은 '법제처'의 홈페이지에서 검색할 수 있습니다.

4. 책 내용 및 세무상담 등에 대한 문의

책 표지의 안 날개 하단을 참조하시기 바랍니다.
특히 세무상담은 저자의 카페에서 자유롭게 할 수 있으니 잘 활용하시기 바랍니다.

01

사업자는 세금의 기초부터 파악하라

1인사업자가
세금을 알아야 하는 이유

지금부터 우리는 1인사업자를 포함한 개인사업자에 대한 세금을 가장 쉽고 빠르게 이해하려고 한다. 이 책을 읽는 독자들이 예비창업자이거나 이미 사업을 하고 있어도 괜찮다. 사업을 이제 시작하는 경우라면 사업 전에 세금의 틀을, 이미 하고 있다면 새는 세금이 없는지 등을 점검하면 될 것이다. 다음에서는 개인사업자가 세금에 대해 알아야 하는 이유를 좀 더 구체적으로 정리해보자.

첫째, 혜택을 놓치지 않기 위해서다.

사업자*가 투자하거나 고용을 늘리는 경우, 중소기업에 해당하거나 창업한 경우 등 여러 가지 사유에 해당하면 세액공제나 세액감면 등의 혜택을 누릴 수 있다. 또한, 9인 이상의 승합차를 사거나 이에 대한 유류비를 지출하는 경우에는 부가세를 환급받을 수 있다. 이 외에도 경조사비 등 각종 비용처리를 통해 세금절감 효과를 얻을 수 있다. 사업자가 이러한 혜택을 누리기 위해서는 당연히 세금에 대해 알아야 한다.

* 이 책에는 개인사업자를 사업자 또는 1인사업자로 혼용하고 있다.

둘째, 불이익을 방지하기 위해서다.

사업을 하다 보면 다양한 세무문제에 부닥치게 된다. 다양한 세목(부가세*, 소득세, 원천세 등)에 따라 신고 및 납부의무가 있고 그에 따른 다양한 지급명세서 제출의무, 기타 지켜야 할 것들이 있다. 이러한 의무를 이행하지 않으면 당연히 가산세 같은 제재가 뒤따른다. 따라서 사업자는 불이익을 방지하기 위해서라도 세금을 알아야 한다.

* 정식명칭은 부가가치세(Value Added Tax, VAT)라고 하나 이 책에서는 편의상 줄여서 '부가세'라고 한다.

셋째, 적정 세금을 내기 위해서다.

개인사업자가 세제를 모르면 자신의 소득에 맞는 세금을 내는 것이 아니라, 과도하게 내는 경우가 종종 발생한다. 물론 외부의 세무회계사무소를 이용하더라도 마찬가지다. 따라서 정확히 언제 어떤 세금을 어떤 방식으로 내는지를 알아두면 자신의 상황에 맞는 세금을 납부할 수 있게 된다.

Tip 사업소득 신고 건수 등(2021년 기준, 통계청)

구분	2020년	2021년
사업소득 신고 건수(건)	9,063,231	10,594,555
사업소득 총수입금액(백만 원)	1,013,478,663	1,129,194,958

조세 혜택에는 어떤 것들이 있을까?

앞서 보았듯이 사업자가 세제를 알아야 하는 이유 중 하나는 바로 조세 혜택을 최대한 누리기 위해서다. 실제 세법을 잘 아는 사업자는 기를 쓰고 자신에게 주어지는 혜택을 찾아 이를 신고서에 반영하는 경우가 많다. 하지만 대부분의 개인사업자는 사업에 치중하다 보니 어떤 제도가 있는지조차 모르는 경우가 많다. 이에 대해 지금부터 알아보자.

첫째, 경비처리에 따른 세 부담 절감효과

사업자의 소득세는 수입에서 비용을 차감한 이익에 대해 과세하는데, 이때 비용을 늘리면 그에 대해 6~45%(지방소득세 포함 시 6.6~49.5%) 그리고 건강보험료 같은 보험료의 절감효과를 동시에 누릴 수 있게 된다. 예를 들어 비용 1,000만 원을 추가하고 세율이 45%라면 다음과 같은 소득세 절감효과를 얻는다.

• 1,000만 원×45%=450만 원(지방소득세 포함 시 495만 원)

≫ 비용처리는 세법규정에 맞게 처리가 되어야 한다. 실무에서 보면 비용처리와 관련해 다양한 이슈들이 발생하고 있다. 이에 대한 자세한 내용은 PART 05에서 살펴본다.

둘째, 결손금 공제에 따른 세 부담 절감효과

사업자가 손해를 보면 당연히 당해 연도에는 소득세를 내지 않는다. 그렇다면 해당 결손금은 소멸할까? 그렇지 않다. 만약 같은 해에 다른 소득(근로소득이나 다른 사업소득 등)이 발생했다면 그 소득과 결산금을 통산할 수 있다. 그래도 잔여 결손금이 남았다면 향후 15년(2020년 이전 발생분은 10년, 이하 동일) 동안 이월해서 결손금을 통산할 수 있다.

≫ 사업자가 결손금을 인정받으려면 세법에서 정하는 방식으로 장부를 작성해야 한다. 이에 대한 자세한 내용은 PART 03에서 살펴본다.

셋째, 각종 조세 혜택

현행 세법에서는 사업자를 대상으로 다양한 조세 지원제도를 마련하고 있다. 예를 들어 노란우산공제(200~500만 원), 통합투자세액공제(투자액의 10% 이상), 통합고용세액공제(1인당 최고 1,550만 원) 등이 있다. 이 외에 중소기업 창업자*에 대해서는 소득세를 5년간 50~100%, 중소기업에 해당하면 무조건 매년 소득세의 5~30%를 감면한다(단, 업종 등의 요건이 있으며 중복적용 배제 등의 요건이 있음).

* 청년(34세 이하) 창업자에 대해서는 5년간 소득세의 50~100%를 감면한다(조특법 제6조, 제5장 참조).

≫ 실무적으로 사업자가 조세 지원제도를 활용하기가 쉽지 않다. 세제 지원을 받기 위해서는 일일이 요건을 확인해야 하기 때문이다. 자세한 내용은 PART 05를 참조하기 바란다.

세법상 의무를 불이행하면 주어지는 불이익은?

사업을 할 때 혜택을 받는 것도 중요하지만 그에 못지않게 의무 불이행에 따른 불이익을 사전에 방지하는 것도 중요하다. 생각보다 많은 가산세 등이 뒤따르기 때문이다. 아래에서 사업자가 이행해야 할 주요 협력의무와 불이행 시 받게 될 불이익을 정리해보자.

1. 사업자등록 관련 불이익

사업자는 원칙적으로 부가세법과 소득세(법인세)법에 따른 사업자등록 의무가 있다. 전자는 부가세 과세사업자, 후자는 부가세 면세사업자에게 적용된다. 이 둘을 비교하면 다음과 같다.

구분	과세사업자	면세사업자
사업자등록	해야 함.	좌동
근거법	부가세법	소법 또는 법법
미등록 가산세	0.5~1.0% 있음.	없음(단, 예외적으로 소법상 주택임대업은 0.2%의 가산세가 있음).
세금계산서 또는 계산서 미발급 가산세	있음.	좌동

원칙적으로 모든 사업자가 사업자등록을 해야 하며, 불이행 시 미등록 가산세가 부과된다. 다만, 부가세가 면제되는 사업자는 사업자등록을 하지 않더라도 미등록 가산세가 없다(단, 개인 주택임대사업자는 제외).

≫ 프리랜서(자유직업 소득자)는 부가세 면세사업자에 해당하지만, 사업에만 사용하는 물적 시설(건축물, 기계장치 등)을 갖추거나 직원을 고용하면 부가세 과세사업자로 돌변하므로 주의해야 한다. 이에 대해서는 PART 06에서 살펴본다.

2. 각종 신고 관련 불이익

사업자가 마주하는 주요 세목은 부가세, 종합소득세, 원천세 등이다. 세법은 이와 관련된 신고의무를 이행하지 않으면 가산세 등의 불이익을 준다.

1) 부가세 신고(면세사업자는 사업장 현황 신고)
사업자등록 이후에는 부가세 과세 및 면세와 관련해 다음과 같은 신고의무가 뒤따른다.

구분	과세사업자	면세사업자
신고의무	부가세 신고	사업장 현황 신고
신고주기	· 일반과세자 : 연 2회 · 간이과세자 : 연 1회	다음 해 2월 10일(법인은 무관)
불이행 시 불이익	· 신고불성실 가산세 · 납부지연 가산세	가산세 없음(단, 의료업 등 일부 업종은 가산세 있음).

2) 소득세 신고
수입에서 비용을 차감한 이익에 대해서는 1년 단위로 소득세(법인세)를 내야 한다. 이를 요약하면 다음과 같다.

구분	소득세	비고
신고의무자	모든 사업자	
신고 및 납부기한	다음 해 5월	성실신고사업자는 6월
세율	6~45%	
불이행 시 불이익	· 신고불성실 가산세 · 납부지연 가산세	

3) 원천세 신고

다음의 소득을 개인과 법인에 지급하는 자는 원천징수를 하고 이를 기한 내에 신고해야 한다. 또한, 이에 대한 지급명세서는 별도의 기한 내에 제출해야 한다.

구분	개인에게 지급하는 경우	법인에게 지급하는 경우
근거법령	소법 제127조	법법 제73조
원천징수대상 소득	· 이자·배당소득 · 근로소득 · 사업소득(열거소득*에 한함) · 연금소득 · 기타 소득 · 퇴직소득 · 봉사료소득 · 금융투자소득 등	· 이자소득 · 배당소득 중 투자 신탁 이익
원천징수 세율	3%, 5%, 25% 등 다양	14%, 25% 등
원천세 신고	다음 달 10일(또는 반기 마지막 달의 다음 달 10일)	좌동
불이행 시 불이익	가산세(Min[3%+미납세액×미납일 수× 2.2/10,000, 10%])	좌동

* 소법 제26조 제1항에 다음과 같은 것들이 열거되어 있다.

  5. 의료보건 용역(수의사의 용역을 포함한다)으로서 대통령령으로 정하는 것과 혈액

  15. 저술가·작곡가나 그 밖의 자가 직업상 제공하는 인적(人的) 용역으로서 대통령령으로 정하는 것

3. 기타

이 외에도 사업자들에게 다음과 같은 의무가 주어지고 있다. 물론 이러한 의무를 제대로 이행하지 않으면 가산세 등의 불이익이 뒤따른다.

- 사업용 계좌신고의무(복식부기 의무자)
- 세금계산서, 계산서발급의무(일반과세자, 간이과세자 중 일부, 면세사업자)
- 장부작성의무(모든 사업자)
- 근로계약서 작성 및 보관의무(모든 사업자)
- 임금명세서 발급의무(모든 사업자) 등

✏️ Tip 개인사업자의 납세의무 요약

구분		과세		면세사업자
		일반과세자	간이과세자	
개념		공급가액의 10%를 징수해 납부해야 하는 사업자	공급대가×부가율×10%를 징수해 납부해야 하는 사업자	부가세 징수의무가 없는 사업자
부가세 신고		연 2회	연 1회	-
사업장 현황 신고		-	-	다음 해 2월 10일
종합소득세 신고	일반사업자	다음 해 5월 중	좌동	좌동
	성실신고 사업자	다음 해 6월 중	좌동	좌동
원천징수의무		있음.	좌동	좌동
자료제출의무		있음.	좌동	좌동
외부감사 수감의무		없음(법인만 해당).	좌동	좌동

» 이 외 준조세인 4대 보험료가 별도로 부과된다.

적정 세금을 확인하는 방법

사업자가 세금을 알아야 하는 마지막 이유는 자신의 상황에 맞게 적정한 세금을 내고 있는지를 확인하기 위해서다. 적정한 세금보다 많거나 적게 내면 세금관리가 제대로 되지 않고 있음을 간접적으로 말해주기 때문이다. 그래서 사업자들에게 적정 세금관리는 매우 중요한 내용이다. 이에 대해 알아보자.

1. 사업소득에 대한 과세방식의 이해

사업자들에게 사업소득만 있다고 가정한다면 이에 대한 소득세 계산구조는 다음 페이지의 표와 같다. 참고로 이때 적용되는 소득세율은 아래처럼 8단계 누진세율 구조로 되어 있다. 물론 이 외에 지방소득세(구주민세)율이 소득세율의 10%로 발생한다.

과세표준	세율(누진공제)	과세표준	세율(누진공제)
1,400만 원 이하	6%	3억 원 이하	38%(1,994만 원)
5,000만 원 이하	15%(126만 원)	5억 원 이하	40%(2,594만 원)
8,800만 원 이하	24%(576만 원)	10억 원 이하	42%(3,594만 원)
1억 5,000만 원 이하	35%(1,544만 원)	10억 원 초과	45%(6,594만 원)

구분		내용
회계	수입(①)	1. 1~12. 31까지의 수입집계
	-비용	사업 관련 비용(인건비 등)
	=이익	
세무	+세무조정	
	=사업소득 금액(②)	
	-종합소득공제	기본공제 등
	=과세표준	
	×세율	6~45%
	=산출세액	
	-세액공제, 세액감면	자녀 세액공제, 투자세액공제, 세액감면 등
	+가산세	증명서류 수취 불성실 가산세 등
	=결정세액	
	-기납부세액	
	=납부할 세액	

사업자의 소득세는 표와 같이 여러 단계를 거쳐 산출된다. 따라서 최종 납부할 세액을 줄이기 위해서는 이 모든 단계를 정확히 이해하고 관리할 수 있어야 한다. 자세한 내용은 뒤에서 순차적으로 살펴볼 것이다.

2. 적정 세금을 확인하는 방법

소득을 기반으로 내는 소득세는 사실상 앞의 사업소득 금액(②)의 크기에 따라 달라진다. 따라서 이 세금을 줄이고 싶다면 매출에서 사업소득 금액이 차지하는 비중을 줄여야 한다. 하지만 국세청은 업종별로 표준소득률이라는 지표를 두고 있어 이보다 낮게 신고하면 불성실신고자로 분류될 수 있다. 예를 들어 다음 표에서 사업장이 없는 유튜버의 경우 단순경비율은 64.1%이므로 동종업계의 평균소득신고율은 약

36%(100%-64.1%)가 된다. 이는 수입이 1억 원이라면 3,600만 원 정도의 소득을 과세소득으로 신고하고 있음을 의미한다. 하지만 어떤 사람이 이보다 낮은 1,000만 원으로 신고했다면 불성실신고신고자로 분류될 수 있다.

업종코드	세분류	세세분류	단순경비율	기준경비율
940306	기타 자영업	1인 미디어콘텐츠 창작자	64.1%	16.8%
	·인적 또는 물적 시설 없이 인터넷 기반으로 다양한 주제의 영상 콘텐츠 등을 창작하고 이를 영상 플랫폼에 업로드해 시청자에게 유통함으로써 수익이 발생하는 산업활동을 말한다. - 인적용역자의 콘텐츠 창작 등에 따른 수입 포함			
	〈예시〉 ·유튜버, BJ, 크리에이터 등 * 인적 또는 물적 시설을 갖춘 미디어콘텐츠 창작업은 921505 적용			

≫ 업종코드 찾는 방법 : 국세청 홈택스에서 찾을 수 있다. PART 02를 참조하기 바란다. 참고로 소득세 시뮬레이션은 저자의 카페(네이버, 신방수세무아카데미)에서 할 수 있다.

세금은 누가 어떻게 환급받는가?

대부분의 사업자는 소득세를 낸다. 그런데 어떤 사업자는 오히려 세금을 환급받는다. 대표적으로 사업에서 손실이 발생한 경우가 그렇다. 물론 이 외에도 다양한 사유에 의해 환급을 받는 경우도 많은데, 다음에서 이에 대해 정리해보자.

1. 종합소득세를 환급받을 수 있는 경우

개인 또는 개인사업자가 소득세를 환급받을 수 있는 경우의 수를 나열하면 다음과 같다.

첫째, 당해 연도에 손실이 발생하면 기납부세액 중 일부나 전부를 환급받을 수 있다.

사업자는 당해 연도 11월 중에 전년도에 납부한 소득세액의 1/2 정도를 미리 납부하고, 다음 해 5월에 확정된 소득세에서 이를 차감하는 구조로 정산한다. 따라서 당해 연도에 결손이 나면 산출되는 소득세가 없으므로 미리 낸 소득세를 돌려받을 수 있게 된다.

≫ 만일 사업소득이 결손이 난 상태에서 근로소득 등이 발생하면 이 둘의 소

득을 통산하므로 근로소득세 중 일부를 환급받을 수 있다. 이렇게도 남은 결손금은 15년간 이월해 다른 소득과 통산할 수 있다.

둘째, 당해 연도에 손실이 발생하면 과거에 낸 소득세도 돌려받을 수 있다.

당해 연도에 결손금이 발생하면 향후 15년간 이월공제가 가능하지만, 거꾸로 전년도의 소득과 통산할 수 있다(중소기업 결손금소급공제제도). 이렇게 되면 전년도에 낸 세금을 돌려받을 수 있는 이점이 있다. 예를 들어 전년도에 낸 소득세가 1,000만 원이고 올해 결손금이 발생한 경우, 이 결손금을 전년도의 소득과 통산하면 최대 1,000만 원을 환급받을 수 있다는 것이다.

셋째, 3.3%로 원천 징수당한 사업자들도 환급을 받을 수 있다.

소위 프리랜서로 불리는 자유직업 소득자는 소득 중 3.3%로 원천 징수당한 세액에 대해 다음 해 5월(6월) 중 소득세 신고를 통해 일부를 돌려받을 수 있다. 예를 들어 2023년에 수입 1억 원 중 3.3%인 330만 원을 미리 냈고, 세금을 정산한 결과 220만 원이 소득세 등으로 확정되었다면 이 중 110만 원을 돌려받을 수 있다는 것이다. 이 외 8.8%로 원천 징수된 기타 소득자도 같은 방식으로 환급을 받을 수 있다. 이러한 환급 업무는 보통 세무회계사무소를 통해 이루어진다.

넷째, 연말정산 때 소득공제를 못 받은 근로자들도 환급을 받을 수 있다.

전년도 근로소득에 대해 소득공제를 받지 못한 근로소득자는 다음 해 5월 중 또는 수시로 소득공제를 추가로 신청해 환급을 받을 수 있다. 예를 들어 조부모에 대한 기본공제를 누락했다면 이에 대한 서류를 첨부해 환급을 받는 식이다. 다만, 이러한 업무는 회사에서 해주는 것이 아니라 홈택스 등을 통해 직접 신청하거나 세무회계사무소에 위임할 수도 있다.

▶ 일용직은 일당 15만 원까지는 떼는 세금이 없고, 이를 초과하더라도 분리과세로 과세방식이 결정되므로 환급받을 수 있는 수단이 없다.

다섯째, 소득세를 과대 신고한 경우에는 경정청구를 할 수 있다.

소득세가 과대 신고된 경우에는 '경정청구'란 제도를 활용해 환급을 받을 수 있다. 이는 법정신고기한으로부터 소급해서 5년 이내에 발생한 환급세액을 담당 세무서에 돌려달라고 할 수 있는 제도를 말한다.

2. 적용 사례

사례를 통해 이 부분을 확인해보자.

> [사례]
> K 사업자는 전년도에 종업원 2명을 채용했다. 이들에 대한 인건비는 비용으로 반영했지만, 채용에 따른 세액공제 혜택은 받지 않았다. 다음 물음에 답하면?

Q1 사업자가 고용을 증가시키면 어떤 세제 혜택을 받을 수 있는가?

사업자가 고용을 증가시키면 대표적으로 1인당 최대 1,550만 원을 최대 3년간 계속 공제받을 수 있다.

▶ 이에 대한 자세한 내용은 뒤에서 살펴본다.

Q2 증가한 종업원 1인당 1,550만 원을 세액공제를 받을 수 있는데 이를 환급받지 않았다면 어떻게 해야 할까?

공제요건을 충족했으나 공제신청을 하지 않았다면 경정청구를 통해 이를 환급받을 수 있다. 법정신고기한으로부터 소급해 5년 이내에 발생한 것에 대해 청구할 수 있다.

Q3 앞과 같이 세액공제를 받은 후 고용을 축소하면 어떤 불이익이 뒤따를까?

이러한 세제 혜택은 최대 2~3년간 주어지나 가족 등을 제외한 고용증가가 있었음이 입증되어야 한다. 그리고 세제 혜택을 받은 후에는 원칙적으로 2년 이상 고용을 유지해야 세금추징이 없다.

✏️ Tip 수정신고와 경정청구

사업자들은 수정신고와 경정청구 제도에 대해서도 잘 알아두는 것이 좋다.

1. 수정신고
사업자가 신고한 세액이 세법에 따른 것보다 과소신고된 경우에는 수정신고를 해야 한다. 이러한 수정신고는 세무조사가 나오기 전까지 할 수 있는데, 이때 기간에 따라 신고불성실 가산세를 최대 90%까지 감면받을 수 있다. 다만, 납부지연 가산세는 감면규정이 없다.

2. 경정청구
사업자가 신고한 세액이 세법에 따른 것보다 과다신고한 경우에는 경정청구를 할 수 있다. 이러한 경정청구는 법정신고기한으로부터 5년이 지나기 전까지 신청할 수 있다. 사업자의 경우 세액공제와 세액감면 등을 누락한 경우가 많은데 이 제도를 활용하면 5년간의 세액을 돌려받을 수 있다. 참고로 경정청구서를 제출하면 2개월 이내에 청구한 내용에 대해 인용 또는 거부를 결정해 통보하게 된다. 만일 거부 결정을 하면 90일 이내에 심판청구 등을 할 수 있다.

잘나가는 1인사업자가 세무위험에 취약한 이유

앞에서 본 것과 같이 사업자가 세금에 대한 이해를 정확히 하고 있다면 세금에 관한 위험을 줄이는 동시에 세제 혜택을 크게 누릴 수 있다. 하지만 현실은 그렇지 않다. 세법이 워낙 복잡하다 보니 이를 종합적으로 다루기가 쉽지 않기 때문이다. 그러다 보니 요즘 다음과 같은 기사들이 심심치 않게 등장하고 있다.

국세청에 따르면 최대 1,000만 명, 평균 구독자 수 550만 명인 이들은 광고, 후원, 상품판매 등으로 소득을 올리고 탈루한 혐의를 받고 있다. '뒷광고'로 소득을 탈루한 인플루언서는 부가세 과세 사업자등록을 하지 않고 부가세를 탈루했으며, 뒷광고 소득을 숨겼고, 슈퍼카 임차료와 해외여행 경비 등 업무와 무관한 경비를 업무상 비용으로 계산해 소득세를 탈세했다고 확인됐다(2021. 12. 10, 동아일보).

이 기사는 유명 유튜버(프리랜서)의 세무조사 관련 기사로 여기서 제기된 쟁점은 크게 세 가지다.

첫째, 부가세 과세사업자로 등록하지 않았다는 것이다.

1인프리랜서는 통상 부가세 면세사업자에 해당하지만, 물적 시설이 있거나 직원을 고용한 경우에는 부가세 과세사업자에 해당한다. 따라서 세무조사에서 과세사업자로 판명되면 매출에 대한 본세와 가산세 등이 추징될 가능성이 크다. 다만, 해외에서 입금된 광고료수익 등은 부가세율이 0%(영세율)이므로 매출세액은 추징되지 않으나, 영세율신고를 불성실하게 했으므로 관련 가산세 등이 발생할 것으로 보인다.

>> 사실관계 판단에 따라 결정이 되므로 납세자 입장에서는 항변이 가능하다.

둘째, 뒷광고 소득을 숨겼다는 것이다.

이는 매출을 숨겼다는 것을 의미한다. 따라서 부가세 과세사업의 경우 부가세와 소득세 추징이, 면세사업의 경우 소득세 추징이 뒤따를 것으로 예상한다.

>> 명확한 탈세에 해당하므로 납세자에게 비난의 화살이 따라올 가능성이 높다.

셋째, 업무와 무관한 경비를 비용으로 계상했다는 것이다.

개인사업자에게 늘 뒤따르는 문제에 해당한다. 개인적으로 사용하는 비용을 업무경비로 처리한 것은 세법을 위반한 것인데, 실무적으로 업무 관련성이 있는지를 판단하기가 쉽지 않기 때문이다.

>> 사실판단의 문제에 해당한다. 따라서 납세자의 관점에서는 항변이 가능하다.

그런데 앞에서 제기된 문제는 주로 개인사업자 중 돈을 잘 버는 사람들에게 집중되는 경향이 높다. 예를 들면 연예인이나 유튜버 등이 대표적으로 이에 해당한다.

그렇다면 이들은 왜 이러한 위험에 노출이 될까?

몇 가지로 요약해보자.

첫째, 세법 전체를 통제하기가 쉽지 않다.

사업과 관련되는 세금에는 부가세, 소득세 같은 것들이 있지만, 이를 제대로 통제하기 위해서는 세법을 정확히 이해해야 하는데 이게 말처럼 쉽지가 않다. 그로 인해 무방비 상태에서 손해를 보는 경우가 왕왕 있다. 예를 들어 사례의 유튜버는 자신이 벌어들인 소득에 대해서는 부가세가 없는 줄 알고 있었는데, 나중에 알고 보니 부가세가 과세된 사실을 뒤늦게 알았을 수도 있다. 이 외에도 세법이 매년 개정이 되다 보니 사업자가 이를 제대로 쫓아다니기가 힘들다는 것도 이러한 위험을 증가시키게 된다.

둘째, 납세협력의무가 많아도 너무 많다.

사업자는 매출과 매입에 대한 자료, 직원 고용 등에 따른 노무 문제, 원천징수 등과 관련된 자료제출 등 수많은 협력의무를 이행해야 한다. 이러한 업무를 제대로 하지 못하면 가산세나 과태료 등이 부과된다. 개인사업자는 사무조직 등을 제대로 갖추지 못해 이러한 업무를 제대로 수행하지 못할 가능성이 크다.

셋째, 무리수를 동원해 세무조사의 표적이 된다.

사업자가 재화나 용역을 제공할 때 세금계산서나 신용카드 매출전표 또는 현금영수증이 발급되면 매출 자체를 빠뜨리기가 쉽지 않다. 하지만 이러한 영수증이 발급되지 않으면 국세청이 조사를 벌이지 않는 이상 이를 찾아내기가 쉽지 않다. 그래서 돈 잘 버는 사업자 중에서 일부는 소득을 숨기곤 한다. 앞의 뒷광고처럼 말이다. 하지만 국세청은 이러한 사실을 다양한 경로를 통해 포착해 수시로 세무조사를 진행한다. 다음의 내용을 참고하자.

□ (조사 배경)

국세청(청장 김창기)은 대중적 인기와 사회적 영향력을 바탕으로 안정적인 고수익을 누리면서도 헌법상 납세의무를 다하지 않는 일부 사업자의 탈루혐의를 확인하고 조사에 착수했습니다.

□ (조사 대상)

이번 세무조사 대상자 84명의 유형은 다음과 같습니다.

○ (유형 ①) 연예인, 운동선수, 웹툰 작가 등 인적용역 사업자(18명)

- 가족 명의 1인 기획사를 세워 친인척의 인건비를 가공계상한 연예인, 법인에 저작권을 무상으로 이전해서 소득을 분산한 웹툰 작가

○ (유형 ②) 유튜버, 인플루언서 등 SNS-RICH(26명)

- 후원금 수입과 광고 수입을 신고 빠뜨린 유튜버, 사적경비를 법인비용으로 처리한 인플루언서, 허위인건비를 계상한 쇼핑몰 운영자

○ (유형 ③) 플랫폼 사업자, 온라인 투자정보서비스업자(19명)

- 수수료 수입을 신고 빠뜨린 플랫폼 사업자, 직원 명의 계좌로 수취한 투자 컨설팅 수입을 신고 빠뜨린 온라인 투자정보서비스업자

>> 이러한 유형의 세무위험을 줄이기 위해서는 사업을 둘러싼 모든 세무환경을 통제할 수 있어야 한다. 다음에서 보게 될 내용들이 모두 이에 해당한다.

세법상 사업자는 세목 등에 따라 다양한 형태로 구분할 수 있다. 예를 들어 부가세법에서는 일반과세자와 간이과세자, 소득세법(소법)에서는 간편장부대상자와 복식부기 의무자 등으로 구분하고 있다. 전자는 비교적 쉽게 구분이 되나 후자는 그렇지 않다. 이러한 관점에서 소법에서 규정한 사업자의 유형에 대해 구체적으로 알아보자. 참고로 이러한 사업자의 구분은 납세협력의무 등에서 많은 차이를 가져오므로 중요하게 다루는 것이 좋을 것으로 보인다.

1. 간편장부대상자와 복식부기 의무자의 구분

모든 사업자는 장부작성의무가 있다. 근거과세를 위해 세법이 이를 요구하고 있기 때문이다. 다만, 세법은 장부작성능력이 떨어진 사업자에 대해서는 간편장부, 그렇지 않은 사업자에 대해서는 복식장부를 요구하고 있다.

1) 간편장부와 복식장부의 형태
다음처럼 거래순서대로 기록하는 것을 '간편장부'라고 한다.

① 일자	② 계정과목	③ 거래내용	④ 거래처	⑤ 수입(매출)		⑥ 비용(원가 관련 매입포함)		⑦ 사업용 유형 자산 및 무형 자산 증감(매매)		⑧ 비고
				금액	부가세	금액	부가세	금액	부가세	

한편 차변과 대변 등의 회계 처리를 통해 계정별 원장, 총계정원장, 재무제표 등을 만드는 것을 '복식장부'라고 한다.

▶▶ 간편장부는 거래 사실만 나열하므로 장부작성 부담이 적다. 하지만 재무제표(재무상태표와 손익계산서 등)를 만들 수 없고, 감가상각비나 결손금 등을 계속 관리할 수 없다는 단점이 있다. 이러한 점 때문에 간편장부대상자임에도 불구하고 회계 처리를 기반으로 하는 복식장부를 작성하는 경우가 많다. 회계지식이 필요하면 저자의《리셋! 회계공부》,《기업회계 가이드북(실전 편)》을 참조하기 바란다.

2) 간편장부와 복식장부 작성기준
① 신규사업자
신규사업자는 장부작성이 부담될 수 있으므로 매출액의 크기에도 불구하고 간편장부를 작성하도록 하고 있다. 참고로 다음의 전문직 사업자는 매출액의 크기에 관계없이 복식부기 의무자에 해당한다.

> 변호사업, 심판변론인업, 변리사업, 법무사업, 공인회계사업, 세무사업, 경영지도사업, 기술지도사업, 감정평가사업, 손해사정인업, 통관업, 기술사업, 건축사업, 도선사업, 측량사업, 공인노무사업, 의사업, 한의사업, 약사업, 한약사업, 수의사업과 그 밖의 이와 유사한 사업서비스업으로서 기획재정부령으로 정하는 것

② 기존사업자
기존사업자는 전년도의 매출액을 기준으로 이에 대한 기준을 정하고 있다. 즉 다음 업종별 매출액이 3억 원·1억 5,000만 원·7,500만 원 미만은 간편장부, 그 이상은 복식장부를 작성해야 한다.

업종	기준수입금액	
	간편장부	복식장부*
농업 등 일차 산업, 부동산 매매업, 도소매업, 광업, 다음에 해당하지 않은 업종	3억 원 미만	3억 원 이상
제조업, 숙박업, 음식업, 전기·가스 및 수도업, 운수업, 건설업, 소비자 용품 수리업, 창고업과 통신업, 금융 및 보험업	1억 5,000만 원 미만	1억 5,000만 원 이상
부동산 임대업, 사업서비스업, 교육서비스업, 보건 및 사회복지서비스업, 개인서비스업, 가사 서비스업	7,500만 원 미만	7,500만 원 이상

* 의사 등 전문직 사업자는 무조건 복식장부를 작성해야 함(이들은 장부 미작성 시 단순경비율이 적용 배제됨).

참고로 한 사업장에서 업종을 겸영하거나 사업장이 두 곳 이상이면 다음의 계산식에 의해 계산한 수입금액에 의한다. 즉 부업종 등의 수입금액을 환산해 주업종의 수입금액에 더해 앞의 장부작성기준을 적용한다.

주업종(수입금액이 가장 큰 업종을 말한다)의 수입금액 + 주업종 외의 업종의 수입금액 × (주업종에 대한 위 기준수입금액 / 주업종 외의 업종에 대한 위 기준수입금액)

≫ 참고로 업종은 장부작성의무뿐만 아니라 기타 다양한 제도의 적용기준으로도 사용하고 있다. 예를 들면 다음과 같다.

· 성실신고확인제도 적용 여부
· 중소기업 해당 여부
· 조세감면 업종 해당 여부 등

3) 장부 미작성에 따른 가산세 부과와 면제

사업자가 앞의 장부작성의무를 이행하지 않으면 무기장가산세(20%)를 부과한다. 다만, 다음과 같은 소규모 사업자는 이를 면제한다.

· 해당 과세기간에 신규로 사업을 개시한 사업자
· 직전 과세기간의 사업소득의 수입금액 합계액이 4,800만 원에 미달하는 사업자
· 과세표준확정신고의무가 면제되는 보험설계사와 후원방문판매원, 음료배달원(수입금액 7,500만 원 미만으로 연말정산 사업소득자를 말함)

≫ 이러한 소규모 사업자에 대해서는 다양한 혜택이 주어진다. 뒤에서 살펴본다.

2. 장부 미작성 시 소득금액 파악방법

사업자의 소득세는 원칙적으로 장부를 바탕으로 계산한다. 하지만 사업자 중 일부는 장부를 작성하지 않는데, 이때에는 경비율을 사용해 추계로 소득세를 신고하게 된다.

1) 경비율 제도란

장부를 작성하지 않아 필요경비를 입증하기가 힘든 경우, 정부에서 정한 경비율로 이를 대신하는 제도를 말한다. 다음 두 종류가 있다.

▶ 단순경비율 : 수입금액에 정부에서 정한 경비율을 곱한 금액을 필요경비로 인정함.

예) 수입이 1억 원이고 단순경비율이 60%라면 6,000만 원을 경비로 인정

▶ 기준경비율 : 주요 3대 경비(인건비, 임차료, 재료비)는 실제 지출한 비용으로 하고, 기타 소소한 비용은 '수입금액×기준경비율'로 계산해 이 둘의 합계액을 필요경비로 인정함.

예) 수입이 1억 원이고 인건비 등 주요경비는 2,000만 원이고 기준경비율이 10%라면 필요경비는 3,000만 원(2,000만 원+1억 원×10%)임.

≫ 단순경비율은 상당히 높으나 기준경비율은 상당히 낮다. 전자는 영세사업자에게 적용되므로 우대하는 측면이 있으나, 후자는 상대적으로 규모가 있는 사업자에게 적용되므로 불이익을 강조하는 측면이 있다.

2) 단순경비율과 기준경비율 적용대상 기준
단순경비율과 기준경비율 적용대상은 다음과 같이 구분한다.

① 신규사업자
신규사업자(전문직 사업자 제외)의 매출액이 복식장부 작성기준(3억 원, 1억 5,000만 원, 7,500만 원 이상)에 해당하면 기준경비율이 적용된다.

≫ 신규사업자는 간편장부대상자이지만 사업 첫해에 매출액이 복식부기의무 수준(3억 원 등)이 되면 기준경비율이 적용될 수 있다. 따라서 사업 첫해에 매출액이 많이 발생하면 처음부터 복식장부를 선택하는 것이 바람직할 것으로 보인다.

② 기존사업자
기존사업자는 직전 연도의 수입금액(업종별로 6,000만 원·3,600만 원·2,400만 원)을 가지고 판단한다. 즉 이의 기준에 미달하면 단순경비율, 그 이상이면 기준경비율이 적용된다.

업종	단순 또는 기준경비율 적용기준	
	신규사업자	기존사업자
농업 등 일차 산업, 부동산 매매업, 도소매업, 광업, 다음에 해당하지 않은 업종	3억 원	6,000만 원
제조업, 숙박업, 음식업, 전기·가스 및 수도업, 운수업, 건설업, 소비자 용품 수리업, 창고업과 통신업, 금융 및 보험업	1억 5,000만 원	3,600만 원
부동산 임대업, 사업서비스업, 교육서비스업, 보건 및 사회복지서비스업, 개인서비스업*, 가사서비스업	7,500만 원	2,400만 원*

* 개인서비스업종 다음과 같은 인적용역 사업자는 3,600만 원으로 상향됨(2023년부터).
 · 퀵서비스 배달원, 대리운전기사 등

⨠ 이처럼 기준경비율 적용대상 기준이 낮은 이유는 장부를 통해 소득세를 신고하도록 하는 취지가 있다.

3. 적용 사례

사례를 통해 앞의 내용을 확인해보자.

[자료]
 · 신규사업자에 해당함.
 · 올해 수입금액은 2억 원임.
 · 업종은 소매업임.

Q1 이 사업자의 장부작성의무는?
신규사업자는 무조건 간편장부대상자가 된다. 물론 전문직 사업자는 복식장부의무자가 된다.

Q2 이 사업자가 장부를 작성하지 않으면 무기장 가산세가 부과되는가?

그렇지 않다. 신규사업자에 대해서는 무기장 가산세를 부과하지 않기 때문이다.

Q3 이 사업자가 장부를 작성하지 않고 소득세를 신고하면 단순경비율을 적용받을 수 있는가?

그렇다. 소매업의 경우 수입금액이 3억 원을 넘어가면 복식부기 대상 기준이 되는데, 사례는 이에 미달하므로 단순경비율을 적용받을 수 있다.

Q4 사례의 경우 장부를 작성하는 것이 좋은가, 하지 않는 것이 좋은가?

사례의 경우 무기장 가산세도 없고 단순경비율을 적용받을 수 있어 소득세 신고를 간단히 마칠 수 있다. 다만, 비용이 많이 들어서 이익이 얼마 안 되거나 결손이 예상되는 경우에는 장부를 작성해서 비교하는 것이 좋을 것으로 보인다.

≫ 매출액이 연간 4,800만 원을 넘어가는 경우 앞에서 본 장부를 작성해 소득세를 신고하는 것이 경비율을 통해 신고하는 것보다 유리한 것이 일반적이다. 이 금액을 넘어가면 무기장 가산세가 20%가 부과되기도 하지만, 경비율이 낮게 적용되는 경우가 많기 때문이다. 따라서 실무에서는 ① 장부를 작성해 신고하는 것과 ② 경비율(단순, 기준)로 신고하는 것을 비교해 유리한 방법을 선택할 수 있어야 한다.

매출액이 업종별로 다음 금액 이상인 사업자는 세무대리인으로부터 매출과 비용에 대한 적정성을 검증받아야 한다. 이러한 제도를 적용받은 사업자를 '성실신고확인 대상 사업자(성실신고사업자)'라고 하며 다음과 같은 기준을 사용한다.

업종	기존 수입금액 (해당 연도)
1. 농업과 임업, 어업, 광업, 도매업 및 소매업(상품중개업 제외), 부동산 매매업, 다음 2와 3에 해당하지 아니하는 사업	15억 원 이상
2. 제조업, 숙박 및 음식점업, 전기·가스·증기 및 수도사업, 하수·폐기물처리·원료 재생 및 환경복원업, 건설업, 운수업, 출판·영상·방송통신 및 정보서비스업, 금융 및 보험업, 상품중개업	7억 5,000만 원 이상
3. ① 부동산 임대업, 부동산 관련 서비스업, 임대업(부동산 임대업 제외), 전문·과학 및 기술 서비스업, 사업시설관리 및 사업지원서비스업, 교육서비스업, 보건업 및 사회복지서비스업, 예술·스포츠 및 여가 관련 서비스업, 협회와 단체, 수리 및 기타 개인서비스업, 가구 내 고용 활동 ② 위 1, 2에 해당하는 업종을 영위하는 사업자 중 다음에 해당하는 전문직 사업자 ▶ 변호사업, 공인회계사업, 세무사업, 변리사업, 건축사업, 법무사업, 심판변론인업, 경영지도사업, 기술지도사업, 감정평가사업, 손해사정인업, 통관업, 기술사업, 측량사업, 공인노무사업	5억 원 이상

≫ 성실신고확인 대상 판단은 '해당 연도' 수입금액을 기준으로 함에 유의해야 한다. 따라서 신규사업자라도 매출액이 상당하다면 사업 첫해부터 이 제도를 적용받게 된다. 한편 앞의 수입금액에는 사업용 유형고정자산의 처분가액은 산입하지 않는다(장부작성 판단 시도 동일).

참고로 성실신고사업자는 다음 해 6월 중에 소득세 신고를 한다. 이들의 세무관리법 등은 PART 05에서 살펴본다.

※ 세법상 전문직 사업자와 세무상 쟁점

세법상 전문직 사업자에 대해서는 소득세 과세를 강화하는 제도들이 많이 선보이고 있는데, 그중 장부작성의무, 경비율, 성실신고 등에서 미세한 차이가 있다. 이하에서 이에 대해 살펴보자.

1. 장부작성의무

다음의 전문직 사업자는 간편장부대상자에서 무조건 제외한다(소령 제208조 제5항 단서).

> 변호사업, 심판변론인업, 변리사업, 법무사업, 공인회계사업, 세무사업, 경영지도사업, 기술지도사업, 감정평가사업, 손해사정인업, 통관업, 기술사업, 건축사업, 도선사업, 측량사업, 공인노무사업, 의사업, 한의사업, 약사업, 한약사업, 수의사업

2. 경비율 적용대상

위 1에서 열거된 전문직 사업자는 단순경비율 적용대상자에서 제외한다(소령 제143조 제5항).

3. 성실신고 적용대상

다음의 업종에 대해서는 매출에 관계없이 성실신고확인서를 제출해야 한다(소령 제133조 제1항 단서).

> 변호사업, 심판변론인업, 변리사업, 법무사업, 공인회계사업, 세무사업, 경영지도사업, 기술지도사업, 감정평가사업, 손해사정인업, 통관업, 기술사업, 건축사업, 공인노무사업, 측량사업, 행정사업

4. 앞에서 확인해야 할 내용

· 장부작성의무와 경비율 제도는 동일한 기준을 두고 있다. 예를 들어 치과의원을 개원하면 복식장부의무자가 되며, 이를 미작성 시 기준경비율이 적용된다.

· 성실신고적용대상 전문직 사업자는 별도의 기준을 두고 있다. 따라서 치과의원을 개원하면 당해 연도 매출이 5억 원 이상이 되어야 성실신고를 적용받게 된다. 그러나 변호사업을 개업하면 무조건 성실신고 적용대상자가 된다.

1인사업자는 사업의 전 과정을 혼자 책임지기 때문에 세무회계의 경우 외부의 힘을 빌리는 경우가 많다. 하지만 사업의 결과는 자신이 지는 만큼 전반적인 세무 흐름과 그에 대한 관리법 정도는 알아두는 것이 좋다. 다음에서는 사업자 유형별 세무관리법을 알아보자.

1. 간편장부대상자

수입금액이 얼마 되지 않는 간편장부대상자는 다음과 같은 세무관리가 필요하다.

- 간편장부는 신규사업자와 기존사업자 중 업종별로 매출액이 일정액에 미달하는 사업자가 작성한다.
- 이러한 사업자는 사업 초기에 있거나 수입금액이 얼마 되지 않아 세법상 규제가 심하지 않다. 예를 들어 사업용 계좌 사용의무를 두지 않고, 업무용 승용차에 대해 규제하지 않는 것이 대표적이다.
- 간편장부대상자는 사업 초기부터 복식장부를 작성하면 재무제표를 작성할 수 있고, 조세감면 등을 받을 때 유리한 점이 있다.
- 간편장부대상자는 단순경비율과 장부작성 중 유리한 것으로 소득세 신고를 할 수 있다.

2. 복식부기 의무자

수입금액이 비교적 많은 복식부기 의무자는 다음과 같은 세무관리가 필요하다.

- 복식장부는 기존사업자 중 업종별로 매출액이 일정액 이상인 사업자와 전문직 사업자가 작성한다(간편장부대상자도 이를 작성할 수 있다).
- 이러한 사업자는 사업의 절정기에 있으면서 수입금액이 많아 세법상의 규제가 심하다. 예를 들어 사업용 계좌 사용의무를 두는 한편 업무용 승용차에 대해 규제하는 것이 대표적이다(다음).
- 이들의 대부분은 장부를 통해 소득세를 신고하는 한편 평소 소득률 관리부터 각종 소득공제나 세액공제 등에 관심을 둘 필요가 있다.
- 만일 세무관리를 제대로 함에도 소득세 부담이 여전한 경우에는 법인전환을 적극적으로 모색한다.

※ 개인과 법인의 업무용 승용차 관련 세무처리법 비교

구분		개인사업자	법인사업자
1. 취득 시	① 취득 때 발생하는 세금	부가세, 개별소비세, 취득세 등	좌동
	② 부가세 환급 여부	개별소비세가 부과되지 않는 차량 부가세 환급 가능	좌동
2. 운행 시	① 업무용 승용차 비용 규제대상	복식부기 의무자 이상	모든 법인
	② 운행비 규제	· 운행일지 작성 : 업무사용 비율 · 운행일지 미작성 : 1,500만 원	· 좌동 · 좌동(단, 임대법인 500만 원)
	③ 업무전용 자동차 보험 가입	의무(사업자 유형별로 미가입 시 손금불산입 차등 적용, 다음 참고)	의무(불이행 때 전액 손금불산입)
	④ 운행명세서 미제출 등 가산세	2022년부터 적용 (규제대상 차량에 한함)	좌동

구분		개인사업자	법인사업자
3. 처분 시	① 처분 시 부가세 발생 여부	발생 (단, 면세업은 제외)	좌동
	② 처분손실 인정	연간 800만 원 (초과분은 이월과세)	좌동

※ 개인사업자의 업무전용 자동차보험 관련 개정내용

구분	현행	개정	시행시기
개인사업자의 업무전용 자동차보험 가입의무	성실신고확인대상자와 전문직 사업자	전체 복식부기 의무자	2024. 1. 1 이후 소득발생분
전용보험 미가입 시 필요경비 불산입률	50%	100%	2024. 1. 1 이후 발생분(단, 성실신고확인대상자 또는 전문직 사업자가 아닌 경우 2024, 2025년은 50% 불산입)

3. 성실신고사업자

복식부기 의무자 중 매출액이 일정 이상인 사업자와 전문직 사업자 (의사 등)는 다음과 같은 세무관리가 필요하다.

- 성실신고사업자는 복식부기 의무자 중 업종별로 매출액이 일정액 이상인 사업자와 전문직 사업자를 말한다.
- 이러한 사업자는 사업의 절정기에 있으면서 수입금액이 최상위에 해당되어 세법상의 규제가 가장 심하다. 예를 들어 앞의 복식부기 의무자처럼 사업용 계좌 사용의무 및 업무용 승용차에 대한 규제는 물론이고, 성실신고확인서를 제출하도록 하는 등 규제를 강화하고 있다. 또한, 사후검증이나 세무조사도 이들을 주요 대상으로 한다.

- 이들의 세무관리도 복식부기 의무자를 준용하나, 매출 누락이 있어서는 안 되고 모든 비용 하나하나에 대해서는 지출의 타당성을 검증하는 방식으로 업무처리를 해야 한다. 업무 무관 비용 등을 과도하게 장부에 계상하면 세무대리인도 징계 등을 받게 된다.

✏️ Tip 신규사업자에 대한 세제상의 혜택

개업한 첫해의 신규사업자는 세법상 소규모 사업자에 해당하므로 다음과 같은 혜택이 주어진다. 위의 소규모 사업자는 신규사업자, 4,800만 원 미만 사업자, 연말정산 사업자를 말한다.

- 간편장부대상자에 해당함.
- 복식장부 작성 시 기장 세액공제(100만 원 한도)를 적용함.
- 장부 없이 신고해도 무기장 가산세를 미부과함.
- 3만 원 초과거래 시 비적격 영수증 수취에 따른 영수증 수취명세서 제출의무가 면제됨.
- 연간 8,000만 원 이하의 사업자 중 조특법 제6조에서 정한 창업중소기업에 해당하면 5년간 발생한 소득세의 50~100%를 감면받을 수 있음(PART 05 참조).
- 소규모 사업자 중 성실사업자는 세무조사를 면제함(다음).
- 소득세를 자발적으로 신고하지 않아도 정부에서 세액을 계산해 알려주어 모두채움 서비스를 제공함(모바일 등으로 간편하게 신고할 수 있음. PART 05 참조).
- 이 외에도 다음과 같은 혜택을 누릴 수 있음.
  · 국민연금과 고용보험 80% 국가지원(두루누리 사회보험 지원사업)
  · 통합고용세액공제(신규채용 시 1인당 최대 1,550만 원 3년간 지원)
  · 통합투자세액공제(투자 금액의 10% 이상 세액공제)

※ 소규모 성실사업자 정기세무조사 면제 대상 합리화(국기령 제63의6)

종전	현행
□ 일정 요건을 충족하는 소규모 성실사업자의 경우 정기세무조사 대상에서 제외 가능 ※ 단, 탈세 혐의가 명백한 경우는 제외	□ 면제 대상 확대 및 요건 강화
① 수입금액 요건 - 개인 : 간편장부대상자 규모* 이하 *도소매, 광업 등은 3억 원, 제조·건설, 음식·숙박업 등은 1억 5,000만 원, 서비스업 등은 7,500만 원	- (좌동)
- 법인 : 수입금액 1억 원 이하	- 3억 원 이하로 확대
② 성실성 요건(모두 충족) - 복식부기 장부 기장·비치 - 국세청장이 정하는 성실신고기준 충족 - 신용카드·현금영수증 가맹점으로 모두 가입하고 발급거부 등이 없을 것(현금영수증 가입 의무자에 한함) - 사업용 계좌 개설·이용(개인에 한함) - 최근 3년간 조세범 처벌 없음. - 납부기한 현재 국세체납 없음.	○ (좌동)
〈추가〉	- 지출증명서류 합계표 작성·보관(수입금액 1억 원 초과 법인에 한함) - 전자(세금)계산서 미발급 등이 없을 것

>> 사업 첫해에 성실신고 적용수준이 되면 위와는 별도로 성실신고확인제도가 적용되므로 증빙 등을 제대로 수취해서 소득세 신고를 해야 문제가 발생하지 않는다.

개인사업자에 대한 세금은 업종별로 구분해 살펴보는 것도 필요하다. 현행 세법이 업종에 따라 제도를 달리 적용하고 있기 때문이다. 자세한 것은 본문을 통해 확인하기 바란다.

1. 업종코드 확인하기

업종코드는 과세관청이 세원을 관리하기 위한 코드로 내부 전산망에 표시된다. 이 코드는 부가세 과세와 면세의 판단, 동종업계 소득세 평균 신고율 등 많은 정보를 담고 있다.

▶ 홈택스의 기준·경비율(업종코드)에서 조회할 수 있다. 예를 들어 치과의원을 업종란에 입력하면 다음과 같은 정보를 얻을 수 있다.

귀속연도	2022
기준경비율코드	851211[*1]
중분류명	보건업
세분류명	의원
세세분류명	치과의원
업태명	보건업 및 사회복지 서비스업
기준경비율(자가율 적용 여부)	Y
기준경비율(일반율)	17.2000
기준경비율(자가율)	17.6000
단순경비율(자가율 적용 여부)	Y
단순경비율(일반율)	61.7000[*2]
단순경비율(자가율)	61.4000
적용범위 및 기준	• 치과의사가 외래환자 위주로 진료행위를 하는 의료기관을 말한다. 〈제외〉·치과 병원(851102)

[*1] 업종코드에 해당한다.
[*2] 동종업계의 평균경비율을 말한다.

2. 사업자등록

사업자등록 시에는 업종별로 부가세 과세 또는 면세판단을 해야 하며, 간이과세가 적용되는지의 여부, 사업자 명의 등을 확인해야 한다. 한편 업종에 따라 지자체의 사전 인허가 등이 필요한 때도 있다.

▶ 홈택스를 통해 사업자등록을 하면 업종코드 및 인허가업종 등을 확인할 수 있다(PART 02 참조).

3. 장부작성의무 등 판단

어떤 장부를 작성해야 하는지, 성실신고가 적용되는지 등은 사업자에게 다양한 영향을 미친다. 예를 들면 복식장부를 작성하는 한편 성실신고가 적용되면 규제 강도가 세지기 때문이다. 그렇다면 세법은 어떤 기준으로 이의 적용대상을 판정하고 있을까?

앞에서 잠깐 살펴보았지만, 현행 세법은 모든 업종을 다음 세 가지 유형으로 나눠 각종 제도를 적용하고 있다.

구분	장부작성기준	경비율 적용기준	성실신고 적용기준
	전년도 매출	전년도 매출	당해 연도 매출
가. 도소매업, 부동산 매매업 등 (다음 나와 다 외의 업종포함)	3억 원	6,000만 원	15억 원
나. 제조, 숙박, 음식업, 건설업 등	1억 5,000만 원	3,600만 원	7억 5,000만 원
다. 부동산 임대업, 의료보건업, 기타 서비스업 등	7,500만 원	2,400만 원	5억 원

• 장부작성기준→가~다의 업종군별로 해당 매출액 이상이면 복식,

미만이면 간편장부대상자가 된다. 복식장부는 회계 처리를 기반으로 하므로 업무강도가 세다.

- 경비율 적용기준→장부를 작성하지 않았을 때 적용되는 경비율로 업종별로 해당 매출액 이상이면 기준경비율, 미만이면 단순경비율이 적용된다. 기준경비율이 불이익을 주는 제도에 해당한다.
- 성실신고 적용기준→성실신고 확인제도는 세무사 등이 수입과 비용을 건별로 검증하는 제도로 업무강도가 상당히 센 제도에 해당한다. 성실신고는 장부 종류와 무관하게 해당 사업연도의 매출액이 앞의 금액 이상이 되면 적용된다.

▶▶ 전문직 사업자(의사 등)는 개업 연도부터 복식장부를 작성해야 하며, 이들은 단순경비율을 적용받지 못한다.

4. 부가세 신고

부가세는 등록한 바에 따라 일반과세자와 간이과세자로 구분해 신고하며, 면세사업자는 부가세 신고의무가 없으므로 그 대신 사업장 현황신고를 하게 된다. 간이과세자의 경우 공급대가에 업종별 부가율과 부가세율을 곱해 매출세액을 계산한다.

5. 소득세 신고

소득세 신고 시에는 업종별로 세액공제와 세액감면 등의 내용이 달라지므로 조특법상의 해당 규정을 꼼꼼히 살펴봐야 한다. 전자의 세액공제는 산출세액에서 확정된 세액을 직접 공제하는 제도를, 후자는 산출세액에 감면율을 곱해 세액을 경감해주는 제도를 말한다. 업종별로 이를 대략 살펴보자.

1) 소비성 서비스업

이는 다음의 업종을 말한다.

1. 호텔업 및 여관업(관광진흥법에 따른 관광숙박업은 제외한다)
2. 주점업(일반유흥주점업*, 무도유흥주점업 및 식품위생법 시행령 제21조에 따른 단란주점 영업
   만 해당하되, 관광진흥법에 따른 외국인 전용 유흥음식점업 및 관광 유흥음식점업은 제외한다)
3. 그 밖에 오락 · 유흥 등을 목적으로 하는 사업으로서 기획재정부령으로 정하는 사업

* 한국산업분류표상의 일반유흥주점업은 접객시설과 함께 접객 요원을 두고 술을 판매하는 각종 형태
의 유흥 주점을 말한다.
〈예시〉   · 요정 · 한국식 접객 주점 · 룸살롱 · 바(접객 서비스 딸린) · 서양식 접객 주점
          · 비어홀(접객 서비스 딸린)

≫ 이러한 업종은 세법상 중소기업에서 제외하므로 접대비 기본한도는 1,200만 원이 되며, 중소기업 관련 모든 세금감면을 적용하지 않는다. 또한, 일반기업에 적용되는 조세감면도 대부분 허용하지 않는다. 주요 감면제도 적용 여부를 살펴보면 다음과 같다.

• 창업중소기업 세액감면(조특법 제6조)➜세법상 중소기업에 해당하지 않으므로 적용 불가
• 중소기업 특별세액감면(조특법 제7조)➜세법상 중소기업에 해당하지 않으므로 적용 불가
• 통합투자세액공제(조특법 제24조)➜일반기업도 적용하나 소비성 서비스업과 부동산 임대 및 공급업만 적용 배제하고 있음.
• 통합고용세액공제(조특법 제29조의8)➜일반기업도 적용하나 소비성 서비스업만 적용 배제하고 있음.
• 연구개발비 세액공제(조특법 제10조)➜일반기업도 적용하나 소비성 서비스업은 사실상 적용 배제하고 있음.

2) 부동산 임대 및 공급업(부동산 매매업 등, 건설업은 제외)

이러한 업종은 세법상 중소기업에 해당하므로 접대비 기본한도는 3,600만 원이 되고, 중소기업에 관련된 조세감면은 허용된다. 다만, 이러한 업종은 일부에 한해 감면이 허용된다.

- 창업중소기업 세액감면(조특법 제6조)→창업중소기업 세액감면은 조특법 제6조에서 열거한 18개의 업종만 적용됨. 부동산 임대업 및 공급업은 열거되지 않았음.
- 중소기업 특별세액감면(조특법 제7조)→중소기업 특별세액감면은 조특법 제7조(제1항 제1호 가~부목)에서 열거한 업종만 적용됨. 부동산 임대업과 공급업은 열거되지 않았음.
- 통합투자세액공제(조특법 제24조)→조특법 제24조에서는 소비성 서비스업과 부동산 임대 및 공급업을 적용 배제하라고 하고 있음.
- 통합고용세액공제(조특법 제29조의8)→소비성 서비스업만 적용 배제하므로 부동산 임대업 및 공급업도 적용받을 수 있음.
- 연구개발비 세액공제(조특법 제10조)→부동산 임대업 등도 적용받을 수 있으나 연구개발과 무관하므로 사실상 이를 적용받을 수 없음.

≫ 부동산 임대업이나 매매업은 고용 관련 세액공제 정도만 받을 수 있다. 참고로 건설업은 우대업종으로 앞의 조세감면이 모두 적용된다.

3) 그 외의 업종

그 외 제조업, 도소매업, 건설업, 음식점업 등은 모든 조세감면을 받을 수 있으나, 개별 규정에 따라 업종제한을 받을 수 있다.

- 창업중소기업 세액감면(조특법 제6조)→창업중소기업 세액감면은 조특법 제6조에서 열거한 18개의 업종만 적용되므로 업종 확인이 필

수입(음식점업은 열거됨).

- 중소기업 특별세액감면(조특법 제7조)→중소기업 특별세액감면은 조특법 제7조(제1항 제1호 가~부목)에서 열거한 업종만 적용되므로 업종 확인이 필수임(음식점업은 열거되지 않음).
- 통합투자세액공제(조특법 제24조)→조특법 제24조에서는 소비성 서비스업과 부동산 임대 및 공급업만 적용 배제하므로 해당 업종의 공제요건을 확인해야 함.
- 통합고용세액공제(조특법 제29조의8)→소비성 서비스업만 적용 배제하므로 해당 업종의 공제요건을 확인해야 함.
- 연구개발비 세액공제(조특법 제10조)→연구개발비 세액공제 요건을 충족하면 이를 적용받을 수 있음.

❯❯ 참고로 조특법상 업종의 분류는 통계법 제22조에 따라 통계청장이 고시하는 한국표준산업분류에 따른다. 따라서 해당 업종이 감면 업종에 해당하는지는 '통계청 통계분류 포털'의 한국표준산업분류〉검색〉분류내용 보기(해설서)를 참고해야 한다.

✏️ Tip 중(소)기업과 일반기업 간의 차이

조특법 시행령 제2조에서 규정하고 있는 중소기업과 일반기업 간의 세제 차이도 있다. 대표적인 것 몇 가지만 나열하면 다음과 같다.

1. 접대비 한도
세법상 중소기업의 접대비(기업업무 추진비)의 기본한도는 3,600만 원이나 일반기업은 1,200만 원에 불과하다.

2. 조세감면
세법상 중소기업은 세액공제나 세액감면을 받을 때 일반기업보다 우대를 받는다. 예를 들어 중소기업이 사업용 자산에 투자하면 기본적으로 투자액의 10% 이상을 공제하나 일반기업은 1%(중견기업은 5%) 이상을 공제한다.

▶ 세법상 중소기업의 범위

> 1. 매출액이 업종별로 중소기업기본법 시행령 별표 1에 따른 규모 기준 이내
>   일 것(업종별로 400~1,500억 원 이하, PART 05 참조)
> 2. 자산총액이 5,000억 원 이하일 것
> 3. 소비성 서비스업이 아닐 것
> 4. 공시대상기업집단에 속하지 아니할 것

02

사업자등록증상의
정보가
중요한 이유

도대체 사업은 뭘까?

사업자는 스스로 사업의 전 과정을 책임지며 그 결과 발생하는 모든 사업의 과실을 누리게 된다. 따라서 사업의 내용이 좋다면 일반 직장인보다 훨씬 많은 부를 쌓을 수 있다. 그런데 현실에서는 세금 때문에 힘들어하는 경우가 많다. 알게 모르게 빠져나가는 세금들이 많기 때문이다. 물론 사업에 대한 세무관리를 외부의 세무회계사무소에 의뢰하더라도 늘 좌불안석인 경우가 많다. 어딘가 모르게 부족한 부분들이 있기 때문이다. 그래서 사업자는 자신의 사업과 관련된 세제에 대해서는 어느 정도 알아둬야 한다. 이의 출발점은 사업이 무엇인지부터 이해하는 것이다. 사전적으로 '사업(事業, Business)'은 주로 생산과 영리를 목적으로 지속하는 계획적인 경제 활동이라고 정의된다. 이를 좀 더 구체적으로 살펴보자.

첫째, 생산한다.

이는 물건을 만들거나 용역을 창출하는 행위를 말한다. 즉 사업은 생산활동을 전제로 하는 것이다. 따라서 이러한 행위가 없으면 당연히 사업이라고 할 수 없다.

≫ 생산한다는 것은 '부가가치'를 창출함을 내포하고 있다. 이에 따라 부가세

란 세목이 발생한다. 참고로 부가세법상 사업자란 사업 목적이 영리이든, 비영리이든 관계없이 사업상 독립적으로 재화 또는 용역을 공급하는 자를 말한다. 즉 부가가치를 창출해 납부할 수 있는 정도의 사업형태를 갖추고 계속적이고 반복적인 의사로 재화 또는 용역을 공급하는 자는 사업자로 본다(부가세 집행기준 3-0-1).

둘째, 영리를 목적으로 한다.

사업은 돈을 버는 것을 목적으로 한다. 따라서 돈 버는 행위가 아니면 이는 세법상의 사업자가 아니다. 예를 들어 개인이 자신이 가지고 있는 물건을 무상으로 제공하면 이는 사업자가 아니다.

≫ 영리 행위에 대해서는 소득세(법인세)를 부과하는 것이 원칙이다.

셋째, 지속적으로 한다.

이 개념은 세법상 매우 중요하다. 소득의 성격을 구분하는 주요 잣대가 되기 때문이다. 어떤 업을 계속적·반복적으로 하면 사업자가 되고, 일시적으로 하면 비사업자가 된다. 예를 들어 돈을 빌려주는 행위를 지속적으로 하면 대부업 사업자가 되는 것이고, 친구한테 일시적으로 빌려주면 비사업자가 된다. 전자는 사업소득이 되고, 후자는 이자소득이 된다.

≫ 사업소득에 해당하면 다른 소득에 합산해 종합소득세가 부과된다. 이에 반해 이자소득은 배당소득과 합산해서 2,000만 원을 초과하는 경우 다른 소득에 합산해 종합과세가 적용된다.

넷째, 계획적이다.

이는 사업이란 활동이 어떤 과정 아래 진행됨을 말해준다. 예를 들어 사업을 시작하기 전에 물적 시설과 인적 시설을 갖추고 사업자등록을 내고 사업용 계좌와 사업자카드를 만드는 행위 등이 이에 해당한다.

⫸ 사업자가 사업을 시작하기 위해서는 원칙적으로 사업자등록이 필요하다. 국가의 입장에서는 이를 통해 세원을 확보하는 등의 관리가 필요하기 때문이다.

다섯째, 경제 활동에 해당한다.

이는 가계, 기업 등에 의해 이루어지는 재화와 용역의 생산과 소비, 소득의 분배 따위의 경제에 관련된 모든 행동을 말한다. 예를 들어 생산 및 판매는 물론이고, 임금을 지급하고 세금을 내는 행위 등이 이에 포함된다.

> ✎ **Tip**　사업과 비사업의 구분

구분	사업	비사업
소득 창출 행위	계속적·반복적	일시적
부가세 과세 여부	과세	과세제외
소득 종류	사업소득	기타 소득, 양도소득
과세방식	무조건 종합과세	분리과세, 분류과세

⫸ N잡러가 온라인 강의나 유튜브 등을 계속적·반복적으로 하면 사업자가 되는 것이다. 하지만 일시적으로 하면 이는 비사업자가 된다.

사업자등록을 하면 벌어지는 일들

원래 사업자등록이란 부가세 업무의 효율적인 운영을 위해 납세의무자의 사업에 관한 일련의 사항을 세무관서 공부에 등재하는 것을 말한다. 개인이 태어나면 주민등록을 하는 것처럼 사업자도 사업자등록을 하는 것이다. 그렇다면 납세자의 관점에서 사업자등록을 하게 되면 어떤 일들이 벌어지는지 알아보자.

1. 사업자등록을 하면 생기는 부담들

사업자등록을 하게 되면 비사업자로서는 경험하지 못하는 다양한 것들을 부담하게 된다.

첫째, 국세청으로부터 세원 관리를 받게 된다.

국세청이 보유한 전산망(NTIS)에는 다양한 정보가 수록되어 있는데 대부분 사업자등록번호를 중심으로 구성되어 있다. 이는 국세청의 전산망에서 어느 사업자의 사업자등록번호를 치면 그에 관한 정보를 한눈에 알 수 있다는 것을 의미한다.

▶ 소득 관련 : 각종 신고, 소득 지급명세서, 신용카드 지출 관련 자료 등

▶ 재산 관련 : 부동산 보유현황 등

▶ 기타

둘째, 각종 세무신고를 이행해야 한다.

사업자등록을 하면 그에 따라 부수적으로 발생하는 신고의무를 이행해야 한다. 대표적으로 부가세 신고가 있다.

구분	업무주기	사업자등록	
		한 경우	안 한 경우
원천세 신고	매월(또는 반기)	의무	좌동
부가세 신고	반기(법인은 분기)	의무	-(신고 누락 시 추징)
면세사업자 사업장 현황 신고	다음 해 2월 10일	의무	좌동
종합소득세 신고	다음 해 5~6월	의무	좌동

≫ 사업자가 사업자등록을 하지 않은 경우라도 소득세 등의 신고의무는 그대로 있다. 참고로 부가세 과세사업자가 사업자등록을 하지 않고 부가세 신고를 빠뜨리면, 부가세와 소득세 추징이 동시에 일어나기 때문에 이들은 대부분 사업자등록을 하는 경우가 일반적이다.

셋째, 건강보험료 등의 부담이 뒤따른다.

사업자등록을 한 후 소득금액(수입-비용)이 조금이라도 발생하면 건강보험료가 발생한다.

≫ 다만, 사업자등록을 하지 않을 때는 연간 사업소득이 500만 원 이하는 소득이 없는 것으로 보나, 이를 초과 시 지역에서 건강보험료가 뒤따른다. 참고로 직장 가입자의 근로소득 외 다른 소득의 소득금액이 2,000만 원을 초과하면 지역에서 추가로 건강보험료가 부과된다.

2. 사업자등록을 통해 얻을 수 있는 장점들

사업자등록을 하면 사업자 미등록 가산세를 피하는 것 외에 다음과 같은 장점을 얻을 수 있다.

첫째, 세금계산서나 계산서 등을 발급할 수 있다.

사업자는 법에 따라 세금계산서나 계산서를 발급해야 하는데, 이를 발급하지 않으면 가산세 등이 뒤따른다. 따라서 사업자등록을 하고 이에 따른 번호를 부여받으면 이에 대한 업무처리를 원활하게 할 수 있다.

둘째, 일반과세자는 매입세액을 공제받을 수 있다.

일반과세자는 자신이 부담한 매입세액을 매출세액에서 공제받을 수 있다. 단, 과세기간이 끝난 후 20일 이내에 등록을 신청한 경우 등록신청일부터 공급 시기가 속하는 과세기간 기산일까지 역산한 기간 내의 것은 공제할 수 있다. 이때 사업자등록번호가 없으므로 대표자 주민등록번호로 세금계산서를 받으면 된다.

셋째, 각종 조세 지원제도를 활용할 수 있다.

현행 세법은 사업자등록을 전제로 각종 조세 지원제도를 운용하고 있다. 한편 결손금 관리도 마찬가지다. 따라서 조세감면을 받기 위해서는 원칙적으로 면세 또는 과세사업자등록이 필요하다. 이 외에도 사업체에 대한 회계와 세무관리 등을 위해 사업자등록이 필요한 경우가 많다.

▶ 다만, 프리랜서의 경우 사업자등록이 없는 경우라도 일부 항목에 대해서는 조세지원을 받을 수 있다(PART 06 참조).

프리랜서(자유직업 소득자)는 통상 1인이 자유스럽게 인적용역을 제공하는 사업자를 말한다. 따라서 이들도 당연히 사업자등록의무가 있으나, 이들이 사업자등록을 하지 않더라도 미등록 가산세를 부과하지 않아 사업자등록을 하지 않는 경우도 많다. 다만, 세무 관련 후속처리(계산서 발급, 인건비 신고, 조세감면 등) 등을 위해 사업자등록을 하는 경우가 일반적이다. 참고로 프리랜서가 사업장이나 기계장치 등을 계속적·반복적으로 임차하거나 직원을 고용한 경우에는 부가세 과세사업자가 되어 미등록 시 가산세가 부과되므로 주의해야 한다. 자세한 내용은 PART 06에서 살펴본다.

사업자등록증에 무엇이 표시될까?

사업자등록을 하면 다음과 같은 사업자등록증을 받게 된다. 여기서 좀 더 주의 깊게 살펴봐야 할 것은 사업자의 구분(일반과세자와 간이과세자, 면세사업자), 등록번호의 체계, 사업장 소재지, 사업의 종류 등이다.

사업자등록증상에 나타난 정보는 각기 나름대로 의미가 있다. 내용을 간략히 알아보고 주요 내용에 대해서는 별도로 알아보자.

- 상호 : 사업의 명칭
- 성명 : 대표자명
- 개업연월일 : 개업의 시작일(큰 의미는 없음)
- 사업장 소재지 : 사업장소가 있는 주소지
- 사업의 종류 : 업태(사업의 형태)와 종목(사업의 구체적인 종목)
- 공동사업자 : 사업자가 2명 이상인 경우
- 주류판매신고번호
- 사업자단위 과세 적용사업자 여부 : 여( ) 부( )
- 전자세금계산서 전용 전자우편주소 : 전자세금계산서 전용 수취를 위한 이메일 주소

사업자등록증

(일반과세자, 간이과세자, 면세사업자)

등록번호 : ×××-××-×××××

① 상호 :   ② 성명 :

③ 개업연월일 :   년   월   일   ④ 생년월일 :

⑤ 사업장 소재지 :

⑥ 사업의 종류 :   업태   종목

⑦ 발급 사유 :

⑧ 공동사업자 :

⑨ 주류판매신고번호 :

⑩ 사업자단위 과세 적용사업자 여부 : 여( ) 부( )

⑪ 전자세금계산서 전용 전자우편주소 :

년   월   일

○○세무서장   직인

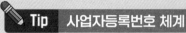
사업자등록증상의 사업자등록번호는 일정한 체계를 가지고 있다. 일단 숫자는 10자리로 구성되는데 일정한 기준에 따라 부여되고 있다.

$$(\underline{XXX} - \underline{XX} - \underline{XXXX}\ \underline{X})$$
$$1\qquad 2\qquad 3\qquad 4$$

1. 세무서번호

2. 구분 코드(개인, 법인)

구분	코드	내용
개인 구분	1~79	개인 과세사업자는 특정 동구별 없이 순차적으로 부여
	80	다단계판매원 등
	90~99	개인 면세사업자는 산업 구분 없이 순차적으로 부여
	89	소법 제2조 제3항에 해당하는 법인이 아닌 종교단체
법인 성격 코드	81, 86, 87, 88	영리법인의 본점
	82	비영리법인의 본점 및 지점(법인격 없는 사단, 재단, 기타 단체 중 법인으로 보는 단체를 포함)
	83	국가, 지방자치단체, 지방자치단체조합
	84	외국 법인의 본·지점 및 연락사무소
	85	영리법인의 지점

3. 일련번호 코드(4자리)

과세사업자(일반과세자·간이과세자), 면세사업자, 법인사업자별로 등록 또는 지정일자 순으로 사용 가능한 번호를 1~9999로 부여한다.

4. 검증번호(1자리)

전산시스템에 의해 사업자등록번호의 오류 여부를 검증하기 위해 1자리의 검증번호를 부여한다.

부가세 과세사업자와 면세사업자의 구분

사업자등록을 하기 전에 자신이 영위하고자 하는 사업이 부가세가 과세되는지, 면세가 되는지부터 확인하는 것이 좋다. 부가세가 과세되면 일반적으로 세금계산서를 발급하고, 공급가액의 10%를 상대방에게서 거두어 국가에 납부해야 하기 때문이다. 이에 반해 부가세 면세사업자는 거래 시 부가세가 발생하지 않게 된다.

1. 과세사업자

부가세 과세사업자는 거래 상대방으로부터 징수한 부가세를 납부하는 사업자를 말한다. 일반적으로 다음 면세사업자 외에 모든 사업자는 과세사업자에 해당한다. 이러한 사업자는 부가세를 어떤 식으로 징수하는지에 따라 일반과세자와 간이과세자로 구분된다. 주로 매출액이 연간 8,000만 원(부동산 임대업과 과세 유흥 장소는 4,800만 원) 미만이면 간이, 이상이면 일반과세자가 된다. 이 둘을 비교하면 다음과 같다. 참고로 신규 사업자는 간이적용 배제기준(다음 페이지 참조)에 해당하지 않으면 일반과세자와 간이과세자 중 선택할 수 있다.

구분	일반과세자	간이과세자
적용기준 (직전 과세기간 매출액)	연 매출 8,000만 원 이상 또는 간이과세 배제 업종*	연 매출 8,000만 원 미만 & 간이과세 적용 업종
매출세액	공급가액×10%	공급대가×업종별 부가가치율× 10%
세금계산서 발급	발급해야 함.	직전 연도 공급대가 합계액이 4,800만 원 이상은 발급해야 함.
매입세액 공제	전액 공제	공급대가×0.5%
환급 여부	환급 가능	환급 불가

* 부가세 집행기준 61-109-1 [간이과세의 적용 범위]
① 직전 연도의 재화와 용역의 공급에 대한 대가의 합계액이 8,000만 원(신규사업자의 경우 12월로 환산한 금액)에 미달하는 개인사업자는 간이과세를 적용한다. 다만, 다음 각 호의 어느 하나에 해당하는 사업자는 간이과세자로 보지 아니한다.
1. 간이과세가 적용되지 않는 다른 사업장(기준사업장)을 보유하고 있는 사업자
2. 업종, 규모, 지역 등을 고려하여 대통령령으로 정하는 사업자
가. 광업
나. 제조업(과자점업, 도정업·제분업 및 떡류 제조업 중 떡방앗간, 양복·양장·양화점업 등은 제외)
다. 도매업(소매업 겸영 포함, 재생용 재료수집 및 판매업 제외) 및 상품중개업
라. 부동산 매매업
마. 특별시·광역시 및 특별자치시, 행정시 및 시 지역과 국세청장이 고시하는 지역의 과세 유흥장소 (직전 연도 공급가액 4,800만 원 이상)
바. 국세청장이 정하는 규모 이상의 부동산 임대업(직전 연도 공급가액 4,800만 원 이상)
사. 변호사업, 심판변론인업, 변리사업, 법무사업, 공인회계사업, 세무사업, 경영지도사업, 기술지도사업, 감정평가사업, 손해사정인업, 통관업, 기술사업, 건축사업, 도선사업, 측량사업, 공인노무사업, 의사업, 한의사업, 약사업, 한약사업, 수의사업과 그 밖에 이와 유사한 사업서비스업
아. 복식부기 의무자가 경영하는 사업
자. 일반과세자로부터 양수한 사업(사업을 양수한 후 공급대가의 합계액이 8,000만 원에 미달하는 경우 제외)
차. 둘 이상의 사업장이 있는 사업자가 영위하는 사업으로서 그 둘 이상의 사업장 공급대가의 합계액이 8,000만 원 이상인 경우
카. 전기·가스·증기 및 수도사업
타. 건설업(주로 최종소비자에게 직접 재화 또는 용역을 공급하는 사업 제외)
파. 전문·과학·기술 서비스업, 사업시설 관리·사업지원 및 임대서비스업(주로 최종소비자에게 직접 재화 또는 용역을 공급하는 사업 제외)
② 신규사업자가 사업을 개시한 날이 속하는 1역 년의 공급대가 합계액이 간이과세 적용기준 금액인 8,000만 원에 미달할 그것으로 예상하여 담당세무서장에게 신고한 경우 최초의 과세기간에는 간이과세자로 한다(간이과세가 배제되는 사업자 제외).
③ 미등록한 개인사업자가 사업을 개시한 날이 속하는 1역 년의 공급대가 합계액이 간이과세 적용기준 금액인 8,000만 원에 미달하는 경우 최초의 과세기간에는 간이과세자로 한다(간이과세가 배제되는 사업자 제외).
④ 결정 또는 경정한 공급대가가 8,000만 원 이상인 개인사업자는 그 결정 또는 경정한 날이 속하는 과세기간까지 간이과세자로 본다.

⊗ 참고로 간이과세자의 유형에는 4,800만 원 미만인 사업자와 4,800~8,000만 원 이하인 사업자 두 가지가 있다. 이들의 세제상 차이는 뒤에서 살펴본다.

▶ 사업자등록증 표시 : 일반과세자 또는 간이과세자
▶ 일반과세자 : 공급가액의 10% 매출세액, 업무 관련 매입세액 전액 공제, 매입세액이 더 많은 경우 차액은 환급 가능
▶ 간이과세자 : (공급대가×부가율)×10%-매입세액 중 일부 공제(매입가 ×0.5%), 공제세액이 더 많은 경우 환급은 불가

2. 면세사업자

면세사업자는 다음과 같은 품목을 공급하는 사업자들을 말한다. 이들은 소법(법법)에 따른 사업자등록의무가 있다. 다만, 주택임대사업자를 제외하고는 미등록에 따른 가산세는 없다.

※ 부가세 면세품목

구분	부가세 면세품목
기초생활 필수품 및 용역	· 미가공 식료품, 농·축·수·임산물 · 수돗물, 연탄 및 무연탄 · 여객운송용역 · 주택과 그 부수 토지의 임대용역 · 여성용 생리처리 위생용품 · 공동주택 어린이집 임대용역
국민 후생	· 의료보건용역, 혈액 · 교육용역 등
문화	· 도서·신문·잡지·통신 및 방송 등(광고 제외) · 예술창작품·예술행사·문화행사·비직업운동경기 · 도서관·과학관·박물관·미술관·동물원 또는 식물원에의 입장 등

구분	부가세 면세품목
부가가치 생산 요소	· 토지 · 금융·보험용역 · 인적용역* ＊인적용역 사업자는 부가세법상 면세사업자에 해당한다. PART 06에서 자세히 살펴본다.
조세정책 공익 목적	· 우표, 인지, 증지, 복권 및 공중전화, 특수용 담배 · 공익단체가 무상 또는 실비로 공급하는 재화 또는 용역 · 국가 등이 공급하는 재화 또는 용역 · 국가 등에 무상으로 공급하는 재화 또는 용역
조특법에서 정해진 품목	· 특수용도 석유류 · 공장, 광산, 학교 등의 구내식당 음식 용역 · 시내버스 운수종사자에게 위탁형태로 제공되는 음식 용역 · 국민주택 및 국민주택 건설용역·리모델링 용역 · 관리 주체, 경비업자 또는 청소업자가 공동주택에 공급하는 일반관리용역·경비용역 및 청소용역 · 간이과세자에게 제공되는 개인택시 · 희소병 치료제 · 영유아용 기저귀와 분유 등

▶ 사업자등록증 표시 : 면세사업자

▶ 매출세액 : 발생하지 않는다.

▶ 매입세액 : 공제되지 않는다.

≫ 인적용역 사업자(프리랜서)에 대한 과세판단 등은 PART 06을 참조하기 바란다.

3. 과세와 면세 겸업 사업자

한 사업자가 과세품목과 면세품목을 동시에 공급하는 때도 있다. 이러한 사업자를 '겸업 사업자'로 부르며, 사업자등록을 할 때는 '일반 또는 간이과세자'로 등록한다.

▶ 사업자등록증 표시 : 일반과세자 또는 간이과세자

▶ 매출세액 : 과세분에 대해서만 발생한다.

▶ 매입세액 : 과세분에 해당하는 매입세액만 공제된다.

✏️ Tip 부동산 임대업 및 매매업과 사업자 유형

부동산 임대업과 매매업은 부가세 과세사업자인지 면세사업자인지 정리해보자.

1. 부동산 임대업

부동산 임대업은 원칙적으로 부가세 과세사업자에 해당하나, 예외적으로 주택임대업
은 면세사업자에 해당한다. 만일 상가겸용 주택을 임대하면 겸업 사업자가 되므로 이
경우 과세사업자로 사업자등록을 하게 된다.

2. 부동산 매매업

부동산 매매업은 원칙적으로 부가세 과세사업자에 해당하나, 예외적으로 전용면적
85㎡ 이하의 국민주택 매매는 면세사업자에 해당한다. 만일 과세업과 면세업을 겸영
하면 일반과세자로 등록해야 한다.

공유사무실이나 집을 사업장으로 할 수 있을까?

　사업장 소재지는 사업자가 사업을 영위하는 장소를 말한다. 현행 부가세법은 사업장이 소재하는 담당 세무서에 사업자등록을 하도록 하고 있다. 그렇다면 여기서 말한 사업장은 무엇인지, 그리고 공유사무실이나 주택을 사업장으로 할 수 있는지 등을 알아보자.

1. 사업장이란

　부가세법 제6조 제2항에 따르면 '사업장'은 사업자가 사업을 하기 위해 거래의 전부나 일부를 하는 '고정된 장소'라고 하고 있다.

※ 부가세법 제6조 [납세지]

① 사업자의 부가세 납세지는 각 사업장의 소재지로 한다.
② 제1항에 따른 사업장은 사업자가 사업을 하기 위해 거래의 전부 또는 일부를 하는 고정된 장소로 하며, 사업장의 범위에 관하여 필요한 사항은 대통령령으로 정한다.
③ 사업자가 제2항에 따른 사업장을 두지 아니하면 사업자의 주소 또는 거소(居所)를 사업장으로 한다.
④ 제1항에도 불구하고 제8조 제3항 후단에 따른 사업자단위 과세사업자는 각 사업장을 대신하여 그 사업자의 본점 또는 주 사무소의 소재지를 부가세 납세지로 한다.

2. 공유사무실이나 집을 사업장으로 할 수 있는가

1) 공유사무실

공유사무실도 사업장에 해당할 수 있다. 다만, 다음과 같이 사실판단을 통해 이를 사업장으로 인정하지 않을 수도 있음에 유의해야 한다.

※ 부가, 서면-2018-부가-1227 [부가세과-970], 2018. 5. 4
[제목]
공유오피스(비즈니스센터) 내에 사업자등록 가능 여부

[회신]
귀 서면질의의 경우 기존 해석사례를 보내드리니 참조하시기 바라며, 서면질의 대상인 해당 장소가 '고정된 사업장'에 해당하는지는 업종, 사업방식, 장소의 형태, 설비 등 사실관계를 종합하여 판단할 사항임.

○ 서면-2015-부가-22254, 2015. 4. 28
사업자는 부가세법 제8조에 따라 사업장마다 사업장 담당 세무서장에게 사업자등록을 신청하는 것이며 해당 사업장은 사업자가 사업을 하기 위해 거래의 전부 또는 일부를 하는 고정된 장소를 말하는 것임. 다만, 고정된 사업장이 없는 경우에는 사업자의 주소 또는 거소를 사업장으로 하는 것임. 사업자등록 신청을 받은 사업장 담당 세무서장은 같은 법 시행령 제11조 제7항에 따라 신청자가 사업을 사실상 시작하지 아니할 것이라고 인정될 때에는 등록을 거부할 수 있는 것임.

2) 주택

앞의 부가세법 제6조 제2항에 따르면 사업자의 주소지도 사업장으로 할 수 있도록 하고 있다.

3. 적용 사례

사례를 통해 앞의 내용을 확인해보자.

> **[자료]**
> · K 씨는 보험설계사에 해당함.
> · 그는 이번에 사업자등록을 고려함.

Q1 K 씨는 비상주 사무실을 얻으려고 한다. 이 경우 부가세 과세 여부는?

프리랜서가 사업에만 사용되는 사무실을 얻거나 직원을 고용하면 부가세가 면세되지 않는다. 따라서 이 경우 부가세가 과세될 가능성이 있다.

Q2 K 씨가 자신의 거주지에 사업자등록을 내려고 한다. 이 경우 부가세 과세 여부는?

면세 적용이 가능하다. 거주지는 사업에만 사용하는 것이 아니기 때문이다.

Q3 사실상 비상주 공유사무실은 혼자만 사용하는 공간이 아님에도 불구하고 부가세 과세업종이 되는가?

이 경우 이론상으로는 과세업이 맞아 보이지만, 실질은 면세업에 해당하는 것으로 보인다. 유권해석을 받아야 할 것으로 보인다.

≫ 비상주 공유사무실에 대해서는 사업자등록이 거부될 수 있다. 허위의 사업장으로 사업자등록을 신청하면 이를 거부할 수 있기 때문이다(조심 2023부6821, 2023. 6. 1).

Tip **사업장이 수도권(과밀억제권역) 내에 소재한 경우 주의할 점들**

사업장이 수도권 내에 소재한 경우에는 각종 조세감면이 제한되거나 축소되는 경우가 많으므로 설립 전에 미리 이 부분을 확인하기 바란다. 참고로 수도권은 수도권정비계획법에 따라 과밀억제권역, 성장관리권역, 자연보전권역 등으로 구분되는데, 조세감면은 이 중 과밀억제권역만 적용될 수도 있고 수도권 전체에 적용될 수도 있다. 따라서 해당 조항을 자세히 검토해서 이의 범위를 확인하는 것이 좋다.

· 창업중소기업 세액감면(조특법 제6조, 수도권 과밀억제권 안은 제한적으로 적용)
· 중소기업 특별세액감면(조특법 제7조, 수도권 안도 적용 가능)
· 통합투자세액공제(조특법 제24조, 수도권 과밀억제권역 안은 대체 투자만 가능)
· 통합고용세액공제(조특법 제29조의8, 수도권 안도 적용 가능) 등

※ 수도권 과밀억제권역의 범위(수도권정비계획법 제6조 관련)

· 서울특별시
· 인천광역시(강화군, 옹진군, 서구 대곡동·불로동·마전동·금곡동·오류동·왕길동·당하동·원당동, 인천 경제자유구역 및 남동 국가산업단지는 제외한다)
· 의정부시, 구리시, 남양주시(호평동, 평내동, 금곡동, 일패동, 이패동, 삼패동, 가운동, 수석동, 지금 동 및 도농동만 해당한다), 하남시, 고양시, 수원시, 성남시, 안양시, 부천시, 광명시, 과천시, 의왕시, 군포시, 시흥시[반월특수지역(반월특수지역에서 해제된 지역을 포함한다)은 제외한다]

≫ 수도권 과밀억제권역 내에서 법인을 설립한 후 이 지역 내의 부동산을 취득하면 취득세 중과세가 적용된다(주택은 별도로 중과세가 적용됨). 그래서 이를 피하고자 이 지역을 벗어나 법인을 설립하는 경우가 많다. 하지만 이러한 지역에서 법인을 설립해두고 비상주를 하면, 추후 취득세 추징이 발생할 수 있으므로 유의하기 바란다(1인 부동산 법인의 세무에 대해서는 저자의 《1인 부동산 법인 하려면 제대로 운영하라!》 참조).

업종선택 시 알아야 할 것들

사업자등록 시 가장 관심 있게 살펴보아야 할 것 중의 하나가 바로 '업태와 종목(이를 줄여서 업종이라고 한다)'이다. 업종에 따라 세법의 적용 내용이 달라지기 때문이다. 예를 들어 조특법에서는 다양한 조세감면제도를 마련하고 있는데, 이때 조세감면은 모든 업종에 적용하는 것이 아니라 일부 업종에만 적용된다. 따라서 조세감면을 받기 위해서는 나의 업종이 감면 업종에 해당하는지를 반드시 확인해야 한다. 다음에서 업종과 관련해 기본적으로 알아둬야 할 내용을 정리해보자.

1. 업종의 의미

우선 위에서 언급된 업종이 무엇인지 구체적으로 알아보자. 우선 사업자등록증을 보면 다음과 같은 식으로 업태와 종목이 표시된다.

⑥ 사업의 종류 : 　업태　　　　　　종목

이 중 업태는 사업의 형태를, 종목은 사업의 세부적인 항목을 의미한다. 예를 들어 한식점을 운영하면 업태는 음식점업(한국표준산업분류표상 대분류)이고 종목은 한식업이 된다.

> ≫ 업종은 장부작성기준 등의 판단에 사용된다(PART 01 절세 탐구 참조).

2. 업종 신청하는 방법

1) 원칙

사업자가 사업자등록을 할 때 업종은 1개를 신청하는 것이 원칙이다. 예를 들어 부동산 매매업을 영위하고자 한다면 이에 해당하는 업종만 신청하는 식이 된다.

2) 예외

사업자는 사업자등록을 할 때 2개 이상의 업종을 신청할 수도 있다. 예를 들어 하나의 사업자등록번호로 부동산 매매업과 부동산 임대업을 동시에 신청할 수 있다. 또한, 통신판매업을 추가할 수도 있다. 이때 주업종과 부업종을 정해야 한다(다음 참조).

※ 업종이 2개 이상일 경우 사업자등록신청 방법

한 사업장에서 업종이 2개 이상 운영되는 경우 다음과 같이 주업종과 부업종을 기록한다. 주업종은 매출액이 더 큰 업종이다.

2. 사업장 현황							
업종	주업태	주종목	주생산요소		주업종코드	개업일	종업원수
	부업태	부종목	부생산요소		부업종코드		

⊙ 이렇게 업종을 다수로 신청하면 업종별로 구분해서 부가세 신고와 소득세 신고, 조세감면 신청 등을 해야 하므로 업무상 비효율이 발생한다. 따라서 하나의 사업자등록번호에는 하나의 업종을 담는 것이 좋다. 즉, 앞의 경우 부동산 매매업과 부동산 임대업, 통신판매업은 별개로 사업자등록을 하는 것을 말한다.

※ 소법 제160조 [장부의 비치·기록]

⑤ 둘 이상의 사업장을 가진 사업자가 이 법 또는 조특법에 따라 사업장별로 감면을 달리 적용받을 때는 사업장별 거래내용이 구분될 수 있도록 장부에 기록해야 한다.

3. 홈택스에서 업종코드 찾기

현재 국세청은 업종별로 정해진 전산 코드를 활용해 세원 관리를 하고 있다. 따라서 사업자등록신청 시 자신의 업종에 해당하는 코드를 기재해서 신청서를 제출해야 한다.

▶ 홈택스 메인 화면상에서 업종코드 찾는 방법
: **홈택스〉세금 신고〉종합소득세 신고〉신고도움 자료조회〉기준·단순경비율(업종코드)**
▶ 사업자등록신청 서류 작성 시 업종코드 찾는 방법
: **홈택스〉사업자등록 신청〉개인사업자 등록신청〉업종조회**

4. 적용 사례

사례를 통해 앞의 내용을 확인해보자.

[자료]

· K 씨는 개인사업을 시작하려고 함.

· 사업내용은 블로그 등을 활용해 물품판매 등을 하는 업임.

Q1 위의 사업에 대한 업종코드는?

우선 국세청 홈택스에 접근해 해당 업종코드 메뉴를 찾아 검색한다.

· 검색 요령

· 업종코드 또는 업종명의 주요 키워드를 입력 후 조회할 수 있다.

　※ 업종코드는 숫자 한 자리 이상을 입력해서 조회

· 2023년 귀속 기준·단순 경비율은 2024년 4월 이후 조회 가능하다.

　– 해당 과세연도에 대한 경비율이 고시되어 있지 않으면 직전 과세연도의 경비율 적용

· 조회 결과

구분	조회 내용	비고
귀속연도	2022	
기준경비율 코드	525104	업종코드이기도 함.
중분류명	소매업 : 자동차 제외	
세분류명	통신판매업	
세세분류명	SNS마켓	종목
업태명	도매 및 소매업	업태
기준경비율(자가율 적용 여부)	Y	
기준경비율(일반율)	5.9000	
기준경비율(자가율)	6.3000	
단순경비율(자가율 적용 여부)	Y	

구분	조회 내용	비고
단순경비율(일반율)	86.0000	
단순경비율(자가율)	85.7000	
적용 범위 및 기준	· 블로그·카페 등 각종 사회관계망서비스(SNS)* 채널을 이용해 물품판매, 구매, 알선·중개 등을 통해 수익을 얻는 산업활동을 말한다. * (사회관계망서비스) 특정한 관심이나 활동을 공유하는 사람들 사이의 관계를 구축해주는 온라인 서비스(페이스북, 트위터 등)	사업의 내용

Q2 앞에서 다룬 업종은 담당 지자체 등에서 인허가를 받아야 하는가? 이를 확인하는 방법은?

이에 대해서는 다음의 순서에 맞게 조회를 할 수 있다.

· **홈택스〉사업자등록 신청〉개인사업자등록 신청〉인허가 서류조회**

참고로 인허가를 받지 못해도 사업자등록을 할 수는 있다.

Q3 이 업종은 사업자등록상에 어떤 식으로 표시되는가?

· 업태 : 도매 및 소매업
· 업종 : SNS마켓(통신판매업)
· 업종코드 : 525104

Q4 이 업종은 부가세를 과세하는 사업자에 해당하는가?

면세로 규정되어 있지 않으므로 과세사업자에 해당한다. 사업 초기에는 간이과세자로 신청할 수 있으며, 향후 수입금액이 증가하면 일반과세자로 사업자 유형이 변경된다(간이배제 업종인지 확인할 것).

Q5 이 업종에 대한 장부작성의무, 장부 미작성 시 경비율 유형, 성실신고는 어떻게 적용되는가?

- 장부작성의무 : 간편장부(신규사업자에 해당함)
- 경비율 : 단순경비율 또는 기준경비율(수입금액에 따라 달라짐)
- 성실신고 : 해당될 수 있음(수입금액이 기준을 초과하는 경우).

Q6 이 업종은 창업중소기업 세액감면 또는 중소기업 특별세액감면 대상 업종에 해당하는가?

그렇다. 다음 표를 참조하기 바란다.

구분	창업중소기업 세액감면	중소기업 특별세액감면
근거 규정	조특법 제6조	조특법 제7조
감면 내용	5년간 50~100% 감면	매년 5~30% 감면
감면 한도	–	있음(최대 1억 원).
감면 업종	조특법 제6조에서 열거된 업종에 한함(통신판매업 등 열거).	조특법 제7조에서 열거된 업종에 한함(도매 및 소매업 등 열거).
수도권 적용 여부	적용 가능함(단, 요건이 있음).	적용 가능함(단, 공제 차등 적용).

🖋 Tip 업종과 대출의 관계

사업자에게 대출은 매우 중요한 제도에 해당한다. 따라서 대출이 필요한 경우에는 미리 은행 등을 통해 이에 대한 정보를 확인하는 것이 좋다. 특히 부동산 임대업은 대출이 제한될 수 있다. 다만, 부동산 매매업은 임대업이 아니므로 이러한 제한을 받지 않는다.

- 일반 대출 : 주거래 은행에서 대출조건 및 금리 등 확인
- 정책자금 : 신용보증기금 등을 통해 대출조건 및 금리 등 확인

사업자 명의를 정하는 방법

개인사업은 사업자등록상의 명의가 중요하다. 세법은 이를 사업의 주인으로 보고 관련 행정을 펼치고 있기 때문이다. 따라서 명의를 제대로 정하는 것이 매우 중요하다. 사업자 명의는 한 사람 또는 두 사람 이상 정할 수 있는데 이때 몇 가지 유의할 것이 있다. 다음에서는 창업 시에 명의를 정하는 방법 등을 알아보자. 사업 중의 사업자등록 정정 사항은 별도로 살펴본다.

1. 단독 명의

일반적으로 직접 사업을 할 때는 자신의 명의로 사업자등록을 내면 된다. 이때 주의할 것은 배우자를 제외하고 타인의 명의로 등록한 사실이 적발되면 사업개시일부터 실제 사업을 하는 것으로 확인되는 날의 직전일까지의 공급가액 합계액에 대해 1%의 가산세가 부과된다는 것이다(소법 제60조).

≫ 단독 명의는 배우자를 제외하고 명의신탁임이 밝혀지면 가산세 등의 부담이 있을 수 있다. 따라서 이 경우에는 공동 명의를 검토할 수 있다.

※ 사업자 명의를 빌려준 경우의 불이익

가. 다른 사람에게 사업자 명의를 빌려주는 경우 사업과 관련된 각종 세금이 명의를 빌려준 사람에게 나오게 되어 다음과 같은 불이익이 있을 수 있다.

1) 조세의 회피 및 강제집행의 벗어날 목적으로 자신의 성명을 사용하여 타인에게 사업자등록을 할 것을 허락하거나 자신 명의의 사업자등록을 타인이 이용하여 사업을 영위하도록 한 자는 조세범 처벌법 제11조 제2항에 따라 1년 이하의 징역 또는 1,000만 원 이하의 벌금을 부과한다.

2) 소득이 늘어나 국민연금과 건강보험료를 더 납부할 수 있다.

3) 명의를 빌려간 사람이 세금을 못 내게 되면 체납자가 되어 소유재산의 압류·공매처분, 체납명세의 금융회사 등 통보, 출국 규제 등의 불이익을 받을 수 있다.

나. 다른 사람의 명의로 사업자등록을 하고 실제 사업을 하는 것으로 확인되는 경우 다음과 같은 불이익이 있을 수 있다.

1) 조세의 회피 또는 강제집행을 벗어날 목적으로 타인의 성명을 사용하여 사업자등록을 하거나 타인 명의의 사업자등록을 이용하여 사업을 영위한 자는 조세범 처벌법 제11조 제1항에 따라 2년 이하의 징역 또는 2,000만 원 이하의 벌금을 부과한다.

2) 부가세법 제60조 제1항 제2호에 따라 사업개시일부터 실제 사업을 하는 것으로 확인되는 날의 직전일까지의 공급가액 합계액의 1%에 해당하는 금액을 납부세액에 더하여 내야 한다.

3) 주민등록법 제37조 제10호에 따라 다른 사람의 주민등록번호를 부정하게 사용한 자는 3년 이하의 징역 또는 3,000만 원 이하의 벌금을 부과한다.

Q1 직장인, 공무원도 사업자등록을 할 수 있을까?

직장인이나 공무원도 자신의 명의로 사업자등록을 할 수 있다. 다만, 부동산 임대업 정도를 제외하고는 자신의 명의로 사업자등록을 내는 경우가 드문데, 이는 회사 등에서 영리 행위 등을 할 수 없도록 하는 내부 규정 때문인 경우가 많다.

Q2 직장인이 자신의 배우자 명의로 사업자등록을 하면 문제는 없을까?

배우자 명의로 사업자등록을 하는 것은 문제가 없다. 하지만 부모 등이 대신하게 되면 자칫 명의신탁으로 몰릴 수 있다. 이때 배우자 명의로 사업자등록을 하게 되면 다음과 같은 상황이 발생한다(소득이 발생한 경우를 가정).

- 자신의 연말정산 시 배우자에 대한 기본공제 및 신용카드 소득공제 등이 소멸한다.
- 건강보험료 피부양자 자격이 박탈되며 배우자는 지역에서 건강보험료를 부담하게 된다.
- 배우자는 별도로 소득세 신고를 하게 된다.

Q3 직장인 등이 자신의 명의로 사업자등록을 하면 어떤 효과를 얻을 수 있을까?

- 연말정산 시 배우자에 대한 기본공제 및 신용카드 소득공제 등을 받을 수 있다.
- 배우자는 건강보험료 피부양자 자격이 유지된다.
- 근로소득 외 종합소득금액이 2,000만 원을 초과하면 건강보험료가 추가로 발생한다.
- 근로소득과 사업소득을 합산해 다음 해 5월 중에 종합소득세를 내야 한다. 이때 근로소득이 많은 상태에서 사업소득이 더해지면 6~45%의 누진세율 영향으로 소득세가 많이 증가하게 된다.

예) 근로소득에 대한 세율이 35%인 상태에서 사업소득 금액(수입-비용)이 1,000만 원 발생한 경우의 세 부담 증가액

- 세 부담 증가액 : 1,000만 원×35%=350만 원(지방소득세 포함 시 385만 원)

Q4 직장인이나 공무원은 법인의 주주로 참여할 수 있는가?

그렇다. 다만, 회사의 이사 등으로 겸직하는 것은 문제 소지가 있다.

2. 공동 명의

공동 명의는 사업 주체를 2명 이상으로 하는 것을 말한다. 공동 명의는 책임 등이 2명 이상으로 분산되므로 단독 명의보다는 좀 더 세부적으로 관련 내용을 알아야 한다.

첫째, 계약서는 출자부터 탈퇴 방법까지 세밀히 작성하는 것이 좋다.

이때 가장 중요한 것은 공동사업자 간의 출자지분 비율을 정하는 것이다. 이는 보통 부동산이나 현금 등의 출자가액으로 정하는 것이 원칙이나, 노무 제공이나 명성 등을 고려해 정할 수도 있다. 따라서 이렇게 정해진 출자지분 비율에 따라 소득분배가 되면 세법상 문제는 없다.

※ 재재산-96, 2006. 1. 25

공동사업자 간의 출자지분 비율은 당해 공동사업자들의 당해 사업에 대한 토지와 건물의 출자가액뿐만 아니라, 노무 제공, 경영능력, 거래형성에 대한 기여도, 명성 등을 종합적으로 고려한 사업상 이해관계에 따라 판단해야 함(재재산-96, 2006. 1. 25).

둘째, 공동사업에 대한 세무처리법을 알아두자.

부가세는 부여받은 사업자등록번호를 기준으로 신고하면 하등 문제가 없다. 그런데 소득세는 주의해야 한다. 세법은 원칙적으로 공동사업장을 1 거주자가 운영한 것으로 보아 결산을 진행한 후 소득분배비율로 소득금액을 안분계산하기 때문이다.

▶▶ 공동사업자의 경우 업무용 승용차비용, 건강보험료, 이자 비용 등 처리가 단독 명의자와 차이가 난다. 특히 공동사업에의 출자와 관련된 이자 비용은 비용으로 인정이 되지 않기 때문에 공동사업계약서 작성 시 매우 주의해야 한다.

PART 05를 참조하기 바란다.

셋째, 가족 간 공동사업을 할 때는 부당행위계산부인제도나 공동사업합산과세제도에 유의해야 한다.

① 부당행위계산부인제도

이는 신고한 소득분배비율과 현저히 다르게 신고한 경우 애초 신고한 대로 소득금액을 계산하는 것을 말한다.

② 공동사업합산과세제도

소득분배비율이 거짓으로 작성된 경우 특수관계인의 소득을 주된 공동사업자(소득분배율이 높은 자→ 같으면 공동사업소득 외 다른 소득이 큰 자)의 것으로 하는 제도를 말한다.

※ 소득, 서면법규과-664, 2013. 6. 13

공동사업에서 발생한 소득금액은 공동사업자 간에 약정된 손익분배비율에 의해 분배되었거나 분배될 소득금액에 따라 공동사업자별로 분배하는 것이나, 공동사업을 경영하는 거주자가 특수관계 있는 다른 거주자에게 정당한 손익분배비율보다 많은 비율로 손익을 분배하는 등 조세 부담을 부당히 감소시킨 것으로 인정되는 경우에는 소법 제41조의 부당행위계산부인 규정이 적용되는 것이며, 손익분배비율을 거짓으로 정하는 등으로 같은 법 시행령 제100조 제4항에서 정한 사유에 해당하는 경우에는 공동사업합산과세가 적용되는 것으로 귀 질의가 어느 상황에 해당하는지는 공동사업 약정내용, 운영형태, 출자가액 및 손익분배비율 등을 종합해 사실 판단할 사항임.

공동사업과 관련되어서는 세무상 문제점들이 다수 발생할 수 있는데 이 중 손익분배
비율과 관련된 것이 중요하다. 어떠한 점들에 주의해야 하는지 알아보자.

Q1　지분비율과 손익분배비율을 다르게 정할 수 있는가?

당연히 그렇게 할 수 있다. 하지만 원칙적으로 지분비율과 손익분배비율이 일치해야
세무간섭을 받지 않는다.

Q2　근로를 많이 제공하는 공동사업자의 손익분배비율을 더 높게 할 수 있나?

공동사업에 출자한 자산 등에 상당하는 출자지분율과 손익분배비율이 다른 경우에는
증여세 과세문제가 발생할 수 있으나, 당해 공동사업자들의 당해 사업에 대한 출자,
노무 제공, 경영능력, 거래형성에 대한 기여도, 명성 등을 종합적으로 고려한 사업상
이해관계에 따라 출자지분율과 손익분배비율을 산정한 경우에는 문제가 없다.

Q3　허위로 손익분배비율을 정하면 어떤 제재를 받는가?

공동사업합산과세제도를 적용받을 수 있다. 이 제도는 거주자 1인과 공동사업장 구
성원 간에 특수관계가 있는 경우로서 손익분배비율을 거짓으로 정하는 사유가 있는
때에는 당해 특수 관계자의 소득금액은 그 손익분배비율이 높은 공동사업자의 소득
금액으로 보아 소득금액을 계산하는 것을 말한다. 이 제도가 적용되면 공동사업의 절
세효과가 발생하지 않게 된다.

Q4　만일 사업자등록을 허위로 하면 어떻게 되는가?

이는 실제 사업을 하지 않는 사람의 명의로 사업자등록을 한 경우를 말한다. 이러한
상황에서는 사업자등록을 정정해야 하고 실질적인 소득의 귀속에 따라 세금을 부과
하게 된다. 허위로 사업자등록한 것에 대해서는 가산세가 부과될 수 있다.

Q5　공동사업 중에 분배받은 소득을 배당소득으로 간주하는 경우는 어떤 경우인가?

현금 투자만 하고 경영에는 참여하지 않는 경우로서 분배받는 소득은 배당소득에 해
당한다(소법 제17조 제1항 제8호). 따라서 이를 지급하는 사업자는 27.5%로 원천징수
하고 이를 받은 사람은 금융소득이 2,000만 원 초과 시 종합과세를 적용받게 된다.
참고로 명의는 공동 명의이나 소득이 실질적으로 특정한 사람에게 귀속되는 경우에
는 증여세 문제가 있을 수 있다.

사업자등록 신청하는 방법

앞에서 본 내용을 바탕으로 신규로 사업을 할 때 사업자등록을 신청하는 방법을 간략히 검토해보자. 참고로 사업자등록은 홈택스나 담당 세무서 방문을 통해 신청할 수 있고, 세무대리인을 통해 대신 신청할 수도 있다.

1. 사업자등록 신청기한

사업개시일로부터 20일 이내에 관할 세무서에 신청한다. 다만, 신규로 사업을 하는 자는 사업개시일 전에 사업자등록을 할 수도 있다. 이는 사업준비 기간 중의 매입세액을 환급받을 수 있도록 하는 취지가 있다.

>> 일반과세자의 사업자등록신청은 늦어도 과세기간(1. 1~6. 30 또는 7. 1~12. 31) 종료일로부터 20일 이내에 신청하면 그 이전에 발생한 매입세액은 전액 공제를 받을 수 있다. 이때 세금계산서는 사업자의 주민등록번호를 기재해 발급받을 수 있다.

2. 신청방법과 신청서류

사업자등록은 각 세무서나 홈택스를 통해 신청할 수 있다. 참고로 세무대리인 등도 이를 할 수 있다. 다만, 이때에는 위임장이 있어야 한다.

1) 세무서 방문 신청

사업자등록신청서에 다음 서류를 첨부해 세무서 1층 민원실에 접수한다. 참고로 사업자등록신청은 사업장이 소재한 담당 세무서가 아닌 곳에서도 접수할 수 있다.

※ 첨부서류

1. 사업허가증 사본, 사업등록증 사본 또는 신고필증 사본 중 1부(법령에 따라 허가를 받거나 등록 또는 신고를 해야 하는 사업의 경우만 해당)
2. 임대차계약서 사본(사업장을 임차한 경우만 해당) 1부
3. 상가 건물 임대차보호법이 적용되는 상가 건물 일부분을 임차한 경우에는 해당 부분의 도면 1부
4. 자금출처명세서(금지금 도소매업 및 과세 유흥장소에의 영업을 하려는 경우만 해당) 1부

- 사업허가증 등이 마련되지 않으면 사업계획서나 사업일정표로 갈음할 수 있다.
- 무상으로 사업장을 임차한 경우에는 무상임대차계약서를 작성해 제출한다.
- 전대의 경우에는 임대인의 동의가 있어야 하나 없는 경우에도 등록할 수 있다.

※ 부가세 집행기준 8-11-1

⑩ 건물주 동의 없는 전차인의 사업자등록
임차인이 임대인의 동의 없이 전차한 경우 임대차계약 해지사유에 해당하지만, 그 사유만으로 전차인에 대하여 사업자등록을 거부할 수 없다.

2) 국세청 홈택스 신청

국세청 홈택스를 이용하면 사업자등록신청은 물론이고 정정 및 폐업 신고도 가능하다. 인터넷 환경에 익숙하다면 홈택스를 통해 일처리를 하는 것이 효과적이다.

▶ 신청방법 : 홈택스>사업자등록 신청/정정>개인사업자등록 정정신고

≫ 이곳에서는 제출서류, 업종조회, 인허가 서류 등을 안내받을 수 있다. 참고로 다음의 경우에는 세무서를 방문해 신청해야 한다.

· 확정일자 신청
· 법인의 공동대표(각자 대표) 구성원 변동
· 공동사업자 구성원 및 지분율 변경
· 사업장 단위 과세 종된 사업장 등록신청(정정)
· 포괄적 양도 양수 신청(세무대리인 제외)

3. 사업자등록증의 발급

신청일로부터 2일 이내에 발급한다. 다만, 사업장시설이나 사업 현황을 확인하기 위해 국세청장이 필요하다고 인정하는 경우에는 발급기한을 5일 이내에서 연장하고 조사한 사실에 따라 사업자등록증을 발급할 수 있다.

① 신규사업자의 사업자등록

신규사업자는 사업개시일로부터 20일 이내에 사업장 담당세무서장에게 사업자등록을 해야 한다. 다만, 신규로 사업을 개시하려는 자는 사업개시일 전이라도 등록할 수 있다.

② 미등기 지점의 사업자등록

과세사업을 영위하는 법인이 지점 또는 직매장에 대해 사업자등록신청을 할 때는 해당 지점의 등기 여부와는 관계없이 사업자등록신청서에 해당 법인의 법인 등기부 등본 등을 첨부해 등록할 수 있다.

③ 겸업 사업자의 사업자등록

부가세의 과세사업과 면세사업을 겸업하는 사업자는 부가세법에 따른 사업자등록증을 발급받아야 한다. 이 경우 해당 사업자는 소법 또는 법법에 따른 사업자등록을 별도로 하지 아니한다.

④ 허가사업의 사업자등록

법령에 따라 허가를 받아야 하는 사업을 영위하는 자가 사업허가증 사본을 첨부하지 아니하고 사업자등록신청서를 제출한 경우 해당 사업장에서 사실상 사업을 영위하는 때는 실지 사업내용대로 사업자등록증을 발급할 수 있다. 이 경우 무허가 사업내용을 해당 기관에 문서로 통보한다.

⑤ 공동사업자의 사업자등록

2인 이상의 사업자가 공동사업을 영위하는 경우 사업자등록신청은 공동사업자 중 1인을 대표자로 해 신청한다.

⑥ 사업개시 전 사업자등록

과세사업과 관련해 건설 중인 공장 또는 사업장을 설치하지 아니한 자는 사업개시일 전에 사업자의 주소지를 사업장으로 해서 사업자등록을 할 수 있다.

⑦ 법인과 법인, 법인과 개인 간 공동사업 시 사업자등록

2개 이상의 법인 또는 개인과 법인이 동업 계약에 따라 공동사업을 영위하는 경우 영위하는 공동사업체의 인격에 따라 법인 또는 개인으로 사업자등록을 할 수 있다.

⑧ 건물주 동의 없는 전차인의 사업자등록

임차인이 임대인의 동의 없이 전차한 경우 임대차계약 해지사유에 해당하지만, 그 사유만으로 전차인에 대해 사업자등록을 거부할 수 없다.

점포(사업장)가 2개 이상인 경우의 사업자등록 방법

한 사업자가 사업장을 2개 이상 가지는 경우가 많다. 예를 들어 음식점 사업자의 경우 1호점, 2호점을 한 사업자가 운영하는 경우가 그렇다. 그렇다면 이렇게 사업장이 여러 개이면 부가세와 소득세 등의 세무 관리는 어떻게 해야 할까? 이에 대해 정리해보자.

1. 부가세 업무처리

1) 원칙

현행 부가세제도는 세법에서 정한 사업장별로 다음과 같은 업무를 수행하도록 하고 있다.

- 사업장별로 사업자등록
- 위 등록번호로 세금계산서 발급 및 수취
- 사업장별로 부가세 신고 및 납부 등

2) 예외

사업장별로 부가세 업무를 하는 것이 번거로우므로 본점(법인)이나 주사무소(개인) 한 곳에서 앞의 업무처리를 할 수 있다. 이를 '사업자단위 과세제도'라고 한다. 이렇게 되면 다음과 같이 업무처리가 바뀐다(개인의 경우).

- 사업장별로 사업자등록→주 사무소만 사업자등록
- 위 등록번호로 세금계산서 발급 및 수취→주 사무소의 번호로 발급 등
- 사업장별로 부가세 신고 및 납부 등→주 사무소에서 통합해 신고 등

2. 사업자단위 과세의 신청

1) 기존사업자

사업자단위 과세를 적용하고자 하는 과세기간 개시 20일 전까지 사업자단위 과세 승인신청서를 주 사무소(사업자단위 과세적용사업장)의 담당세무서장에게 제출해야 한다.

2) 신규사업자

사업자등록증을 받은 날부터 20일 이내에 사업자단위 과세 승인신청서를 주 사무소 담당세무서장에게 제출해야 한다.

3. 적용 사례

사례를 통해 앞의 내용을 확인해보자.

[자료]
- 2개의 동일 업종의 사업장이 있음(소매업).
- 수입금액은 각각 연간 2억 원 정도 됨.

Q1 기존사업자의 경우 사업자단위 과세 신청은 어떻게 하는가?

과세기간 개시 20일 전(6월 10일, 12월 11일)까지 적용하고자 하는 사업장의 관할 세무서에 신청서를 제출하면 된다.

Q2 사업자단위 과세로 신청하면 장부작성의무가 달라지는가?

소매업의 경우 전년도 수입금액이 3억 원에 미달하면 간편장부대상이 된다. 그런데 이때 종합소득세는 사람별로 기장의무를 판단하므로 업종이 같은 경우에는 사업소득 수입금액 합계액을 기준으로 간편장부·복식부기 의무자 여부를 판단한다. 따라서 이 경우 복식부기 의무자가 된다.

Q3 업종이 다른 경우에도 수입금액을 합산해 장부작성의무를 판단하는가?

그렇다. 다만, 이 경우 다음과 같이 수입금액을 판단한다.

> 주업종(수입금액이 가장 큰 업종을 말한다)의 수입금액 + 주업종 외의 업종의 수입금액 × (주업종에 대한 제5항 제2호 각 목의 −금액/주업종 외의 업종에 대한 제5항 제2호 각 목의 금액)

Q4 사업을 폐지할 때에는 주 사무소에서만 폐업신고를 하면 되는가?

그렇다.

Q5 A 사업장에서 B 사업장으로 재화가 이동되면 세금계산서를 발급해야 하는가?

사업장이 2개 이상인 사업자가 자기의 사업과 관련해 생산 또는 취득한 재화를 판매할 목적으로 자기의 다른 사업장에 반출하는 것은 재화의 공급으로 본다. 따라서 이 경우 세금계산서를 발급해야 한다. 하지만 사업자단위 과세제도가 적용되는 경우에는 과세기간에 자기의 다른 사업장에 반출하는 경우는 재화의 공급으로 보지 아니한다. 따라서 이 경우 세금계산서 발급은 필요 없다(만일 세금계산서를 발급한 때도 문제없다).

Q6 사업자단위 과세제도와 주 사업장 총괄납부제도의 차이점은?

전자는 모든 부가세 업무를 한 사업장에서 하는 것을 말하나, 주 사업장 총괄납부제도는 납부만을 총괄할 뿐이며, 과세표준신고, 세금계산서 합계표 제출 등의 부가세법상 제반의무는 사업장별로 해야 한다는 차이가 있다.

Q7 면세사업장이 2개 이상인 경우에도 사업자단위 과세제도를 신청할 수 있을까?

이 제도는 부가세 과세사업자에게 적용되므로 면세사업자는 이 제도를 이용할 수 없다(2020-법령해석부가-0089, 2020. 5. 8).

✎ Tip   사업장이 2개 이상인 경우 소득세 정산법

한 개인이 사업장을 2개 이상 운영한다면 우선 각 사업장별로 결산을 진행한 다음 이들의 사업장의 소득을 통산해 소득세를 정산한다. 따라서 다음과 같은 결론이 나온다.

- 모든 사업장에서 이익이 난 경우→6~45% 중 높은 세율이 적용되어 소득세가 증가한다.
- 일부 사업장에서 손해가 발생한 경우→손실이 이익에 합산되므로 소득세가 줄어들 수 있다.

사업자등록을 정정하는 방법

사업자등록 후 사업자등록증상의 내용이 변경되는 경우에는 사업자 등록을 정정해야 한다. 참고로 이때 정정 신고는 아무 때나 해도 되며 이에 대한 업무를 제대로 하지 않은 경우에도 제재가 없다.* 다음에서 는 사업자등록 정정 사유와 이를 정정하는 방법 등을 알아보자.

* 부가세 집행기준 8-14-2 [정정 신고를 이행하지 아니하는 경우 제재 사항]
  사업자등록 정정 신고를 이행하지 아니하거나 지연 신고한 때도 발급받은 매입세금계산서 관련 매입 세액은 매출세액에서 공제할 수 있고, 미등록 가산세를 적용하지 아니하며, 조세범 처벌법상 처벌 대 상도 아니다.

1. 사업자등록 정정 사유

다음과 같은 사유가 발생하면 사업자등록 정정신고서를 제출해 해당 내용을 정정해야 한다. 이때 사업자등록번호가 바뀌는지, 아닌지는 미 리 확인해야 한다.

※ 부가세 집행기준 8-14-1 [사업자등록 정정 사유 예시]
① 공동사업자
공동사업자 중 일부 변경 및 탈퇴, 새로운 공동사업자 추가의 경우에 는 사업자등록을 정정해야 한다.

② 개인 단독사업자가 공동사업자로, 공동사업자가 개인 단독사업자로 변경되는 경우에는 사업자등록을 정정해야 한다.

③ 업종 변경

제조업을 영위하던 사업자가 제조업을 폐지하고 같은 장소에서 부동산 임대업을 영위하는 경우에는 업종의 변경이므로 사업자등록을 정정해야 한다.

④ 면세사업자의 과세사업 추가

부가세 면세사업자로 등록한 사업자가 과세사업을 추가한 경우에는 사업자등록을 정정해야 한다.

⑤ 상속으로 인한 사업자의 명의 변경

사업자의 사망으로 인해 상속이 개시되는 때에는 상속개시 후 실질적으로 사업을 영위하는 상속인의 명의로 사업자등록을 정정해야 한다.

⑥ 2개 이상의 사업장에 대한 사업자등록 정정

1. 2개 이상의 사업장을 가진 사업자가 그중 한 사업장을 다른 사업장으로 이전·통합하는 경우 이전 후 통합한 사업장에서 사업자등록을 정정해야 한다.

2. 2개 이상의 독립된 부동산에 대해 하나의 사업장으로 부동산 임대업 사업자등록을 했으나 하나의 사업체로 이용되지 않고 각각의 부동산별로 임대하고 있어 부동산등기부상 소재지별로 사업장을 분리하고자 하는 경우 기존의 사업자등록은 정정 신고를 하고, 다른 부동산에 대해서는 신규로 사업자등록을 해야 한다.

2. 사업자 명의 변경 시 주의할 점

사업 영위 중에 단독 명의를 공동 명의로 또는 그 반대로 변경하거나 업종을 추가하거나 면세사업자가 과세사업을 포함하면 다양한 세무상 쟁점이 발생한다.

1) 단독에서 단독으로 변경

사업자 명의가 단독에서 단독으로 변경되는 경우는 주로 사업을 양도하거나 상속받을 때 발생한다. 이때에는 다음과 같은 세무처리가 필요하다.

① 사업양수도

사업양수도의 경우 다음과 같은 내용 등을 고려해야 한다.

첫째, 사업양수도의 경우 종전사업자는 폐업신고를 하고, 신규사업자는 별도로 사업자등록을 신청해야 한다.

둘째, 부가세는 폐업일이 속하는 달의 말일로부터 25일까지 신고하며, 소득세는 다음 해 5월 중에 신고한다.

▶▶ 폐업 시 남아 있는 재화(상품 등 재고자산)에 대해서는 부가세가 발생하므로 폐업 전에 정리하거나 포괄양수도계약을 맺어 부가세 없이 거래하는 것이 좋다. 이러한 내용은 법인전환 시에도 알아둬야 하는데 PART 07에서 이에 대해 다루고 있다.

셋째, 사업양수도를 할 때 받은 권리금은 원칙적으로 기타 소득으로 처리하고, 거래상대방은 영업권으로 해 5년간 비용처리를 할 수 있다.

② 상속

상속의 경우 사업의 연속성이 유지된다. 따라서 사업자등록 정정 신고를 통해 대표자 명의를 변경하면 된다. 이때 사업자등록번호는 그대로 유지되며, 부가세 신고는 종전대로 그대로 이뤄진다. 다만, 소득세는 상속개시일이 속한 달의 말일로부터 6개월 이내에 신고해야 한다(상속세 신고기한과 같음).

≫ 사업체를 상속하는 경우 사업용 자산과 부채의 평가, 영업권의 평가, 가업 상속공제 등에 대한 검토가 필요하다. 이에 대한 자세한 내용은 저자의 《상속·증여 세무 가이드북》 등을 참조하기 바란다.

2) 단독에서 공동으로 변경

단독에서 공동으로 사업자 명의를 변경할 때 절차와 주의할 점들을 순차적으로 살펴보면 다음과 같다.

첫째, 공동계약서를 제대로 작성한다(경영 참여방법, 지분율, 소득분배율, 탈퇴 조건 등).

둘째, 사업자등록 정정 신청을 한다. 이때 인허가업종의 경우 사전에 인허가를 받는다.

셋째, 사업자등록번호는 그대로 유지된다.

넷째, 부가세 신고는 종전대로 하면 된다.

다섯째, 소득세 신고는 단독사업자로 경영할 때와 공동사업자로 전환한 이후를 나눠 각각 장부를 기장해야 하며, 소득세 신고 시 공동사업자로 전환한 이후에 발생한 소득금액에 대해서는 손익분배율에 따라 적절히 나눈다.

≫ 지분 일부 양도 시 권리금(영업권)에 대한 소득처리법은 다음 예규를 참조하기 바란다.

[제목]

단독사업장의 영업권을 공동사업장에 출자하는 경우 영업권 상당액을 공동사업장의 자산으로 계상할 수 있는지

[회신]

병·의원을 영위하던 개인사업자 '갑'이 당해 사업장의 자산과 영업권을 적정하게 평가하여 '갑'과 '을'을 구성원으로 하는 공동사업에 출자한 경우 공동사업에 출자된 영업권은 소령 제62조 제2항 제2호에 따라 공동사업장의 무형고정자산에 해당하는 것임. 다만 해당 영업권 금액을 적절한 평가방법에 따라 평가했는지는 사실 판단할 사항임.

3) 공동에서 단독으로 변경

공동에서 단독 명의로 사업자 명의가 변경되는 경우에는 앞의 2)를 준용하면 된다.

첫째, 해지 공동계약서를 작성한다(세무상 이는 생략해도 무방).

둘째, 사업자등록 정정 신청을 한다.

셋째, 사업자등록번호는 그대로 유지된다.

넷째, 부가세 신고는 종전대로 하면 된다.

다섯째, 소득세 신고는 공동사업자로 경영할 때와 단독사업자로 전환한 이후를 나눠 각각 장부를 기장해야 하며, 소득세의 경우 전환 전과 후로 나눠 소득금액을 계산한다.

기존 업종이나 신종 업종 등을 시작할 때에는 재빨리 세무 틀을 잡는 것이 중요하다. 그래야 사업이 안정적으로 돌아가기 때문이다. 다음에서는 주로 신종 업종에 대한 것이다(국세청 자료).

1. 1인 미디어콘텐츠 창작자

□ 보조 인력을 고용하거나 전문 촬영 장소를 임차하여 유튜버로 활동하고 있는 A 씨의 경우(유튜버는 1인 미디어콘텐츠 창작자 중 하나의 예시에 불과함),

○ (사업자등록) 인적·물적 시설이 있으므로 과세사업자(정보통신업)로 등록해야 하며, 사업자등록은 홈택스 또는 세무서에서 신청 가능

▶ 인적·물적 시설 없이 개인적으로 활동하는 경우 면세사업자(개인서비스업)로 등록할 수 있음.*

* 자택에서 촬영 장비를 설치한 것은 과세업이 아닌 면세업에 해당한다.

○ (부가세 신고) 과세사업자로서 부가세 신고를 해야 하며, 일반과세자는 6개월 단위로, 간이과세자는 1년 단위로 신고

사업자	과세기간	확정신고 대상	확정신고·납부기한
일반과세자	제1기 1. 1~6. 30	1. 1~6. 30까지 사업 실적	7. 1~7. 25
	제2기 7. 1~12. 31	7. 1~12. 31까지 사업 실적	다음 해 1. 1~1. 25
간이과세자	1. 1~12. 31	1.1~12. 31까지 사업 실적	다음 해 1. 1~1. 25

▶<예시> 국외 플랫폼 운영사인 유튜브로부터 외화로 받는 수익은 부가세 신고 시 영세율이 적용되고 촬영 장비 구매, 사무실 임차 시 부담한 부가세는 공제(환급)받을 수 있음.

▶<예시> A 씨가 2023. 1. 1~6. 30까지 제작한 콘텐츠를 해외 플랫폼 운영사에 올리고 받은 수익이 $50,000(환율 1$=1,200원 가정)이고, 사무실을 임차해서 1,100만 원(부가세 포함) 지급하고 세금계산서를 수취했음.

<예시> 사업자등록 여부에 따른 부가세 세액 차이

사업자등록 시	사업자 미등록 시
· 매출세액(영세율) : 60,000,000원×0%=0원 · 매입세액(공제) : 10,000,000원×10%=△ 1,000,000원 ≫ 환급세액 : 100만 원	· 매출세액(영세율) : 60,000,000원×0%=0원 · 매입세액(불공제) · 미등록 가산세(1%) : 60만 원 · 영세율과세표준 무신고 가산세(0.5%) : 30만 원 ≫ 부과 세액 : 90만 원

○ (종합소득세 신고) 유튜브 광고수익 등은 사업소득에 해당하고, 1년간의 모든 과세대상 소득을 합산해 다음 해 5월 종합소득세 신고를 해야 함(세액감면을 받기 위해서는 원칙적으로 과세사업자로 등록해야 함).

2. SNS마켓 사업자

□ SNS에서 계속적이고 반복적으로 물품을 판매하고 있는 B 씨의 경우,

○ (사업자등록) 과세사업자로 등록을 해야 하며, 규모가 작고 거래 건수도 많지 않아 통신판매업 신고면제기준에 해당하더라도 사업자등록은 별개이므로 사업자등록을 하지 않으면 가산세 등 불이익을 받을 수 있음.

<사업자등록과 통신판매업 신고 비교>

구분	사업자등록	통신판매업 신고
근거법령	부가세법 제8조	전자상거래 등에서의 소비자보호에 관한 법률 제12조 제1항
신청(신고) 접수	홈택스 또는 세무서	정부24, 공정거래위원회 또는 지방자치단체* * 주된 사무소 소재지를 담당하는 지자체
요건	사업상 독립적으로 재화 또는 용역을 공급하는 자	통신판매를 업으로 하는 자 또는 그와의 약정에 따라 통신 판매업무를 수행하는 자
등록(신고) 면제기준	없음.	최근 6개월 거래횟수 20회 미만 또는 거래 규모 1,200만 원 미만 ※ 신고면제 기준 개정 논의 중(공정위)
의무위반 시	미등록 가산세 (공급가액의 1%)	3,000만 원 이하의 벌금

○ (부가세 신고) 과세사업자로서 부가세 신고해야 하며, 일반과세자는 6개월 단위로, 간이과세자는 1년 단위로 신고

○ (종합소득세 신고) SNS마켓에서 얻은 소득은 사업소득에 해당하고 1년간의 모든 과세대상 소득을 합산해서 다음 해 5월 종합소득세 신고를 해야 함(SNS마켓은 도소매업/통신판매업으로 세액감면 가능).

3. SNS 마케팅

SNS에서 제품을 홍보하는 글을 주기적으로 쓰는 대가로 업체로부터 원고료를 받거나 해당 제품을 받는 C 씨의 경우,

○ (사업자등록) 인적·물적 시설이 없이 개인적으로 활동하는 경우 면세 사업자로 등록할 수 있음.

- 면세사업자로 등록한 경우, 원칙적으로 업체에 계산서를 발급해야 하지만 업체로부터 원천징수영수증을 발급받으면 계산서를 발급한 것으로 보기 때문에 계산서를 중복해서 발급하지 않음.

▶업체는 C 씨에게 대가를 지급할 때 원천징수를 하는데, 금전 외의 것을 수입하는 경우에는 해당 물품의 거랫값으로 계산(소법 제24조 제2항).

○ (부가세 신고) 면세사업자면 부가세는 면제되므로 신고할 필요는 없음.

○ (종합소득세 신고) SNS 마케팅으로 얻은 소득은 사업소득에 해당하고 모든 과세대상 소득을 합산해서 다음 해 5월 종합소득세 신고를 해야 함(과세사업자로 등록 시 세액감면이 가능).

4. 공유숙박 사업자

□ 자신이 사는 집의 빈방을 중개 플랫폼 운영사를 통해 관광객에게 유상으로 제공하고 있는 D 씨의 경우,

○ (사업자등록) 과세사업자로 사업자등록을 해야 함.

○ (부가세 신고) 과세사업자로서 부가세 신고를 해야 하며, 일반과세자는 6개월 단위로, 간이과세자는 1년 단위로 신고

○ (종합소득세 신고) 연간 수입금액이 500만 원 이하면 기타 소득으로 신고할 수 있음(소법 제21조 제1항 제8의 2호).

- 연간 수입금액이 500만 원 초과면 종합소득세 사업소득으로 신고를 하면 되고, 다른 소득이 있는 경우에는 합산해 신고함(숙박업은 세액감면을 받을 수 없음).

≫ 앞으로 신종 업종이 많이 발생할 수 있다. 이때도 앞과 같은 흐름으로 세무 틀을 잡기 바란다. 업종별 조세감면에 대해서는 PART 01 절세 탐구를 참조하기 바란다.

Tip 신종 업종 관련 자주 묻는 말(FAQ)

1. 1인 미디어콘텐츠 창작자

Q	사업자등록을 꼭 해야 하나?
A	일회성이 아니라 계속적이고 반복적으로 영상 콘텐츠를 생산하고, 이에 따른 수익이 발생하는 경우 사업자등록을 해야 한다.
Q	면세사업자와 과세사업자 중 무엇을 선택해야 하나?
A	인적 시설(영상 편집자, 시나리오 작성자 등을 고용) 또는 물적 시설(별도의 방송용 스튜디오 등)을 갖추면 과세사업자로 등록해야 한다. 근로자를 고용하지 아니하고 물적 시설이 없는 경우에는 면세사업자로 등록할 수 있다(다만, 인적용역 사업자로서 면세면 사업자 미등록 가산세는 없음).
Q	업종코드는 어떻게 해야 하나?
A	과세사업자의 경우 921505(미디어콘텐츠 창작업), 면세사업자의 경우 940306(1인 미디어콘텐츠 창작자)이다.
Q	어떤 세금신고를 해야 하나?
A	(1) 과세사업자의 경우 -부가세 신고와 종합소득세 신고를 하면 된다. (2) 면세사업자의 경우 -사업장 현황 신고와 종합소득세 신고를 하면 된다.

2. SNS마켓 사업자

Q	SNS를 통해 판매하는 경우에 사업자등록을 해야 하나?
A	SNS마켓을 이용해 재화 등을 계속적·반복적으로 판매하는 경우 사업성이 인정되어 사업자등록을 하고 해당 소득에 대해 세금신고를 해야 한다.
Q	SNS마켓 사업자등록 시 업종코드는?
A	블로그, 카페 등 SNS를 이용해 물품판매는 물론 알선, 중개 등을 통해 이익을 얻는 활동의 경우 업종코드는 '525104(SNS마켓)'로 등록한다. SNS마켓을 이용한 통신판매업을 기존의 전자상거래 소매업 및 소매중개업과 구분하기 위해 업종코드 신설해 2019. 9. 1 이후 신규(정정) 사업자등록 시부터 적용하고 있다.
Q	개인사업자의 현금영수증 가맹점 가입의무는?
A	직전 과세기간 수입금액이 2,400만 원 이상이면 가입의무가 있으며 미가맹 시 미가입기간 수입금액의 1% 가산세가 부과된다.

Q	현금영수증은 어떻게 발급하나?
A	단말기를 이용하시거나, 국세청 홈택스[1] 또는 국세상담센터 ARS[2]에서도 현금 영수증 발급이 가능하다. [1] 홈택스〉현금영수증〉현금영수증 발급(건별 등) [2] ☎126 ①번(홈택스상담)→①번(현금영수증)→①번(한국어)→④번(가맹점 현금영수증 발급서비스)
Q	대금을 계좌로 받았는데, 구매자의 인적사항을 확인할 수 없는 경우 현금영수증 발급을 어떻게 해야 하나?
A	구매자의 인적사항을 모르는 경우, 국세청 지정번호(010-0000-1234)로 현금영수증을 발행할 수 있다.

3. 공유숙박 사업자

Q	사업자등록을 꼭 해야 하나?
A	일회성이 아니라 계속적이고 반복적으로 여유 공간을 빌려주고, 이에 따른 수익이 발생하는 경우 사업자등록을 해야 한다.
Q	공유숙박의 사업자등록 업종코드는?
A	일반인이 빈방 같은 여유 공간(숙박공간)을 여행객들에게 유상으로 제공하는 것으로 업종코드는 551007(공유숙박업)이다.
Q	사업자등록 시 필요서류는?
A	본인 신분증, 사업장임대차 계약서, 사업자등록 신청서, 관광사업등록증(외국인 관광 도시민박업 등), 농어촌민박 신고필증이다(대리인의 경우 위임장).
Q	사업자등록을 하지 않았을 경우 불이익이 있나요?
A	사업자등록은 사업개시일로부터 20일 이내에 해야 한다. ① 사업개시일로부터 20일 이내에 사업자등록을 하지 않으면 사업개시일로부터 예정신고 기간 또는 해당 과세기간까지의 공급가액에 대해 1%에 상당하는 금액을 가산세로 부담해야 한다. ② 사업자등록을 하기 전의 매입세액은 매출세액에서 공제하지 않는다.
Q	통신 판매중개업자를 통해 숙박을 제공하고 연 소득 500만 원 이하면 신고방법은?
A	통신판매 중개를 하는 자를 통해 장소를 대여하고 연 500만 원 이하의 사용료를 받는 경우 기타 소득으로 분리과세한다(소법 제21조 제1항 제8의 2호).

앞으로 세무회계 분야에서도 인공지능(AI, Artificial Intelligence)이 도입될 것이 예견되는데, 국세청은 홈택스를 기반으로 다양한 제도를 도입할 것으로 보인다. 따라서 이 책의 독자들은 앞으로도 홈택스 서비스를 적극적으로 활용하는 것이 좋을 것으로 보인다.

1. 국세청 홈택스 접근방법

▶ 홈택스〉공인인증

2. 국세청 홈택스 활용법

국세청 홈택스는 모든 국세에 대한 신고는 물론이고, 신고를 위해 필요한 서류 등을 확인할 수 있는 체계를 갖추고 있다. 지방세는 위택스에서 정보를 제공하고 있다.

1) 사업자등록 관련
홈택스에서는 다음과 같은 업무를 손쉽게 할 수 있다.

- 사업자등록 신청 및 정정, 폐업신고 등
- 사업용 계좌 등록(복식부기 의무자)
- 사업자카드 등록 등

2) 부가세 신고 관련
- 세금계산서 또는 계산서 발급

- 현금영수증 발급
- 부가세 신고 등

3. 원천세 신고 관련

- 원천세 신고
- 지급명세서 제출 등

4. 소득세 신고 관련

- 신고도움서비스 안내
- 소득세 신고자료 출력
- 소득세 신고 등

▶ **소득자료 확인 경로 안내 : 홈택스〉My 홈택스〉지급명세서 등 제출명세**

5. 재산세제 관련

- 양도소득세, 상속세, 증여세 등 시뮬레이션
- 상속증여재산평가
- 기준시가 조회
- 양도소득세, 상속세, 증여세 등 신고

03

사업 시작 전에 알아둬야 할 것들

사업자의 세무 흐름

개인사업자는 사업자등록을 하면 바로 사업을 시작할 수 있다. 하지만 사업 전에 미리 알아두면 유용한 지식이 있는데, 대표적인 것이 사업자카드 등록과 영수증 수취요령이다. 다음에서는 사업 관련 세무절차를 알아보고 사업개시 전에 알아둬야 할 것을 순차적으로 알아보자. 참고로 부가세나 소득세 신고 등에 대해서는 별도의 장을 통해 알아볼 것이다.

절차		내용
사업개시 전	설립자금 및 사업장 마련	· 자본금 준비 · 사업장 : 자가 또는 타가
	▼	
	세무회계사무소 선정	· 전반적인 세무신고 및 자료 제출 등 　- 원천세, 연말정산, 부가세, 재무제표 작성, 소득세 신고 등
	▼	
	사업자등록	· 사업장이 있는 담당 세무서(2일 이내에 수령) · 준비서류 : 사업자등록신청서, 인허가 사본, 임대차계약서 등
	▼	

절차		내용
사업개시 전	사업개시 전 준비	· 카드단말기 설치, 현금영수증 가맹
		· 사업용 계좌신고 · 사업자카드 등록 · 증빙 수취의무 숙지 · 장부작성의무 숙지 · 원천징수 대상소득 파악 · 고용 관련 준비서류 · 자산취득 시 점검할 것 등
	▼	
사업개시 후	원천세 신고	· 원천세 신고
		· 지급명세서 제출(매월 등)
	▼	
	부가세 신고	· 부가세 신고
		· 사업장 현황 신고
	▼	
	소득세 신고	· 개인 : 소득세 신고 · 법인 : 법인세 신고

» 신규사업자나 기존사업자 모두 표와 같은 흐름 속에서 자신에게 맞는 절세 방법을 찾는 것이 좋다.

사업용 계좌신고

사업용 계좌제도는 국세청에 신고된 계좌로 입출금을 하도록 하는 제도를 말한다. 법인의 경우에는 법인계좌가 있어 이를 바탕으로 현금흐름을 파악하기가 용이하나, 개인은 사업자금과 개인 자금이 뒤섞여 사업 관련 현금흐름을 파악하기가 힘든 측면이 있다. 이를 개선하기 위해 이 제도가 들어온 만큼 사업자들은 이에 유의해야 할 필요가 있다.

1. 사업용 계좌제도

1) 사업용 계좌제도란

다음의 거래에 대해 미리 국세청에 신고된 계좌를 통해 입출금이 되도록 하는 제도를 말한다.

- 거래의 대금을 금융회사 등을 통해 결제하거나 결제받는 경우(매출 대금을 말한다)
- 인건비 및 임차료를 지급하거나 받는 경우(단, 외국인 불법체류자 등 일부 는 제외)

2) 적용 대상자

개인사업자 중 복식부기 대상 사업자만 해당한다.

3) 미사용에 따른 불이익

복식부기 의무자가 사업용 계좌신고를 하지 않거나 미사용하면 다음과 같은 불이익을 받는다.

① 사업용 계좌 미신고·미사용가산세(소법 제81의8)

복식부기 의무자가 사업용 계좌를 미신고하거나 미사용하면 다음과 같이 가산세를 부과한다. 이때 사업용 계좌미신고·미사용가산세는 소득세 산출세액이 없는 경우에도 적용한다.

가. 미사용가산세=사업용 계좌를 사용하지 아니한 금액×2/1,000

나. 미신고가산세=㉠과 ㉡중 큰 금액

㉠ 미신고 기간 수입금액×2/1,000

* 해당 과세기간의 수입금액 × 미신고 기간/365(윤년 366)
** 미신고 기간이 2개 이상 과세기간이면 과세기간별로 적용

㉡ 거래금액 합계액×2/1,000

② 조세감면배제

사업용 계좌를 신고해야 할 사업자가 이를 이행하지 아니한 경우에는 해당 과세기간에 대해 다음 조특법의 감면규정을 적용하지 아니한다.

※ 제외되는 조특법상 감면규정

- 제6조(창업중소기업 세액감면)
- 제7조(중소기업 특별세액감면) 등

③ 경정 사유에 추가

사업용 계좌를 신고해야 할 사업자(복식부기 의무자)가 이를 이행하지 아니하거나 사업용 계좌를 이용해야 할 사업자가 이를 이행하지 아니한 경우 납세지 담당세무서장 또는 지방국세청장은 해당 연도의 과세표준과 세액을 경정할 수 있다(소법 제80조 ②).

≫ 이는 세무조사 등을 할 수 있다는 것을 암시한다.

2. 적용 사례

사례를 통해 앞의 내용을 확인해보자.

[자료]
· K 씨는 음식점업을 영위하고 있다.
· 그의 작년 매출액은 3억 원이다.

Q1 K 씨는 간편장부대상자인가? 복식부기 의무자인가?

음식점업의 경우 직전 연도 매출액이 1억 5,000만 원 이상이 되면 복식부기 의무자가 된다. 따라서 K 씨는 복식부기 의무자가 된다. 참고로 앞의 음식점업은 한식·외국식·구내·간이식당을 말하며, 주점업(요정, 생맥주 전문점 등)과 비알코올 음료점업(카페)과는 구별해야 한다.

Q2 K 씨는 사업용 계좌신고를 하지 않았다. 이 경우 가산세는 얼마인가?

일반적으로 매출액의 0.2%가 적용되므로 60만 원 정도가 될 것으로 보인다.

Q3 K 씨가 창업한 음식점업은 조특법상 창업중소기업 세액감면 대상이 된다. 이 경우 감면이 되는가?

사업용 계좌신고를 하지 않으면 감면을 받을 수 없다.

Q4 사업용 계좌는 어떻게 신고를 해야 하는가?

관할 세무서를 방문하거나 홈택스에서 등록할 수 있다.

Q5 사업용 계좌는 1개만 신고하는가?

사업용 계좌는 사업장별로 신고하는 것이 원칙이며, 계좌는 2개 이상도 가능하다.

Q6 사업용 계좌에서 생활비를 찾으면 제재를 받는가?

아니다. 그런 불이익은 없다. 이를 제재하면 개인의 생활이 불편해지기 때문이다.

✎ Tip 사업용 계좌제도 요약

- 복식부기 의무자(3억 원, 1억 5,000만 원, 7,500만 원 이상)에게 적용된다.
- 사업용 계좌를 미신고 또는 미사용 시 가산세는 물론이고 감면이 제한된다.
- 사업용 계좌는 홈택스에서 등록할 수 있다.
  - 홈택스)세금관련 신청/신고)세금관련 신청/신고 공통분야)사업용 계좌 개설
- 사업용 계좌 등록기한은 복식부기 의무자에 해당하는 과세기간의 개시일(사업개시와 동시에 복식부기 의무자에 해당하는 경우에는 다음 과세기간 개시일)부터 6개월 이내다. 이 때 해당 사업자의 사업장 관할 세무서장 또는 납세지 관할 세무서장에게 신고해야 한다(소법 제160조의5).

사업자카드 등록

개인사업자가 국세청에 등록한 사업자카드로 물품구입비 등을 결제하는 경우가 많다. 다양한 측면에서 편의성이 많기 때문이다. 하지만 이 카드를 사적인 목적으로 과도하게 사용하는 경우에는 사후검증이나 세무조사 등의 가능성이 올라가는 등 세무위험이 발생한다는 문제점이 있다. 다음에서 사업자 신용카드(사업자카드)에 대해 알아보자.

1. 사업자카드 등록제도

1) 가입의무

사업자카드는 사업용 계좌처럼 신고의무가 없다. 따라서 자신의 선택에 따라 등록할 수 있다. 사업자카드를 국세청 홈택스에 등록해두고 사용하면 영수증 수취와 자료 처리에서도 도움을 얻을 수 있다. 다만, 거래내역이 국세청에 노출되므로 자칫 세무간섭을 받을 가능성이 커질 수도 있다.

2) 등록방법

사업자카드는 별도 카드로 발급받는 것이 아니라, 사업자가 가지고 있는 신용카드를 국세청 홈택스에서 등록하면 그 카드가 바로 '사업자카드'가 된다. 공인인증서를 이용하여 홈택스 홈페이지 [신용카드>신용카드 매입>사업용 신용카드 등록] 메뉴에서 등록한다.

2. 사업자카드와 관련해 알아둬야 할 것들

사업자카드와 관련된 몇 가지 내용을 정리해보자.

Q1 사업자카드는 의무적으로 사용해야 하는가?

그렇지 않다. 사업용 계좌 사용의무처럼 필수적인 의무는 없다. 하지만 평소 카드전표 수집 없이도 부가세나 소득세 등을 신고할 때 간단한 조회만을 통해 신고를 마칠 수 있다. 이러한 관점에서 이를 사용하는 경우가 많다.

Q2 사업자카드는 몇 장까지 등록할 수 있는가?

대표자 명의로 50장까지 등록할 수 있다. 다만, 여기서 주의할 것은 대표자가 아닌 경우에는 이 카드로 등록할 수 없다는 점이다. 사업자카드 등록단계에서 신용카드사에 본인 여부를 인증하는 절차를 거치기 때문이다.

Q3 사업자카드는 반드시 대표자만 사용해야 하는가?

그렇지 않다. 업무용으로 사용한다면 직원 등이 이를 사용할 수 있다.

Q4 사업자카드를 개인용으로 사용하면 무슨 벌칙이 있는가?

그렇지 않다. 이에 대해서는 세법상의 벌칙은 없다. 다만, 업무와 관련 없이 과도하게 사용하는 경우에는 사후검증 대상자로 분류되는 등 세무위험이 올라간다는 문제점이 발생한다.

Q5 사업자카드를 사용하면 전표를 보관해야 하는가?

사업자가 지출할 때 받은 증빙은 원칙적으로 5년 이상 보관해야 한다. 하지만 사업자카드의 경우 그 사용 내용이 국세청 등에 보관되어 있으므로 이를 보관하지 않아도 되는 혜택이 있다.

Q6 사용한 금액 모두 부가세 환급 처리하면 문제가 없는가?

원칙적으로 사업자카드로 지출하면 세금계산서를 받지 않더라도 부가세를 환급받을 수 있다. 하지만 사업과 관련 없이 사업자카드를 사용하는 경우에는 이에 대해서는 당연히 환급 처리를 할 수 없다. 가정용품 구매나 접대, 업무용 승용차에 관련된 매입세액 등이 이에 해당한다.

≫ 부가세 신고 시 매입내용은 신고 기간(7월, 1월)을 통해 홈택스 [신용카드>신용카드 매입>사업용 신용카드 사용내역(공제확인/변경)] 메뉴에서 확인할 수 있다. 참고로 홈택스 홈페이지에서 조회되지 않은 매입내용은 카드회사 등을 통해 개별적으로 확인해 환급 신청을 해야 한다.

3. 적용 사례

사례를 통해 앞의 내용을 좀 더 확인해보자.

서울에서 개인사업을 하는 김영철 씨는 복식부기 대상 사업자에 해당한다. 그는 이번에 종합소득세 신고를 하면서 다음과 같은 안내문을 받았다. 물음에 답하면?

<전년도 사업자카드 사용 현황 분석>

구분	합계	신변잡화 구매	가정용품 구매	업무 무관 업소 이용	개인적 치료	해외사용액
건수	550건	30건	100건	400건	10건	10건
금액	1억 원	1,500만 원	2,000만 원	4,000만 원	500만 원	2,000만 원

Q1 앞의 내용은 어떤 과정을 통해 납세의무자에게 제공되는가?

사업자카드제도는 국세청에 등록된 카드로 국세청이 각 신용카드회사로부터 거래내용을 자체 전산망으로 전송받은 후 이를 가공 분석해서 납세의무자에게 제공하는 식으로 운용된다.

Q2 앞의 업무 무관업소 이용 항목에서 업무 무관업소란 어떤 곳을 의미할까?

이는 주로 유흥주점 등을 말한다. 복리후생용 식대나 접대비 등을 지출하는 경우라도 이 항목으로 분류될 수 있다는 점에 주의하기 바란다.

Q3 지출된 금액 총 1억 원은 경비처리를 할 수 없는가?

그렇지 않다. 국세청은 종합소득세 성실신고를 위해 자료를 수집해 자체기준에 의해 사용 내용을 알려주는 것에 불과하므로, 신고할 때에는 건별로 업무 관련성을 따져 경비처리를 하면 된다. 예를 들어 업무 무관업소 이용과 관련된 금액이라도 이 중 복리후생 성격의 지출이 있으면 복리후생비로, 접대 성격의 지출이 있으면 접대비로 처리하면 된다.

Q4 사례의 김 씨가 신용카드 사용액을 모두 경비 처리하면 어떤 문제점이 있는가?

앞에서 적시된 항목들을 모두 부가세나 소득세 신고 시에 장부 등에 반영해서 신고하면 세무위험이 올라간다. 그 결과 과세관청은 자료상의 비용을 과도하게 장부 등에 반영했다고 보아 사후검증이나 세무조사 등을 실시해서 관련 세금을 추징할 수 있다.

Q5 이러한 위험을 줄이기 위해서는 어떻게 해야 하는가?

가장 좋은 것은 앞에 적시된 항목들에 대해서는 될 수 있는 대로 사업자카드 사용을 줄이는 것이다. 불필요한 오해를 살 필요가 없기 때문이다. 그 대신 비사업자 카드, 즉 개인카드를 사용하는 것이 좋을 것으로 보인다. 개인카드를 사용하더라도 업무에 사용했다면 부가세 환급도 가능하고 비용처리도 가능하다.

✏️ Tip 사업자카드의 유용성

- 지출증빙을 별도로 수취하지 않아도 된다(다만, 어떤 세무회계사무소에서는 별도로 증빙 수취를 요구하는 때도 있다).
- 지출증빙을 별도로 보관하지 않아도 된다.
- 홈택스에서 자료를 내려받아 전산시스템에 업로드시켜 부가세 신고를 간편하게 마칠 수 있다.

지출증빙 수취의무

현행 세법에서는 기업이 입출금거래를 할 때 세법상 정규영수증(세금계산서, 계산서, 신용카드, 현금영수증)을 수수하는 것을 규정하고 이를 어기는 경우 가산세 제재 등의 불이익을 주고 있다. 이는 사업자의 경비지출에 대한 투명성을 확보하고 거래상대방 사업자의 과세표준 양성화를 유도함으로써 공평과세를 실현하고자 하는 취지가 있다. 여기에서는 증빙수취의무를 자세히 살펴보자.

1. 경비 등의 지출증빙 수취

1) 정규영수증의 종류

개인사업자가 사업과 관련해서 사업자로부터 재화 또는 용역을 공급받고 그 대가를 지출하는 경우에는 다음 중 하나를 수취해야 한다(소법 제160의 2 ②). 이를 '정규영수증'이라고 한다.

① 세금계산서

'세금계산서'란 사업자가 재화나 용역을 공급할 때에 부가세를 거래 징수하고 이를 증명하기 위해 공급받는 자에게 발급해주는 증빙서류다.

② 계산서

계산서는 부가세 면세사업자(면세품목을 취급하는 사업자)가 발급하는 영수증이다. 부가세가 면세되므로 공급가액만 기재된다.

③ 신용카드 매출전표(현금영수증 포함)

신용카드 매출전표(월별 이용대금명세서 포함)는 대금의 수수에 관한 영수증에 불과하지만, 과세자료로 활용할 수 있으므로 정규영수증의 하나로 인정하는 것이다. 이에는 현금영수증도 포함된다.

2) 간이영수증

간이영수증은 비정규영수증으로서 공급받는 자의 등록번호와 부가세액을 별도로 기재하지 않은 증빙서류를 말한다. 이 영수증은 간이과세자와 주로 최종소비자를 대상으로 하는 업종(소매업, 음식점업, 목욕업 등)에 해당하는 일반과세자가 발행한다.

한편, 간이과세자 등으로부터 간이영수증을 받으면 다음과 같은 불이익이 있다.

구분		카드영수증	현금영수증	간이영수증
혜택	개인	소득공제	소득공제	없음.
	회사	부가세 환급	부가세 환급*	없음.
불이익	개인	없음.	없음.	없음.
	회사	없음.	없음.	·3만 원 초과 시 가산세 2% ·접대비 3만 원 초과 : 경비 불인정 ·임의 작성 시 : 경비 불인정

* 지출증빙용 현금영수증을 받아야 부가세 환급이 가능하다.

2. 정규영수증을 받아야 하는 거래

1) 정규영수증을 받아야 하는 거래란

정규영수증을 받기 위해서는 다음과 같은 요건을 동시에 충족해야 한다.

① 사업자와의 거래일 것

거래상대방이 비사업자면 정규영수증을 수취할 수 없으므로 이를 수취하지 않더라도 정규영수증 미수취에 따른 가산세(2%)를 부과하지 않는다. 하지만 거래상대방이 사업자라고 하더라도 증빙 수취의 실익이 없는 경우에는 문제로 삼지 않는다. 이를 정리하면 다음과 같다.

사업자에 해당하는 경우	사업자에 해당하지 않은 경우
· 영리법인 · 수익사업을 영위하는 비영리법인 · 사업소득자, 부동산 임대소득자 · 미등록사업자(∵미등록사업자도 사실상 사업자에 해당) · 면세사업자, 간이과세자(∵당연히 사업자에 해당)	· 수익사업을 영위하지 않는 비영리법인 (∵사업자등록의무가 없어 정규영수증 수취 불가) · 금융보험업을 영위하는 법인(∵전산 거래로 거래가 투명해서 정규영수증 수취 실익이 없음) · 국내사업장이 없는 법인(∵정규영수증 수취 불가능) · 국내사업장이 없는 비거주자 · 읍·면 지역에 소재하는 간이과세자로서 신용카드 가맹점이 아닌 사업자(∵영세업자 세 부담 완화)

앞에서 특히 주의할 사항은 미등록사업자나 간이과세자와의 거래다. 이들은 모두 사업자에 해당하므로 원칙적으로 정규영수증을 받아야 하는데 현실적으로 다음과 같은 어려운 점이 있다.

• 미등록사업자→사실상 사업자에 해당하므로 정규영수증을 발행해야 하나 이를 발행할 수 없다. 그 결과 이들은 다른 사업자의 증빙

으로 거래를 입증하려고 할 것이다. 따라서 이를 수취하는 회사는 당연히 사실과 다른 증빙으로 인해 세금계산서불성실가산세뿐만 아니라 거래금액 모두를 부인당할 가능성이 있다. 따라서 미등록 사업자와는 거래하지 않는 것이 최선책이다.

- 간이과세자→간이과세자(4,800만 원 미만)는 세금계산서를 발행할 수 없다. 따라서 정규영수증은 신용카드 매출전표나 현금영수증 중 하나를 받아야 한다. 만일 이러한 정규영수증을 수취하지 않고 간이영수증을 3만 원 초과해서 받으면 증명서류 수취 불성실 가산세 (2%)가 부과되므로 주의해야 한다. 만일 간이과세자와의 거래금액 이 3만 원을 초과함에도 정규영수증을 받을 수 없다면 아예 거래 를 포기하는 것이 최선책이다.

② 재화나 용역의 공급대가일 것

지출한 금액에 대해 정규영수증을 받아야 하는 거래는 재화나 용역의 공급대가여야 한다. 따라서 재화(물건)나 용역(서비스)거래가 아닌 것들은 정규영수증 수취의무가 없다. 이를 구별해보자.

재화나 용역거래인 경우	재화나 용역거래가 아닌 경우
· 상품 · 용역 · 임대용역서비스 등	· 기부금 · 위약금 · 판매장려금 · 인건비 · 임대보증금 등

③ 3만 원 초과거래일 것

일단 정규영수증 수취의무는 기본적으로 거래금액이 3만 원을 초과해야 한다. 따라서 단일 거래가 3만 원 이하로 이루어지면 정규영수증을 수취하지 않더라도 증명서류 수취 불성실 가산세를 부과하지 않는다.

2) 3만 원 초과거래라도 가산세를 부과하지 않는 경우

다음은 3만 원 초과의 거래라도 증명서류 수취 불성실 가산세 적용을 배제한다. 이는 정규영수증을 수취하기가 힘든 현실을 반영한 결과다.

- 읍·면 지역의 간이과세자로서 신용카드 가맹점이 아닌 사업자
- 농어민과의 거래, 부동산 구매, 주택임대용역
- 경비 등 송금명세서로 갈음 가능한 것(운송 용역, 우편 주문판매 등) 등

3) 접대비의 필요경비 불산입

접대비를 3만 원(경조금은 20만 원)을 초과해서 지출하고 정규영수증 이외의 영수증을 수취하면 비용으로 인정하지 않는다.

3. 영수증 관련 가산세

1) 증명서류 수취 불성실 가산세(증빙불비가산세)

사업자가 거래와 관련해 증명서류를 받지 아니하거나 사실과 다른 증명서류를 받은 경우에 증명서류 수취 불성실 가산세 2%를 부과한다. 단, 3만 원 이하의 거래와 비영리법인 등으로부터 재화 또는 용역을 공급받은 경우 등은 제외한다(소법 제81조의6).

≫ 이 가산세는 소규모 사업자와 추계소득자에 대해서는 적용하지 않는다. 소규모 사업자는 신규사업자, 수입금액이 4,800만 원에 미달하는 자, 연말정산하는 사업자를 말한다.

2) 영수증 수취명세서 제출·작성 불성실 가산세

사업자가 사업과 관련해서 다른 사업자로부터 재화 또는 용역을 공급받고 세금계산서 등 정규영수증 외의 것으로 받으면 영수증 수취명세서를 소득세 신고 시 제출해야 한다. 만약 이를 제출하지 않으면 가산세 1%를 부과한다.

 이 가산세도 소규모 사업자와 추계소득자에 대해서는 적용하지 않는다.

✏ Tip 지출증빙을 수취하지 못했을 때의 조치법

영수증을 받지 못한 경우 다음과 같이 조치하면 된다.

1. 소규모 사업자에 해당하는 경우
이들은 지출근거(송금영수증 등)만 있으면 비용처리를 할 수 있다. 이들은 정규영수증(세금계산서 등)을 받지 않더라도 앞에서 본 가산세 제재가 없다.

2. 위 외 사업자에 해당하는 경우
이들도 위의 소규모 사업자처럼 비용처리를 할 수 있지만, 가산세 부담이 있다. 참고로 성실신고사업자가 증빙 없이 비용처리하면 사후검증이나 세무조사의 부담이 커진다. 따라서 이들은 될 수 있는 대로 정규영수증을 받는 습관을 지니는 것이 좋을 것으로 보인다.

원천징수 의무

원천징수(Tax Withholding)제도는 소득탈루를 방지하기 위해 도입된 제도에 해당한다. 즉 소득의 지급자가 세금 일부를 원천공제하고 그에 대한 자료를 제출함으로써 상대방의 소득을 투명하게 노출하는 제도라고 할 수 있다. 세법은 원천징수대상 소득을 열거해두고 이를 이행하지 않으면 가산세를 부과하는 한편, 지급명세서 미제출에 따른 가산세 제도를 별도로 두고 있다. 실무에서 보면 이와 관련되어 다양한 실수가 발생하는 경우가 많으므로 주의해야 한다.

1. 원천징수 흐름

개인이나 법인이 원천징수대상 소득을 지급할 때 지급소득의 일부를 해당 세율로 원천징수한 후, 다음 달(또는 반기 말의 다음 달) 10일까지 원천세를 신고 및 납부하도록 하고 있다. 또 이렇게 지급한 근거가 되는 서류(지급명세서)는 법에서 정한 기한까지 제출하도록 하고 있다.

▶ 원천징수대상 소득 지급 시 : 해당 세율로 원천징수함. 이때 원천징수영수증을 발급함(3장 : 회사 보관분, 국세청 신고분, 납세자 제공분).

▶ 다음 달 10일 또는 반기 말 다음 달 10일 : 원천징수한 세액 신고

및 납부

▶ 지급명세서 제출 : 법에서 정한 기간

구분		제출 시기	비고
지급 명세서	근로·퇴직·사업소득·종교 인소득·연금계좌	다음 연도 3월 10일	1년/1회
	일용근로소득	지급일이 속하는 달의 다음 달 말일	매월
	이자·배당·기타 소득 등 그 밖의 소득	지급일이 속하는 연도의 다 음 연도 2월 말일	1년/1회
간이지급 명세서*	근로소득	지급일이 속하는 반기의 마 지막 달의 다음 달 말일	1년/2회(단, 2024년 부터는 매월)
	거주자의 사업소득	지급일이 속하는 달의 다음 달 말일	매월

* 간이지급명세서는 장려금 산정을 위해 필요한 서식으로 소득세 정산을 위해 제출하는 지급명세서와 별도로 제출해야 한다. 제출 서식이 다르다.

≫ 휴업, 폐업 또는 해산한 경우에는 휴업일, 폐업일 또는 해산일이 속하는 달의 다음 달 말일까지 제출해야 한다.

2. 원천징수대상 소득과 세율

1) 개인에게 소득을 지급하는 경우

다음과 같은 소득을 개인에게 지급하는 자는 세법에서 정한 세율로 원천징수를 해야 한다. 이때 사업자등록번호가 없는 개인도 이러한 의무를 이행해야 함에 유의해야 한다.

구분	내용	원천징수대상과 세율(지방소득세 별도)
이자소득	금융기관으로부터 받은 이자, 개인 간의 이자 등	· 금융기관 이자 : 14% · 개인 간 이자 : 25%
배당소득	주식 등에 의해 받은 배당금	14%
사업소득	사업을 해서 얻은 소득(프리랜서, 접대부 포함)	· 자유 직업소득 : 3% · 유흥업소 접대부 : 5%
근로소득 (일용직 포함)	근로를 제공해서 받은 소득(아르바이트, 일용직 포함)	· 정직원 : 간이세액조견표상의 세액 · 일용직 : 일당 15만 원 초과분의 6%
연금소득	국민연금, 퇴직연금, 개인연금에 가입해서 연금을 받는 경우	· 공적연금 : 정부의 조견표 · 사적연금 : 3~5%
기타 소득	강의나 인세, 위약금, 권리금 등	기타 소득 금액의 20%(지급액 기준 8%)
퇴직소득	퇴직급여를 받은 경우	6~45%(연분 연승법)

※ 원천징수대상 사업소득(소법 제127조 제1항 제3호)

원천징수대상 사업소득은 소법 제127조 제1항 제3호에서 규정되어 있다. 구체적인 범위는 소령 제184조 제1항에서 부가법 제26조 제1항 제5호 및 제15호에 따른 용역의 공급에서 발생하는 소득을 말한다.

5. 의료보건 용역(수의사의 용역을 포함한다)으로서 대통령령으로 정하는 것*과 혈액
* 면세하는 의료보건용역을 말한다(부령 제35조).
15. 저술가·작곡가나 그 밖의 자가 직업상 제공하는 인적(人的) 용역으로서 대통령령으로 정하는 것*
* 저술가 등이 직업상 제공하는 인적용역으로서 면세하는 것을 말한다(부령 제42조).

이처럼 원천징수 대상소득은 부가세가 면제되는 의료보건 용역과 인적 용역으로 한정하고 있다. 따라서 부가세가 과세되면 세금계산서 등이 발급되므로 원천징수 대상소득에서 제외하고 있다. 참고로 원천징수 대상자가 사업자등록을 한 경우에는 계산서의 발급과 관계없이 원

천징수는 무조건 이행해야 한다(원천징수를 하면 계산서는 별도로 수취하지 않아도 된다).

2) 법인에게 소득을 지급하는 경우

구분	내용	원천징수대상과 세율(지방소득세 별도)
이자소득	금융기관으로부터 받은 이자, 개인 간의 이자 등	· 금융기관 이자 : 14% · 개인 간 이자 : 25%
배당소득		14%

≫ 법인은 회계 처리가 비교적 투명하기 때문에 소득의 탈루 가능성이 떨어진다. 이에 따라 원천징수대상 소득의 범위가 좁다.

3. 가산세

1) 원천징수 불이행 가산세
원천징수의무자가 원천징수 불이행을 하면 '미납세액×3%'에 '(미납세액×2.2/10,000×경과일수)'를 더한 세액을 가산세로 내야 한다(단, 미납세액의 10% 한도).

2) 지급명세서 미제출 가산세
원천징수의 내용이 담긴 지급명세서나 간이지급명세서를 기한 내 제출하지 않으면 미제출가산세가 있다. 전자는 1%, 후자는 1만분의 25 등으로 정해져 있다(소법 제81조의11 참조).

장부작성 의무

사업자 중 일부에서는 왜 굳이 장부를 작성해야 하는지 의문을 품는 경우가 많다. 하루하루 사업하는 것도 벅찬데 말이다. 이러한 볼멘소리에도 불구하고 사업자의 소득을 정확히 측정하고 이에 맞게 세금을 계산하는 것은 아무리 강조해도 지나치지 않는다. 다만, 장부작성능력이 떨어진 층들은 이러한 부담을 줄여주는 것이 맞다. 다음에서는 사업자가 평소 궁금하게 생각하고 있는 장부와 관련된 내용을 정리해보자.

1. 장부작성 시의 혜택과 미작성 시의 불이익

사업자가 장부를 작성할 때의 혜택과 미작성 시의 불이익을 먼저 정리해보자.

1) 장부작성 시의 혜택
장부를 작성하면 다음과 같은 혜택이 주어진다.

첫째, 실질에 근거한 세금을 납부할 수 있다.
장부를 작성하면 각종 비용을 반영할 수 있어 세금도 비교적 정확하게 계산할 수 있다.

둘째, 결손금을 인정받을 수 있다.

사업손실이 발생한 경우 15년간 이월공제가 되는데, 이때에는 장부를 바탕으로 결손금이 입증되어야 한다. 이월공제를 위해서는 15년간 누적관리가 되어야 한다.

셋째, 감면을 받을 수 있다.

장부를 작성해서 감면소득 금액을 입증해야 감면을 받을 수 있다.

2) 장부 미작성 시의 불이익

장부를 작성하지 않으면 다음과 같은 불이익이 뒤따른다.

첫째, 무기장 가산세가 20%가 부과된다.

간편장부대상자이든, 복식부기 의무자이든 장부를 작성하지 않으면 무기장 가산세 20%를 원칙적으로 부과한다. 다만, 신규사업자와 전년도 매출액이 4,800만 원 미만 등 소규모 사업자에 대해서만 이 가산세를 특별히 면제하고 있다.

둘째, 수입금액이 많으면 세금이 오히려 많아진다.

수입이 많으면 정부가 정한 기준경비율로 세금을 정산하는데 이율은 매우 낮다. 그 결과 과세소득이 늘어나 세금이 많이 나오게 된다.

⊙⊙ 이러한 관점에서 보면 최소한 복식부기 의무자는 장부를 작성하는 것이 이익이 될 가능성이 크다.

셋째, 결손금 공제나 감면을 받을 수 없다.

이를 받기 위해서는 소득확인이 필요하기 때문이다.

2. 장부의 종류와 선택

원래 장부(帳簿)는 사업과 관련된 수입과 지출 등을 기록한 문서를 말한다. 이를 통해 사업용 자산과 부채를 알 수 있고, 더 나아가 당기에 벌어들인 이익을 알 수 있다. 세법은 이러한 점에 착안해서 사업자가 장부를 작성하게 하고 이를 바탕으로 세금을 부과하는 식으로 세정을 운영하고 있다.

하지만 앞에서도 지적했지만 모든 사업자에게 똑같은 의무를 부여하는 것은 절대 바람직하지 않다. 그래서 다음과 같이 장부 종류를 나눠 차등적으로 정하고 있다. 다음에서는 장부 종류와 이에 대한 선택방법을 정리해보자.

1) 간편장부
간편장부는 일자별로 거래내용을 적는 형태가 되므로 회계지식이 없더라도 간단히 작성할 수 있다. 장부작성 요령 등은 국세청 홈페이지에서 살펴볼 수 있다.

이러한 장부는 신규사업자와 수입금액이 업종별로 3억 원, 1억 5,000만 원, 7,500만 원에 미달하는 사업자가 작성할 수 있다.

2) 복식장부
수입금액이 업종별로 3억 원, 1억 5,000만 원, 7,500만 원 이상인 사업자는 복식장부로 작성해야 한다. 이 외 전문직 사업자도 이를 복식장부로 작성해야 한다.

3) 장부의 선택
간편장부대상자만 간편장부와 복식장부 중 하나를 선택할 수 있다. 만약 이들이 간편장부 대신 복식장부를 선택하면 다음과 같은 편리함을 누릴 수 있다.

- 재무제표를 만들 수 있다(은행 제출용도 등으로도 활용 가능).
- 이월결손금을 쉽게 관리할 수 있다.
- 기장 세액공제(100만 원 한도)를 받을 수 있다.

3. 자체 기장과 외부 기장의 선택

1) 자체 기장
회계조직을 꾸려 재무제표를 만들고 각종 세금신고를 스스로 행하면 된다. 다만, 다음과 같은 사업자는 세무조정은 외부의 세무대리인에게 맡겨야 한다.

- 도매 및 소매업(상품중개업은 제외한다), 부동산 매매업 등 : 6억 원
- 제조업, 숙박 및 음식점업, 상품중개업 등 : 3억 원
- 부동산 임대업, 예술·스포츠 및 여가 관련 서비스업, 협회와 단체, 수리 및 기타 개인 서비스 등 : 1억 5,000만 원

2) 외부 기장
외부의 세무회계사무소를 통해 재무제표 작성, 각종 세무신고(원천세, 부가세, 소득세 등) 업무처리를 위임하는 것을 말한다. 이 경우 다음과 같은 수수료가 발생한다.

- 기장료(매월 원칙, 월정액)
- 결산 및 세무조정 수수료(매년 1회, 매출 또는 자산가액 기준)
- 성실신고확인 수수료(해당자만 매년 1회, 매출 또는 자산가액 기준)

구체적인 기장료 등은 저자의 메일 등으로 문의해도 된다.

TAX 채용 시 알아둬야 할 것들

개인이나 법인의 비용에서 인건비가 차지하는 비중은 실로 막중하다. 일반경비의 30% 이상을 차지하는 경우가 많기 때문이다. 따라서 과세관청도 이에 대한 지급내역을 확인해서 잘못 처리하면 비용에서 제외하는 식으로 불이익을 준다. 따라서 사업자는 미리 이에 대한 대비책을 마련해두는 것이 좋을 것으로 보인다.

1. 정직원과 일용직 등의 구분

1) 정직원과 일용직의 구분

일용직은 특정 고용주에게 계속해서 고용되어 있지 않고 일급 또는 시간급 등으로 받는 급여자를 말한다(세법은 통상 동일 고용주 아래의 3개월 미만 근무자, 건설공사는 1년 미만 기준). 정직원은 통상 1년 단위의 근로계약을 맺는다.

2) 일용직과 자유직업 소득자의 구분

일용직은 일당 계약에 따라 소득이 지급된다. 한편 자유직업 소득자(프리랜서)는 일의 성과에 따라 소득이 지급된다. 통상 N잡러가 이에 속한다.

>> 정직원인지, 일용직인지 또는 자유직업 소득자인지는 근로제공자가 업무 또는 작업에 대한 거부할 수 있는 권한이 있는지, 시간적·장소의 제약을 받는지, 업무수행과정에 있어서 구체적인 지시를 받는지, 복무규정의 준수의무 등을 종합적으로 판단한다. 일반적으로 정직원이나 일용직은 고용계약서나 근로계약서가 존재하나, 자유직업 소득자의 경우 이러한 계약을 별도로 하지 않는다. 참고로 일용직에 해당하지만 자유직업 소득자로 해서 소득을 신고하는 경우에는 세법 및 근로기준법의 위반 소지가 있다.*

* 세법은 소득 구분에 따른 소득세 등을 부과하며, 근로기준법에서는 과태료 등을 부과한다.

2. 급여지급 시 알아둬야 할 것들

앞과 같이 소득의 종류가 파악되었다면 이에 맞게 4대 보험 등의 업무가 뒤따른다. 다음에서 이에 대해 정리해보자.

1) 비용처리법

인건비를 지급하면 해당 금액은 사업자의 비용으로 인정된다(단, 개인기업의 대표자 급여는 불인정). 이때 사업자의 가족에게 인건비를 지급할 때에는 실제 근무를 했음을 입증할 수 있는 근거를 확보해두는 것이 좋다.

2) 원천징수

직원으로 고용되어 근무하면 근로소득, 일용직으로 근무하면 일용직 근로소득으로 보아 세법에 맞게 원천징수를 해야 한다.

구분	원천징수세율	세금 정산
근로소득	기본세율	다음 해 2월 중 연말정산
일용직 근로소득	6.6%(일당 15만 원 공제)	없음.
사업소득	3.3%	다음 해 5월 중 소득세 정산

참고로 이렇게 원천징수한 경우에는 법에서 정한 기한까지 지급명세서를 제출해야 한다. 이에 대해서는 앞에서 살펴보았다.

3) 4대 보험

직원을 고용하면 4대 보험료를 부담해야 한다. 일용직의 경우에는 1개월 이상 근무 및 8일 이상 근무하거나 60시간 이상 근무 시 국민연금과 건강보험 가입의무가 있으며 고용보험 등은 무조건 가입해야 한다. 2023년 기준 4대 보험료율은 다음과 같다.

구분	사업자	근로자	계
국민연금	4.5%	4.5%	9.0%
건강보험*	3.545%	3.545%	7.09%
고용보험	1.15~1.75%	0.9%	2.05%
산재보험	업종별 규정	–	–
계	9.195% 이상	8.945% 이상	18.14% 이상

* 장기요양보험료는 별도로 건강보험료의 12.81%만큼 부과된다. 사업주 본인에 대한 4대 보험은 223페이지를 참조하기 바란다.

4) 퇴직금 지급

1년 이상 직원을 고용하면 퇴직금 지급의무가 발생한다.

5) 고용증가에 대한 세제 혜택

직원을 추가로 고용하면 3년간 1인당 400~1,550만 원*까지 세액공제를 적용한다. 이 외에도 육아휴직 복귀자 등에 대해서도 1인당 900~1,300만 원까지 추가공제를 적용한다. 이에 대한 자세한 내용은 PART 05에서 살펴본다.

* 중소기업, 수도권 내, 청년·60세 이상 등 고용 시 1,550만 원을 최대 3년간 공제받을 수 있다(PART 05 참조).

Tip 종업원 1명 추가채용 시 지출 효과 분석

세법에서 정하고 있는 청년(34세 이하) 1명을 추가로 채용할 경우의 지출 효과를 분석해보자. 급여는 월 300만 원, 4대 보험 사업자부담률 9%, 세율은 49.5%, 세액공제는 1,450만 원(수도권)을 적용한다. 단, 퇴직급여는 분석에서 제외한다.

(단위 : 원)

구분		1년간의 효과	비고
유출	월급	36,000,000	
	4대 보험료*	3,240,000	9% 가정
	계	39,240,000	
유입	절세효과	19,423,800	49.5% 적용
	고용증대세액공제	14,500,000	가정(고용유지 시 최대 3년간 계속 적용)
	기타	–	생략
	계	33,923,800	
순유출액		△5,316,200	유출액−유입액

* 근로자 수가 10명 미만인 사업체에 고용된 근로자 중 월 평균 보수가 260만 원 미만인 신규 가입 근로자와 그 사업주에 대해 고용보험료와 국민연금료의 80%를 국가가 지원한다(두루누리 사회보험 지원사업 홈페이지 참조).

위의 결과를 보면 종업원 채용에 따른 급여 등이 지출은 되지만, 지출액이 비용처리가 되면서 절세효과를 발생시키고 있음을 알 수 있다. 또한, 세제지원 제도 등을 적용받으면 급여지출에 따른 유출액이 많이 감소함을 알 수 있다.

Tip 사업자가 알아둬야 할 노무 지식

사업자는 근로기준법상의 각종 의무를 지켜야 한다. 이의 위반 시 과태료 등이 부과된다. 대표적인 것 몇 가지만 나열하면 다음과 같다.

- 근로계약서 작성 후 비치
- 임금명세서 교부 등

※ 근로기준법 시행령 [별표 1] : 상시 4명 이하의 근로자를 사용하는 사업 또는 사업장에 적용하는 법 규정(제7조 관련)

구분	적용법규정
제1장 총칙	제1조부터 제13조까지의 규정
제2장 근로계약	제15조, 제17조, 제18조, 제19조 제1항, 제20조부터 제22조까지의 규정, 제23조 제2항, 제26조, 제35조부터 제42조까지의 규정
제3장 임금	제43조부터 제45조까지의 규정, 제47조부터 제49조까지의 규정
제4장 근로시간과 휴식	제54조, 제55조 제1항, 제63조
제5장 여성과 소년	제64조, 제65조 제1항·제3항(임산부와 18세 미만인 자로 한정한다), 제66조부터 제69조까지의 규정, 제70조 제2항·제3항, 제71조, 제72조, 제74조
제6장 안전과 보건	제76조
제7장 재해보상	제78조부터 제92조까지의 규정
제11장 근로감독관 등	제101조부터 제106조까지의 규정
제12장 벌칙	제107조부터 제116조까지의 규정(제1장부터 제6장까지, 제7장, 제11장의 규정 중 상시 4명 이하 근로자를 사용하는 사업 또는 사업장에 적용되는 규정을 위반한 경우로 한정한다)

사업용 자산취득 시 알아둬야 할 것들

사업자가 채용에 못지않게 알아둬야 할 세무지식에는 사업용 자산이 있다. 이는 사업을 위해 필요한 기계장치나 비품 등을 말한다. 이러한 자산들은 투자 활성화의 차원에서 세액공제를 적용하는 경우가 많고, 이를 사용 중에는 감가상각비로 비용처리를 할 수 있고 처분이나 폐기 시 손실이 발생하면 모두 당기의 비용으로 인정되는 특혜가 있다. 다음에서 사업자가 알아둬야 할 사업용 자산에 대한 세무처리 등을 살펴보자.

1. 사업용 자산이란

사업용 자산은 말 그대로 사업에 이용되는 자산을 말한다. 따라서 업무와 관련성이 없는 자산들은 사업용 자산에 해당하지 않으며, 앞에서 본 세액공제나 감가상각 등의 대상이 되지 않는다. 다음 재무상태표상의 자산의 종류로 이 부분을 좀 더 살펴보자.

자산	부채
재고자산 투자자산 유형자산 무형자산	자본

자산의 종류에는 크게 재고자산과 투자자산, 유형자산과 무형자산이 있다. 이 중 재고자산은 판매를 위해 제조나 구매한 제품이나 상품을 말하므로 사업용 자산에는 해당하지 않는다. 따라서 이들 자산은 세액공제나 감가상각 대상이 되지 않는다. 한편 투자자산은 영업 외 목적으로 보유한 자산으로 역시 세액공제나 감가상각 대상이 되지 않는다. 그러나 유형자산과 무형자산(특허권, 저작권, 영업권 등)은 사업에 사용되므로 다음과 같은 혜택을 부여한다.

- 통합투자세액공제 적용(단, 비품 등은 제외되며 수도권 내는 제한적으로 적용됨)
- 감가상각비 비용 인정(감가상각 기간, 방법 등은 자산 등에 따라 달라짐. 무형자산도 감가상각 가능)
- 처분 및 폐기손실 인정

2. 적용 사례

사례를 통해 앞의 내용을 확인해보자.

[자료]
K 씨는 건설업(전문직별 건설업) 창업을 준비하면서 다음과 같은 자산을 구입했음. K 씨는 수도권 과밀억제권역 밖에서 사업장을 둘 계획임.
· 사무실 공사 : 1,000만 원
· 굴착기 구매 : 5,000만 원
· 덤프트럭 구매 : 2억 원
· 컴퓨터 구매 : 500만 원
· 소프트웨어 구매 : 200만 원
· 업무용 승용차 구매 : 5,000만 원

Q1 앞의 자산을 사면서 발생한 부가세는 환급이 가능할까?

업무용 승용차를 제외하고 그렇다. 다만, 이 경우에도 해당 사업에 부가세 과세업과 면세업이 섞여 있다면 공통매입세액을 과세분과 면세분으로 안분해야 한다.

⊘ 업무용 승용차에서 발생한 부가세는 무조건 환급을 해주지 않는다(1,000CC 이하 경승용차는 제외).

Q2 앞의 자산 중 투자세액공제를 받을 수 있는 자산은?

수도권 과밀억제권역 밖에서 창업한 경우로서 사업용 자산에 신규로 투자한 경우 투자세액공제(최소 10% 이상)를 받을 수 있다. 해당 자산은 다음과 같다.

- 굴착기
- 덤프트럭

⊘ S/W 중 다음의 것은 투자세액공제를 적용하지 아니한다.

- 인사, 급여, 회계 및 재무 등 지원업무에 사용하는 소프트웨어
- 문서, 도표 및 발표용 자료 작성 등 일반 사무에 사용하는 소프트웨어
- 컴퓨터 등의 구동을 위한 기본운영체제(Operating System) 소프트웨어

Q3 만일 수도권 과밀억제권역 내에서 투자하면 세액공제가 적용되지 않는가?

조특법 제130조에 따라 증설 투자는 세액공제가 허용되지 않는다. 다만, 기존 사업용 자산이 낡아 같은 자산을 재구입한 경우(대체 투자)에는 세액공제를 허용한다.

Q4 만일 앞의 굴착기와 덤프트럭, S/W가 모두 중고품이라면 투자세액 공제를 받을 수 있는가?

아니다. 중고품은 세액공제를 적용하지 않는다. 이 외 운용리스도 제외된다.

Q5 앞의 자산은 감가상각비를 어떤 식으로 계상할 수 있는가?

사례의 건설업은 전문직별 건설업에 해당한다고 가정했으므로 업종별자산에 대한 기준내용연수가 5년에 해당한다. 따라서 4~6년의 내용연수 중에서 임의로 선택이 가능하다. 다만, 업무용 승용차는 5년, 정액법으로 상각하도록 법제화되어 있다(승용차에 대한 규제차원).

구분	감가상각 기간	감가상각 방법
사무실 공사비	4~6년	정률법 또는 정액법 등
굴착기 구입비	상동	상동
덤프트럭 구입비	상동	상동
컴퓨터 구입비	상동	상동
소프트웨어 구입비	상동	상동
업무용 승용차 구입비	5년	정액법(강제)

Q6 앞의 자산을 매각할 때 발생하는 세무상 쟁점들은?

우선 부가세 일반과세자가 매각하면 매각금액의 10% 상당액인 부가세가 발생한다. 따라서 이 경우 세금계산서를 발급해야 한다. 한편 이러한 매각금액과 장부가액의 차액은 당기순이익에 반영된다. 이 외 성실신고확인 대상자 판단 시 해당 매각금액은 수입금액(매출)에서 제외된다.

Tip 조세특례 집행기준 24-21-2 [통합투자세액공제 대상 투자자산]

통합투자세액공제(조특법 제24조)는 모든 사업용 유형자산을 대상으로 하되, 건물, 구축물, 차량과 운반구, 선박과 항공기, 비품 등 일부 자산을 제외하는 네거티브방식으로 공제대상 자산을 규정하고 있다. 다만, 건물, 구축물 등의 공제제외 대상 자산에 해당하더라도 종전 특정시설 또는 업종별로 사업에 필수적인 자산 등 기획재정부령으로 정하는 시설에 대해서는 예외적으로 공제를 허용한다.

※ 통합투자세액공제 대상 및 제외 자산 요약

■ 통합투자세액공제 대상 자산(①+②)
① 기계장치
② 특정시설, 업종 등과 관련된 다음의 사업용 유형·무형자산 중 별도로 열거한 자산

가. 특정시설 관련(조특칙 제12조 제2항 등에 열거한 자산)

구분	건물·구축물	공구	기구	비품	차량 및 운반구
연구·시험 및 직업훈련시설		○	○		
에너지절약시설			○	○	
환경보전시설	○		○		
근로자복지증진시설	○				○ (장애인 통근승합차)
안전시설	○		○	○	○ (소방자동차)

나. 특정업종 및 중소기업 관련

구분	공제대상 자산
건설업	불도저, 굴착기, 지게차, 덤프트럭 등
어업	어업용 선박

구분	공제대상 자산
운수업	차량(자가용 제외) 및 운반구와 선박
도소매업, 물류산업	운반용 화물자동차, 무인 반성차, 창고시설 등
관광숙박업, 국제회의업	건축물 및 승강기 등 부속설비
전문·종합휴양업	숙박 시설, 전문휴양시설, 종합놀이동산시설업의 시설
중소기업	해당 업종의 사업에 직접 사용하는 회계 SW 등

■ 통합투자세액공제 제외 자산

관련 규정	제외 자산
조특법 제24①	중고품 및 운용리스에 의한 투자
조특령 제21② 및 조 특칙 제12① [별표1]	1. 차량과 운반구, 공구, 기구 및 비품 2. 선박과 항공기 3. 연와조, 블록조, 콘크리트조, 토조, 벽돌조, 목조, 목골모르타르조, 철골·철근콘크리트조, 철근콘크리트조, 석조, 연와석조, 철골조, 기타 조의 모든 건물(부속설비를 포함한다)과 구축물

⏩ 이 책의 독자들은 투자세액공제의 적용대상 범위를 다시 한번 눈여겨보도록 한다. 예를 들어 도소매업 영위 사업자가 운반용 화물자동차를 구입하면 이에 대해서도 세액공제를 적용하는 것으로 되어 있다. 건설업의 굴착기 등도 마찬가지다.

절세 탐구 1　　　　　　**얼마를 벌어야 이익이 날까?**

많은 사업자가 사업을 하면서 늘 궁금하게 생각하는 것이 있다. 매출이 얼마나 발생해야 이익이 발생하는가 하는 것이다. 특히 초기 투자비가 많은 경우에는 더더욱 그렇다. 이 외에도 임대료나 인건비 같은 고정비 성격의 비용이 많이 나가는 경우도 마찬가지다. 다음에서 사업자가 어떻게 해야 이익을 늘릴 수 있는지 사례를 통해 알아보도록 하자. 참고로 이 모형은 커피숍이나 음식점업 등에도 유용하게 적용할 수 있다.

[사례]
서울에서 사업을 준비하고 있는 김창업 씨는 인테리어비 등 시설비 6,000만 원을 투자해 사업을 시작하려고 한다. 인건비로 매월 500만 원, 기타 전기료 등 고정경비가 100만 원 정도 들어갈 것으로 예상한다. 물건을 사는 데 들어가는 재료비 등은 매출액의 20% 정도 예상된다(가정).

위의 자료를 통해 다음 물음에 대해 순차적으로 답을 생각해보자.

Q1 사업을 시작한 첫 달에 수입이 1,000만 원(1,000개×10,000원)이 발생했다. 첫 달의 회계상의 이윤은 얼마인가?

회계상의 이익측정방법은 보통 기업들이 쓰는 것으로서 경영성과를 반영하는 것이 특징이다. 경영성과는 수입에서 비용을 차감해서 계산하는데, 이때 비용에 시설비 전액을 포함할 것인지가 중요하다. 이에 회계에서는 시설비는 철수하기 전까지 지속해서 사용되므로 이를 당해 연도의 비용으로 전액 처리하지 않고, 이를 사용할 수 있는 기간(대략 5

년)에 걸쳐 나눠 비용으로 처리한다. 따라서 비용은 다음과 같이 집계된다.

- 인건비 500만 원+기타 비용 100만 원+재료비 200만 원(1,000만 원× 20%)+시설비 감가상각비 100만 원=900만 원

여기서 감가상각비는 다음과 같이 계산한다.

- 연간 감가상각비 : 투자 비용 6,000만 원/5년=1,200만 원
- 월 감가상각비 : 1,200만 원/12개월=100만 원

따라서 월 기준 회계상의 이익은 다음과 같이 계산된다.

- 매출 1,000만 원-비용 900만 원=이익 100만 원

Q2 만일 판매가격을 10% 내린다면 판매 개수는 10% 늘어난다고 하자. 회계상 이익은 얼마나 늘어날까?

이러한 물음에 답하기 위해서는 비용을 매월 고정적으로 발생한 비용(고정비)과 매출의 증감에 따라 발생한 비용(변동비)으로 구분할 수 있어야 한다. 사례에서 고정비에는 인건비와 기타 비용 그리고 감가상각비 등 총 700만 원 정도가 된다. 재료비는 매출액의 20%로 비례적으로 발생(가정)하는데 이 비용이 대표적인 변동비에 해당한다. 이러한 내용을 가지고 매출 및 비용변화에 따른 이익을 계산하면 다음과 같은 결과를 얻을 수 있다.

- 매출액 (1,000개×110%)×(10,000원×90%)=9,900,000원
- 변동비   1,980,000원
  재료비 (9,900,000원×20%)=1,980,000원
- 고정비   7,000,000원
  인건비 5,000,000원
  감가상각비 1,000,000원
  기타 비용 1,000,000원
- 이익   920,000원

이렇게 계산한 결과 앞 Q1의 이익보다 8만 원이 줄어들었다.

Q3 앞의 Q1과 같은 비용구조하에서는 몇 개를 팔아야 손익이 0원인 손익분기점에 다다를까?

손익분기점은 손실과 이익(손익)이 제로(0)가 되는 매출액 또는 판매량을 말한다. 따라서 사업자가 이익을 내기 위해서는 이 손익분기점을 빨리 달성하는 것이 중요하다. 그렇다면 이 분기점은 어떻게 알 수 있을까? 이는 공식에 의해 간단히 계산되나 여기에서는 원리로 이해를 해보자.

먼저 손익이 0원이 되려면 매출액과 비용(고정비와 재료비)이 같아져야 한다. 이를 식으로 표현하면 다음과 같다. 여기서 S는 매출액을 의미한다.

- $S = 0.2S + 7,000,000원 = (1-0.2)S = 7,000,000원$
- $\therefore S = 8,750,000원$

즉 한 달 기준으로 할 때 매출액이 875만 원 정도 발생하면 손익이 전혀 발생하지 않게 된다는 것이다. 물론 매출액이 이 금액을 넘어서면 이익이 발생하게 된다. 따라서 이 손익분기점을 빨리 달성하는 것이 사

업자에게 매우 필요하다. 참고로 앞의 매출액을 판매가격으로 나누면 손익분기점 판매량이 나온다. 사례의 경우 월 875개를 팔아야 손익분기점 매출액이 나온다는 것을 의미한다.

- 손익분기점 판매량=8,750,000원÷10,000원=875개

참고로 고정비가 인상되는 경우에는 손익분기점 판매량이 더 늘어남을 알 수 있다. 예를 들어 고정비인 인건비가 월 100만 원 추가된다고 하자. 이렇게 되면 손익분기점 매출액은 다음과 같다.

- $S=0.2S+8,000,000$원$=(1-0.2)S=8,000,000$원
- $\therefore\ S=10,000,000$원 (1,000개)

고정비가 인상되기 전과 비교해서 매출액이 125만 원 정도 증가해야만 손익이 0원이 된다.

≫ 투자비 등이 많이 들어가는 업종은 고정비가 많아지므로 손익분기점에 다다르는 시간이 많이 소요된다.

✏ Tip 음식점업의 원가전략

음식점의 주요 원가는 크게 재료비, 임차료와 인건비 정도가 된다. 이 중 재료비는 음식점에서 매우 중요한 요소이므로 적정한 원가율을 유지하는 것이 중요하다. 이를 무작정 낮출 수만은 없는 노릇이기 때문이다(일반적으로 30~35%). 한편 임차료와 인건비 등은 매출 대비 30~35%를 넘지 않게 관리하는 것이 좋다. 이러한 비용들은 고정비에 가까워 매출 대비 과도하게 지출되면 손익분기점이 멀어진다

사업의 이익구조를 이해하는 것은 각종 세무신고 그리고 내실 있는 경영이나 세무조사 예방 등을 위해 필요하다. 지금부터는 사업자가 평소에 꼭 알고 있어야 하는 사업의 이익구조와 그와 관련된 세무위험을 줄이는 방법에 대해 알아보자.

1. 이익구조는 무엇을 의미할까?

어떤 사업의 월 매출이 3,000만 원 정도 발생한다고 하자. 그리고 인건비와 임차료 그리고 감가상각비 등 고정비가 1,000만 원 정도 발생하고 소모품비 등 변동비는 매출액의 30% 정도가 발생한다. 이 사업의 이익구조는 어떻게 될까?

이익구조는 보통 다음과 같이 그림으로 표현할 수 있다. 이 그림은 매출에서 비용을 차감하면 이익이 발생한다는 사실을 보여주고 있다.

비용 　고정비 　변동비	매출
이익	

이러한 이익구조에다 앞의 숫자를 대입하면 이익이 얼마인지를 알 수 있다.

비용 1,900만 원 　고정비 1,000만 원 　변동비 900만 원*	매출 3,000만 원
이익 1,100만 원	

* 변동비 : 매출×30%=3,000만 원×30%=900만 원

　이러한 이익구조를 알면 경영변화에 따른 의사결정을 쉽게 내릴 수 있다. 예를 들어 매출액이 월 4,000만 원으로 증가하는 경우 인건비가 500만 원 증가하고 변동비율은 40%로 증가한다면 이익은 다음과 같이 변동한다.

비용 3,100만 원 　고정비 1,500만 원 　변동비 1,600만 원*	매출 4,000만 원
이익 900만 원	

* 변동비 : 매출×40%=4,000만 원×40%=1,600만 원

　매출은 33% 신장했으나 오히려 이익은 18% 하락했다. 이렇게 된 이유는 고정비의 과다 발생 또는 변동비의 급격한 증가에 기인한다. 따라서 사업자는 수익성 악화의 원인을 찾아 이를 개선하는 업무에 착수하는 것이 필요하다.

　참고로 변동비는 매출에 비례해서 발생하는 비용으로서 재료비, 성과 수당이 있다. 나머지는 매출과 무관하게 발생하는 고정비에 해당한다. 따라서 사업자가 이익을 내기 위해서는 일단 매출이 고정비를 상회해야 한다. 고정비보다 매출이 안 나오면 적자를 보게 된다.

※ 이익구조를 알면 좋은 점

- 평소에 이익관리를 알 수 있다.
- 세금예측을 하는 데 도움을 얻을 수 있다.
- 직원을 채용할 것인가, 말 것인가에 대한 의사결정을 과학적으로 할 수 있다.
- 원가절감을 실행할 수 있다.

2. 이익구조의 변동과 세무상 위험과의 관계

이익구조가 갑자기 흔들리면 세무상 문제점이 발생한다.

예를 들어 어떤 사업의 변동비율 등이 다음처럼 변동했다고 하자. 이 경우 과세관청은 어떤 식으로 이를 바라볼까?

(단위 : %)

구분	비용 성격	전년도	당해 연도
매출액	–	100	100
매출원가	변동비	30	40
매출총이익			
판매관리비		30	40
인건비	고정비	10	20
임대료	고정비	5	5
광고 선전비	고정비	10	10
소모품비	변동비	5	5
영업이익			
영업 외 비용 이자 비용	고정비	5	5
당기순이익			
비고	–	변동비율 : 35 고정비율 : 30 총비용비율 : 65	변동비율 : 45 고정비율 : 40 총비용비율 : 85

전년도와 비교해볼 때 변동비율과 고정비율이 모두 증가했다. 변동비의 경우 매출원가비율이 10%포인트 증가했고, 고정비의 경우 인건비가 10%포인트 증가했다. 이렇게 비율이 급격하게 증가하면 과세관청은 다음과 같이 의심할 수 있다.

・매출 누락이 있지 않은가?

　→ 매출 누락이 있다고 추정하는 이유는 매출원가율이 증가했기 때문이다. 매출 누락이 있으면 매출원가율이 증가하는 경우가 일반적이다.

・가공 인건비가 계상되어 있지 않은가?

　→ 세금을 줄이기 위해 고정비인 가공 인건비를 계상할 가능성이 있다는 것이다. 한편 매출액은 증가하지 않았음에도 불구하고 인건비 등 고정비가 늘어나면 매출의 탈루 가능성도 있다고 추정할 수 있다.

이러한 상황이 발생하면 다음과 같이 대처한다.

・급격히 변동하는 원인을 파악한다.

・변동하는 원인에 맞는 근거서류를 비치해두고 언제든지 소명할 수 있도록 한다.

・비용의 경우에는 관련 영수증, 계약서 등을 준비해 나중을 대비하도록 한다.

04

깔끔한
부가세처리는
사업의 기본이다

부가세처리가 중요한 이유

본격적으로 사업이 시작되면, 사업자는 자신이 공급한 재화 등에 대해서는 세금계산서나 신용카드 매출전표, 현금영수증을 발급하는 한편, 매입 시 이 같은 영수증을 수취하게 된다. 그리고 이러한 자료들은 부가세 신고를 통해 국세청에 보고된다. 이러한 과정에서 다음과 같은 것들이 확정된다.

첫째, 매출이 확정된다.

사업자가 재화나 용역을 제공하고 발급한 세금계산서 등은 공급가액과 부가세로 구분되는데, 이 중 공급가액은 소법상 수입금액, 즉 매출에 해당한다. 이러한 매출은 부가세법이나 소법상의 각종 제도의 적용에도 많은 영향을 주고 있다.

둘째, 업무 무관 비용이 걸러진다.

부가세 신고 때 상품이나 비품 등의 구입뿐만 아니라 식대나 기타 소모품 등 각종 지출에 따른 매입 부가세도 신고를 하게 된다. 이때 업무 관련 비용과 무관 비용이 구분되는데, 전자에 대해서는 매입세액 공제로, 후자에 대해서는 매입세액 불공제로 처리해야 하기 때문이다.

셋째, 대략적인 이익 측정이 가능해진다.

신고된 매출액에서 매입액(고정자산 매입은 제외)을 차감하면 부가가치(이윤)를 알 수 있다. 여기에서 인건비와 감가상각비 등 부가세 신고와 관련 없는 비용을 반영하면 대략적인 회계상의 이익을 계산할 수 있게 된다.

▶▶ 이러한 당기이익이 측정되면 소득세도 예상할 수 있고 그에 따른 대비도 할 수 있다.

✏️ Tip 부가세 신고 및 납부

현행 부가세 제도는 일반과세자와 간이과세자로 구분해 시행되고 있다.

구분	일반과세자	간이과세자
기준금액	1년간의 매출액 8,000만 원(부동산 임대업 등은 4,800만 원) 이상	1년간의 매출액 8,000만 원 미만
과세기간	1. 1~6. 30, 7. 1~12. 31(2 과세기간)	1. 1~12. 31(1 과세기간)
세액계산	매출세액(매출액의 10%)-매입세액 =납부세액	(공급대가×업종별 부가가치율×10%)-공제세액=납부세액 ※ 공제세액=매입액(공급대가)× 0.5%
납부면제	없음.	1년간의 매출액이 4,800만 원 미만 시 면제
확정신고·납부기한	· 1 과세기간 : 7월 25일 · 2 과세기간 : 다음 해 1월 25일	다음 해 1월 25일
예정고지·납부	4월 25일, 10월 25일 2회 납부(50만 원 이상 시) ※ 사업부진 시 신고 가능	7월 25일 1회 납부(50만 원 이상 시) ※ 4,800~8,000만 원 이하의 사업자에 한함.

사업자 유형별 부가세 적용 원리

사업자에 대한 부가세제도를 잘 이해하기 위해서는 사업자 유형별로 거래 시 징수의무가 있는지, 그리고 자신이 부담한 매입세액은 공제(환급)되는지 등부터 알아둘 필요가 있다. 이러한 내용을 알아두면 향후 소득세 처리에서도 유용성이 있다. 매출과 매입은 수입과 비용으로 연결되기 때문이다. 다음에서 이에 대해 알아보자.

1. 부가세를 징수해야 하는 경우

1) 일반과세자

▶ 부가세 징수 : 재화나 용역의 공급가액의 10%를 징수해야 한다.

▶ 매입세액 공제 : 사업과 관련된 매입세액은 전액 공제받을 수 있다(단, 매입세액 불공제분은 공제 불가함에 주의할 것. 다음에서 다룸).

▶ 부가세 환급 : 매출세액보다 매입세액이 더 큰 경우 차액은 환급받을 수 있다.

2) 간이과세자

▶ 부가세 징수 : 공급대가*×부가율(업종별 15~40%)×10%

* 공급대가란 거래상대방으로부터 받은 총금액을 말한다. 이에 반해 공급가액은 부가세를 제외한 금액을 말한다.

▶ 세금계산서 수취세액 공제 : 공급대가(매입가)×0.5%
▶ 부가세 환급 : 불가

2. 부가세를 징수하지 않아도 되는 경우

다음과 같은 상황에서는 부가세를 징수하지 않아도 된다.

1) 영세율 사업자

수출하거나 외국과의 거래를 통해 외화로 입금을 받으면 부가세율이 10%가 아닌 0%가 된다. 따라서 이 경우 거래상대방으로부터 부가세를 징수할 필요가 없다. 다만, 이러한 사업자도 일반과세자에 해당하므로 국내에서 사업을 위해 부담한 매입세액은 전액 환급을 받을 수 있다.

▶ 부가세 징수 : 0%(영의 세율, 영세율)
▶ 매입세액 공제(환급) : 전액 가능(일반과세자의 경우)

◉ 유튜버가 해외 광고를 통해 벌어들인 수입도 영세율이 적용된다. 다음 집행기준을 참조하자.

※ 부가세 집행기준 3-0-4 [국외거래에 대한 납세의무]
① 부가세 납세의무는 우리나라의 주권이 미치는 범위 내에서 적용되므로 사업자가 우리나라의 주권이 미치지 아니하는 국외에서 재화를 공급하는 경우에는 납세의무가 없다.
② 다음의 용역에 대해서는 해당 부동산 또는 광고매체의 사용 장소가 국외이므로 부가세 납세의무가 없다.
  1. 국외에 소재하는 부동산의 임대용역
  2. 국내 사업자가 외국의 광고매체에 광고를 게재하게 하고 의뢰

인으로부터 받는 광고료

③ 생략

참고로 유튜버 등의 영세율신고 시 첨부하는 서류는 다음과 같다.
- 외국환은행이 발급하는 외화입금증명서
- 국외 사업자에게 정보통신망을 통해 영상·오디오 기록물 제작업
  등에 해당하는 용역을 제공했음을 증빙하는 서류*

  * 채널 이름, URL 주소, 개설 시기 등

2) 면세사업자

면세사업자는 부가세 징수의무 자체가 없다. 또한, 자신이 부담한 매
입세액도 환급되지 않는다.

▶ 부가세 징수 : 없음(면세).
▶ 매입세액 공제(환급) : 불가능

※ 영세율과 면세제도의 비교

구분	영세율	면세
기본원리	일정한 과세거래에 0% 세율을 적용 ① 공급받는 자는 거래징수를 면함. ② 매입세액은 전액 환급(완전 면세)	일정한 거래에 대한 납세의무 면제 ① 거래징수 없음. ② 매입세액은 환급되지 않음(부분 면세).
취지	소비지국 과세원칙의 실현	부가세의 역진성 완화
적용 범위	주로 수출 등에 적용	주로 기초생필품 등에 적용
사업자의 협력의무	부가세법에 따른 협력의무를 이행해 야 함.	부가세법상 납세의무자가 아니므로 협 력의무를 이행하지 않아도 됨.

부가세 환급 사유와 환급방법

개인사업자 중 일반과세자는 사업을 진행 중에 부가세를 징수하기도 하지만 자기사업을 위해 상품 등을 매입하면서 부가세를 징수당하기도 한다. 이때 후자의 세액이 전자의 세액을 초과하면 환급이 발생하는데 환급을 받는 방법 등에 대해 알아보자.

1. 부가세 환급 사유

부가세는 다음과 같은 상황에서 환급이 발생한다. 일반환급과 조기환급으로 나눠 살펴보자. 일반환급은 확정신고를 통해, 조기환급은 그 이전에 환급을 받는 방법을 말한다.

1) 일반환급 사유

사업이 부진하면 매출이 줄어들면서 매출세액도 줄어든다. 하지만 물건을 계속 만들어내는 경우라면 매입세액은 그렇게 줄어들지 않을 것이다. 따라서 이런 이유로 매입세액이 더 커 환급세액이 발생하는 것이다.

2) 조기환급 사유

① 영세율이 적용되는 때→기업이 외국에 수출하는 재화에 대해서는 영세율이 적용된다. 따라서 매출세액은 발생하지 않으나, 수출기업을 장려하기 위해 자기가 부담한 세액을 환급한다.

② 사업설비를 신설·취득·확장 또는 증축하는 때→여기서 사업설비란 자기의 사업에 사용할 감가상각 자산(건물, 기계장치 등) 등을 말한다. 사업설비를 설치하면 대부분 투자 금액에 대한 세금계산서를 받게 된다. 따라서 일시적으로 매입 부가세가 많아져 환급된다.

≫ 위의 '사업설비'는 소령 제62조 및 법법 제24조에 규정된 감가상각 자산을 말한다. 이는 사업과 관련된 사업용 유형자산 및 무형자산(재고자산과 투자 자산은 제외)만 해당함에 유의해야 한다.

※ 부가 46015-1732, 1998. 7. 28
부동산 매매업을 영위하는 사업자가 매매목적의 건물을 신축하는 경우 신축과 관련한 매입세액은 부가세법 제24조 제2항에 규정된 조기환급대상에 해당하지 아니하는 것임.

≫ 재고자산은 감가상각 자산이 아니므로 조기환급대상이 아니다.

2. 부가세 환급방법

부가세의 환급방법은 다음 두 가지가 있다. 하나는 일반환급이며, 다른 하나는 조기환급이다. 우선 이를 표로 요약하면 다음과 같다.

구분	일반환급	조기환급
환급 사유	매입세액이 매출세액보다 큰 경우	· 영세율을 적용받는 경우 · 사업자가 사업설비를 신설·취득·확장 또는 증축하는 경우
신고방법	확정신고 (1. 1~6. 30, 7. 1~12. 31 이후 25일 내)	조기환급신고 (매월, 매 2월, 분기 경과 후 25일 내)
부가세 환급기한	확정신고 기한 경과 후 30일 내(7·25 이후 30일 내, 다음 해 1. 25 이후 30일 내)	조기환급신고기한 경과 후 15일 내(예 : 매월 신고하는 경우 다음 달 25일부터 15일 내)

1) 일반환급

일반환급은 연간 2회(7. 25, 1. 25) 부가세 신고를 통해 환급을 받는 것을 말한다.

구분	비고
매출세액	
– 매입세액	불공제분은 제외
– 기타 세액공제	· 의제매입세액공제 · 대손세액공제 · 신용카드 발행세액공제 등
= 납부세액	

2) 조기환급

조기환급의 경우에는 매월 또는 매 2월 등 조기에 환급신고를 함으로써 일반환급보다 빨리 부가세를 돌려받을 수 있다. 예를 들어 사업설비를 1월 중에 취득했다면 1. 1~1. 31 사이에 발생한 모든 매출과 매입에 관한 부가세 실적을 2월 25일까지 조기환급신고를 한다. 그렇게 하면 2월 25일 이후부터 15일 이내에 부가세를 환급받을 수 있다.

신고 기간	신고기한	부가세 환급기한
1. 1~1. 31	2. 25	2. 25~15일 내
1. 1~2. 28	3. 25	3. 25~15일 내
1. 1~3. 31	4. 25	4. 25~15일 내

✎ Tip   환급 신청 시 주의할 점

부가세 환급은 일반환급과 조기환급으로 나눌 수 있는데, 이때 환급세액이 큰 경우에는 관할 세무서의 확인을 거쳐 환급된다. 이때 관할 세무서에서는 관련 계약서와 대금 지급 관련 증빙 등을 요구하게 된다. 따라서 환급세액이 큰 경우에는 이러한 서류를 사전에 검토해 사후적으로 문제점이 없도록 할 필요가 있다. 특히 부동산 취득의 경우 공급 시기에서 오류가 발생한 경우가 많고, 공통매입세액의 안분과 관련해서도 오류가 발생하는 경우가 많다.

일반과세자의 매입세액 공제와 불공제 구분법

부가세는 재화나 용역을 공급하거나 공급받을 때 공급가액의 10%로 발생하는 간접세를 말한다. 이 과정에서 사업을 위해 부담한 부가세는 공제를 받을 수 있는데, 실무적으로 이를 구분하기가 쉽지가 않다. 다음에서는 일반과세 사업자가 부가세를 공제받을 수 있는 경우와 없는 경우에 대해 알아보자.

1. 부가세 공제를 받을 수 있는 경우

일단 사업자가 부가세를 공제받을 수 있는 원칙적인 요건은 다음과 같다.

첫째, 일반과세자로 등록할 것
둘째, 자기의 사업과 관련해 부가세를 부담할 것
셋째, 세금계산서나 신용카드 매출전표, 현금영수증을 수취할 것

즉 일반과세자로 등록하고 사업과 관련해 부가세를 부담하는 경우가 이에 해당한다. 물론 세금계산서 등으로 이를 입증해야 한다.

Q1 사업자등록 이전에 발생한 매입세액도 공제할 수 있는가?

그렇다. 다만, 늦어도 해당 과세기간(6개월) 종료일부터 20일(예 : 7월 20일) 이내에 일반과세자로 사업자등록을 해야 한다.

Q2 신용카드 매출전표를 받아도 매입세액이 가능한가?

당연하다. 신용카드 매출전표도 세금계산서와 같은 역할을 한다. 이때 같은 건에 대해서는 이중공제를 받아서는 안 된다.

2. 부가세 공제를 받지 못하는 경우

다음과 같은 사유에 해당하면 조세 정책적인 목적으로 부가세를 공제하지 않는다.

> ① 세금계산서를 수취하지 않는 경우와 기재가 불성실한 경우
> ② 매입처별 세금계산서합계표를 제출하지 않았거나 기재가 불성실한 경우
> ③ 사업과 관련 없는 지출의 매입세액
> ④ 비영업용 소형승용차 관련 매입세액
> ⑤ 면세사업 및 토지 관련 매입세액
> ⑥ 사업자등록 전 매입세액
> ⑦ 접대비 관련 매입세액

원래 사업과 관련되어 부담한 매입세액은 전액 공제하는 것이 원칙이다. 그런데 사업자가 협력의무를 불이행하거나 업무 관련성이 희박한 경우에는 관련 매입세액을 공제하지 않고 있다. 매입세액이 불공제되는 경우는 매우 중요하므로 이를 자세히 알아보자.

① 세금계산서를 수취하지 않은 경우와 기재가 불성실한 경우

세금계산서를 발급받지 않으면, 또는 발급받은 세금계산서에 필요적 기재사항의 전부 또는 일부가 기재되지 않거나 사실과 다르게 기재된 경우의 매입세액은 공제되지 않는다. 다만 다음의 경우에는 공제가 허용된다.

- 발급받은 세금계산서의 필요적 기재사항 중 일부가 착오로 기재되었으나 당해 세금계산서의 필요적 기재사항 또는 임의적 기재사항으로 보아 거래 사실이 확인되는 경우
- 재화 또는 용역의 공급 시기 이후에 발급받은 세금계산서로서 당해 공급 시기가 속하는 과세기간 내에 발급받은 경우 등

② 매입처별 세금계산서합계표를 제출하지 않았거나 기재가 불성실한 경우

③ 사업과 관련 없는 지출의 매입세액

사업과 직접 관련이 없는 지출과 관련해서 발생한 매입세액은 당연히 공제되지 않는다. 예를 들어 가정에서 사용하는 물품대 등이 대표적으로 이에 해당한다.

④ 비영업용 소형승용차 관련 매입세액

여기서 소형승용차는 사람의 수송을 목적으로 제작된 승용자동차로서 개별소비세가 과세되는 차량을 말한다. 또한 '영업용'이란 운수업에서와 같이 승용자동차를 직접 영업에 사용하는 것을 의미하므로 그렇지 않은 것은 '비영업용'에 해당한다. 따라서 일반기업에서 승용자동차를 업무용으로 쓰더라도 이는 '비영업용'에 해당하므로 관련 매입세액은 모두 불공제한다. 승용자동차가 주로 임직원의 출퇴근 등의 목적으로 사용되는 경우가 많아 이를 획일적으로 불공제하고 있다.

⑤ 면세사업 및 토지 관련 매입세액

부가세 면세사업과 관련되어 부담한 부가세나 토지의 조성 등을 위해 지출에 관련된 매입세액은 공제하지 않는다. 이들 사업과 관련해서 재화나 용역을 공급할 때 소비자로부터 부가세를 징수하지 않기 때문에 사업자가 부담한 부가세도 공제를 해주지 않는다.

⑥ 사업자등록 전 매입세액

사업자등록 전 매입세액은 원칙적으로 공제가 되지 않으나, 예외적으로 공급시기가 속한 과세기간의 말일로부터 20일 이내에 등록하면 이에 대해서는 공제를 허용한다.

⑦ 접대비 관련 매입세액

접대비(기업업무 추진비)는 사업과 관련성이 있으므로 매입세액을 공제하는 것이 맞다. 하지만 단순히 임직원의 개인 용도로 사용되는 경우가 많고 이를 구분하기가 힘드므로 획일적으로 공제하지 않는다.

Tip 각종 경비지출과 매입세액 공제 여부

구분	공제내용
전화료	전화료에 붙은 10%의 부가세도 사업과 관련된 것이라면 전액 공제를 받을 수 있다. 참고로 전화료 영수증은 일반적인 세금계산서 형태가 아니나, 세금계산서와 같은 효력을 가지고 있으므로 세금계산서에 의한 공제로 본다. ≫ 핸드폰 요금에 대한 부가세도 환급이 가능하다.
인건비	부가세가 발생하지 않으므로 당연히 공제를 받지 못한다. 인건비는 사업자가 제공하는 용역에 해당하지 않으므로 용역의 공급에서 제외한다.

구분	공제내용
소모품비	소모품비는 세금계산서를 받거나 신용카드 매출전표 또는 현금영수증을 받으면 매입세액으로 공제할 수 있다.
접대비	접대비 관련 매입세액은 세금계산서를 받든지, 신용카드 매출전표를 받든지 간에 모두 공제를 받을 수 없다.
복리후생비	업무와 관련성이 있으므로 신용카드 매출전표나 현금영수증을 통해 공제를 받을 수 있다. 회식비가 많이 들더라도 복리후생비에 해당하면 당연히 공제를 받을 수 있다.
식대	복리후생비에 포함되는 식대에 대한 부가세는 환급받을 수 있다.
미용실비 등	다음과 같은 업종은 세금계산서를 교부할 수 없는 사업에 해당하므로 매입세액을 공제받지 못한다. · 목욕탕, 이발, 미용, 고속버스, KTX, 항공권 등
차량비	차량 유지비와 관련되어 발생한 부가세는 주로 애초 구매 시 부가세가 공제되는 차량(화물차, 밴류 등)에 대한 것만 공제할 수 있다. 기타 부가세가 공제되지 않은 승용차 등에 관련된 매입세액은 공제되지 않는다(다음 참조).

※ 일반과세자의 차량 관련 부가세 처리법

① 차량 구매 시 : 차량을 산 경우 부가세가 붙는다. 부가세가 환급되기 위해서는 화물용이거나 비화물용인 승용차의 경우에는 개별소비세가 과세되지 않은 차량이어야 한다. 개별소비세가 과세되지 않는 차량은 다음과 같다.

· 1,000CC 이하 경승용차
· 9인 이상의 승합차 등

② 차량 운행 시 : 유류·수리비에 대한 부가세 환급 여부는 앞과 같다. 즉 화물용, 영업용 승용차, 개별소비세가 과세되지 않는 소형승용차의 유류비 등에 대한 부가세는 환급받을 수 있다.

③ 차량 매각 시 : 사업용 차량을 매각하는 경우 공급가액의 10%(일반과세자)만큼 부가세가 부과된다(면세사업자는 면제).

일반과세자의 부가세 처리법

앞에서 얻은 정보를 통해 일반과세자, 간이과세자, 면세사업자 등의 부가세 처리법을 알아보자. 먼저 일반과세자부터 보자. 이들은 세금계산서 등의 매출세액에서 자신들이 부담한 매입세액을 차감해 신고 기간에 맞춰 신고하게 된다.

1. 일반과세자의 부가세 계산구조

일반과세자는 매출세액에서 매입세액 등을 차감한 세액을 납부세액으로 한다.

> · 부가세=매출세액-매입세액-기타 세액공제*
> * 신용카드 발행세액공제, 의제매입세액공제, 대손세액공제 등이 있음.

여기서 매출세액은 공급가액의 10%를 말하며, 매입세액은 사업자가 물건 등을 사면서 부담한 매입세액을 말한다. 참고로 이때 매입세액은 매출세액에서 전액 공제되는 것이 아니라, 사업과 무관하거나 면세 등과 관련된 매입세액은 공제되지 않는다.

한편 기타 세액공제에는 신용카드 등의 사용에 따른 세액공제 등이 있다(다음 Tip 참조).

2. 자료 집계법

1) 매출세액을 집계하는 방법

일반과세자는 매년 2회(상반기와 하반기) 부가세를 신고하는데, 이때 6개월(1 과세기간) 단위로 다음과 같이 매출을 집계한다.

구분	금액	비고
세금계산서상의 매출	×××	전자세금계산서와 신용카드 매출전표, 현금영수증상의 매출액은 홈택스에서 조회 가능
신용카드 매출전표상의 매출	×××	
현금영수증상의 매출	×××	
현금매출	×××	POS 시스템 등에서 별도로 확인
계	×××	

참고로 현금매출을 빠뜨리면 부가세와 소득세 등이 한꺼번에 추징될 수 있다. 이에 대한 위험성은 잠시 뒤에 살펴보자.

2) 매입세액을 집계하는 방법

매입세액은 사업자가 부담한 부가세를 말한다. 이는 다음과 같이 집계한다. 매입세액을 공제받기 위해서는 부가세액이 별도로 구분된 세금계산서, 신용카드 매출전표 또는 현금영수증 등을 발급받아야 한다. 이때 신용카드 매출전표에는 온라인쇼핑몰 등 결제대행업체를 통해 발급된 것을 포함한다. 현금영수증은 소득공제용이 아닌 지출증빙용으로 발급받아야 한다.

구분	금액	비고
세금계산서상의 매입	×××	전자세금계산서와 신용카드 매출전표, 현금영수증상의 매입액은 홈택스에서 조회 가능
사업자카드 또는 개인 신용카드 매출전표상의 매입	×××	
현금영수증상의 매입	×××	
계산서상의 매입	×××	의제매입세액공제
계	×××	

여기서 참고할 것은 신용카드 매출전표나 현금영수증은 직원명으로 되어 있더라도 관련 매입이 업무와 관련이 있다면 모두 공제를 받을 수 있다는 것이다. 물론 사업과 무관하거나 면세 등과 관련된 매입세액은 공제에서 제외된다.

3. 적용 사례

사례를 통해 일반과세자의 부가세 신고에 대해 알아보자.

[자료]
· 1~6월 신용카드 및 현금영수증 매출 : 100,000,000원(부가세 별도, 이하 동일)
· 7월 매출 : 5,000,000원
· 1~6월 재료비 매입 : 30,000,000원
· 1~6월 기타 일반관리비 신용카드 및 현금영수증 매입 : 10,000,000원(이 중 승용차 주유비 1,000,000원 포함)

Q1 상반기의 매출세액은 얼마인가?
1~6월까지의 매출 1억 원의 10%인 1,000만 원이 매출세액이 된다.

Q2 총매입세액은 얼마인가?

재료비와 기타 일반관리비의 합계액인 4,000만 원의 10%인 400만 원이 매입세액이 된다.

Q3 이 경우 납부할 세액은 얼마인가? 신용카드 사용 등에 대한 세액공제가 130만 원이 있다고 하자.

- 부가세 납부세액=매출세액-매입세액(불공제분 제외)-기타 세액공제
  =1,000만 원-(400만 원-100만 원×10%)-130만 원=480만 원

일반관리비 중 승용차 주유비는 공제대상이 아니다.

✎ Tip 부가세법 제46조 [신용카드 등의 사용에 따른 세액공제 등]

다음의 사업자가 신용카드 매출전표나 현금영수증 등을 발급하면 부가세 신고 시 결제금액의 1% 등을 세액공제한다(사업자단위 과세자는 사업장별 공급가액으로 판단).

1. 사업자
- 주로 사업자가 아닌 자에게 재화 등을 공급하는 사업자*(단, 법인사업자와 직전 연도의 공급가액의 합계액이 10억 원을 초과하는 개인사업자는 제외)

  * 소매업, 음식점업, 다과점업, 숙박업, 미용업, 욕탕업, 입장권발행업, 여객운송업, 떡방앗간, 양복점업, 주거용 건물공급업, 운수업, 주차장 운영업, 부동산 중개업 등을 영위하는 사업자를 말한다. 따라서 주로 사업자를 대상으로 하는 제조업, 도매업, 서비스업 등은 제외한다.

- 간이과세자

2. 공제금액
- 공제율 : 1%(2023. 12. 31까지는 1.3%)
- 한도 : 연간 500만 원(단, 2023. 12. 31까지는 연간 1,000만 원)

일반과세자의 세금계산서 발급법

실무적으로 세금계산서를 언제 발급해야 하고 수취해야 하는지 아리송할 때가 상당히 많다. 업종과 거래형태 등에 따라 공급 시기가 일정치 않기 때문이다. 그런데 문제는 이를 제대로 파악하지 못한 상태에서 세금계산서를 발급하면 가산세 등의 부담을 안게 되고, 상대방은 매입세액 불공제 같은 불이익을 받게 된다는 점이다. 따라서 실무자로서는 기본적으로 이와 관련된 업무처리는 늘 경각심을 가지고 임해야 한다. 다음에서는 부가세법상 공급 시기와 관련된 내용을 알아보자.

1. 부가세법상 공급 시기

부가세법상 공급 시기는 세금계산서의 발급 시기와 밀접한 관련이 있다. 이에 대해 정리해보자(부가세법 제34조 등).

첫째, 제품이나 상품을 공급하는 경우 다음과 같은 시기에 세금계산서를 발급해야 한다.

① 현금판매·외상판매·단기 할부 : 재화가 인도되거나 이용할 수 있게 되는 때

② 장기할부판매 : 대가의 각 부분을 받기로 한 때

여기서 장기할부는 2회 이상 나눠 대가를 받은 경우로서, 당해 재화의 인도일의 다음 날부터 최종의 부불금의 지급일까지의 기간이 1년 이상인 것을 말한다.

③ 반환 조건부판매·동의 조건부판매(예 : 시용판매)·기타 조건부(예 : 검수 조건부판매) 및 기한부판매의 경우 : 그 조건이 성취되거나 기한이 지나 판매가 확정되는 때

④ 완성도기준지급 또는 중간지급 조건부로 재화를 공급하거나 전력 기타 공급단위를 구획할 수 없는 재화를 계속 공급하는 경우 : 대가의 각 부분을 받기로 한 때

둘째, 용역을 공급하는 경우에는 원칙적으로 역무가 제공되거나 재화·시설물 또는 권리가 사용되는 때로 한다. 다만, 실무적으로는 다음과 같이 발급해야 한다.

① 통상적인 공급의 경우 : 역무의 제공이 완료되는 때

② 건설용역과 같은 완성도기준지급·중간지급·장기할부 또는 기타 조건부로 용역을 공급하거나 그 공급단위를 구획할 수 없는 부동산 임대용역과 같은 용역을 계속 공급하는 경우 : 그 대가의 각 부분을 받기로 한 때

③ 앞의 기준을 적용할 수 없는 경우 : 역무의 제공이 완료되고 그 공급가액이 확정되는 때

셋째, 세금계산서는 앞의 공급 시기에 발급하는 것이 맞지만 다음과 같은 특례를 두고 있다.

① 공급 시기 전에 미리 발급하는 경우(선세금계산서)

위의 공급 시기 이전에 다음과 같은 사유로 세금계산서를 발급하면, 이때를 공급 시기로 본다.

1. 공급 시기 도래 전에 대가의 전부 또는 일부를 받고 이와 동시에 그 받은 대가에 대해 세금계산서를 발급한 경우
2. 공급 시기 도래 전에 세금계산서를 미리 발급하고 그 세금계산서 발급일부터 7일 이내에 대가를 받은 경우
3. 세금계산서 발급일로부터 7일이 지난 후 대가를 받았지만, 다음에 해당하는 경우
   - 거래 당사자 간의 계약서·약정서 등에 대금 청구 시기(세금계산서 발급일을 말한다)와 지급 시기를 따로 적고, 대금 청구 시기와 지급 시기 사이의 기간이 30일 이내인 경우
   - 재화 또는 용역의 공급 시기가 세금계산서 발급일이 속하는 과세기간 내(조기환급을 받으면 세금계산서 발급일부터 30일 이내)에 도래하는 경우

② 합계액에 의해 세금계산서를 발급하는 경우(월 합계세금계산서)

다음 중 어느 하나에 해당하는 경우에는 재화 또는 용역의 공급일이 속하는 달의 다음 달 10일까지 세금계산서를 발급할 수 있다.

- 거래처별로 1역월(1曆月)의 공급가액을 합해 해당 달의 말일을 작성 연월일로 해서 세금계산서를 발급하는 경우
- 거래처별로 1역월 이내에서 사업자가 임의로 정한 기간의 공급가액을 합해 그 기간의 종료일을 작성 연월일로 해서 세금계산서를 발급하는 경우
- 관계 증명서류 등에 따라 실제 거래 사실이 확인되는 경우로서 해당 거래일을 작성 연월일로 해서 세금계산서를 발급하는 경우

2. 적용 사례

K 사업자는 부동산 임대업을 영위하기 위해 최근 100억 원 대의 건물을 매입하면서 다음과 같이 계약을 체결했다. 물음에 맞게 답하면?

- 계약금 30% : 계약 체결 시 지급(20×3. 4. 1)
- 중도금 30% : 계약 체결 후 1개월 내 지급(20×3. 5. 1)
- 잔금 40% : 계약 체결 후 3개월 내 지급(20×3. 6. 1)

Q1 위의 거래와 관련한 부가세법상의 공급 시기는 어떻게 되는가?

사례의 경우 원칙적으로 재화가 인도되거나 이용할 수 있게 되는 때가 공급 시기에 해당한다.

Q2 위의 사례에서 세금계산서의 발급방법은 어떻게 될까?

세금계산서는 위의 공급 시기에 맞춰 1장으로 발급하면 된다. 물론 공급자는 원칙적으로 공급 시기에 맞춰 전자세금계산서를 발급하고 다음 날까지 이를 국세청에 전송해야 한다(토요일과 공휴일은 다음 영업일).

Q3 중간지급 조건부의 공급 시기는 어떻게 될까?

중간지급 조건부는 '계약금을 받기로 한 날의 다음 날부터 재화를 인도하는 날 또는 재화를 이용할 수 있게 하는 날까지의 기간이 6개월 이상인 경우로서 그 기간 이내에 계약금 외의 대가를 나눠 받는 경우'를 말한다. 따라서 6개월 이상과 계약금(1회), 이 외 대금을 2회 이상 받으면 '각 대가를 받기로 한 때'가 공급 시기가 된다.

≫ 6개월 미만이거나 6개월 이상이더라도 대금 분할 횟수가 3회 미만이면 중간지급 조건부가 아니므로 재화가 인도되는 때 등이 공급 시기가 된다.

Q4 위 사례에서 잔금을 계약 체결 후 6개월 후로 변경하면 이에 대한 세금계산서는 어떤 식으로 발급해야 할까?

이처럼 계약 변경을 통해 중간지급 조건부 계약이 된 경우에는 다음의 시기에 맞춰 세금계산서를 발급해야 한다(부가세 집행기준 15-28-5).

④ 당초 재화의 공급계약이 중간지급 조건부에 해당하지 아니하였으나, 당사자 간에 계약조건을 변경하여 중간지급 조건부 계약으로 변경된 경우 계약 변경 이전에 지급한 계약금은 '변경계약일'을, 변경계약일 이후에는 변경된 계약 때문에 '대가의 각 부분을 받기로 한 때'를 각각 공급 시기로 본다.

Q5 앞의 Q4처럼 계약 변경한 후 잔금 지급일에 세금계산서를 받으면 매입세액 공제는 가능한가?

가능하다. 다만, 계약금에 대한 세금계산서는 계약 변경일을 작성 연월일로 해서 수취해야 하는데, 이 부분이 빠졌으므로 매입세금계산서 지연 수취에 따른 가산세를 부과한다(0.5%). 공급자는 지연 발급에 따른 가산세(1%)를 부과한다.

✎ Tip 전자(세금)계산서 제도 요약

매출액이 일정액 이상인 개인사업자와 법인은 종이(세금)계산서 대신 전자(세금)계산서를 발급하고 기한 내에 국세청에 전송해야 한다. 이 의무를 위반하면 가산세가 부과된다.

구분	개인사업자	법인
2023년 7월 1일 전	직전 연도 매출 1억 원 이상	무조건 발급
2023년 7월 1일 이후	직전 연도 매출 8,000만 원 이상	
국세청 전송기한	전자(세금)계산서 발급일의 다음 날 (공휴일, 토요일 또는 근로자의 날인 경우 그다음 날)	좌동
전자(세금)계산서 지연전송 가산세	0.3% (위 전송기한~확정신고기한 내 전송 시)	좌동
전자(세금)계산서 미전송가산세	0.5%(확정신고기한 후 전송 시)	좌동

간이과세자의 부가세 처리법

간이과세제도는 영세한 사업자를 대상으로 부가세 업무를 간소화해 주기 위해 마련한 제도로 두 가지 유형이 있다. 하나는 연간 매출액이 4,800만 원에 미달하는 사업자, 다른 하나는 8,000만 원에 미달하는 사업자다. 따라서 간이과세제도를 이해하기 위해서는 두 유형의 차이를 비교해보고 부가세 처리법을 알아보는 것이 좋을 것으로 보인다.

1. 간이과세제도의 개정내용

최근 간이과세자의 판단기준이 연간 매출액 4,800만 원 미만에서 8,000만 원으로 바뀌면서 다양한 곳에서 개정이 있었다. 이를 요약하면 다음과 같다.

내용	종전	개정
간이과세 기준금액	직전 연도 공급대가 4,800만 원 미만	직전 연도 공급대가 8,000만 원 미만(단, 부동산 임대업 또는 과세 유흥장소는 4,800만 원 미만)
납부의무면제 기준금액	해당 연도 공급대가 합계액 3,000만 원 미만	해당 연도 공급대가 합계액 4,800만 원 미만(위 부동산 임대업 등 포함)

내용	종전	개정
세금계산서 발급의무	영수증 발급 (세금계산서 발급 불가)	· (원칙) 세금계산서 발급 · (예외) 영수증 발급(신규사업자 및 직전 연도 공급대가 4,800만 원 미만은 세금계산서 발급 불가)
신고	과세기간(1. 1~12. 31) 다음 해 1. 25까지 신고(연 1회)	(추가) 세금계산서를 발행한 간이과세자 예정부과 기간 신고의무(7. 1~25)
세액계산구조 (세금계산서 등 수취세액공제)	(공급대가×업종별 부가율*×10%) – (매입세액×업종별 부가율) – 기타공제세액 + 가산세 * 업종별 부가율 : 5~30%	(공급대가×업종별 부가율*×10%) – (매입금액(공급대가)×0.5%) – 기타공제세액 + 가산세 * 업종별 부가율 : 15~40%
의제매입세액 공제	일반과세자와 간이과세자	일반과세자(간이과세자 적용 배제)
신용카드 등 매출세액공제	· 간이과세자(음식·숙박업) 2.0%(~2023. 12. 31, 2.6%) · 기타사업자 1.0%(~2023. 12. 31, 1.3%)	1.0%(~2023.12. 31, 1.3%)
세금계산서 관련 가산세	(신설)	· (일반과세자 준용) · (미수취가산세 추가) 공급대가×0.5%
	경정 시 공제받은 세금계산서 등 가산세 : 공급가액의 1%	경정 시 공제받은 세금계산서 등 가산세 : 공급가액의 0.5%

앞의 내용 중 특이한 것은 연간 매출액이 4,800~8,000만 원의 간이과세자는 종전처럼 세금계산서를 발급해야 한다는 것이다. 이를 하지 않으면 가산세가 발생하므로 주의해야 한다.

≫ 기타 간이과세제도 개정과 관련된 내용은 뒤의 절세 탐구에서 살펴보자.

2. 간이과세자의 부가세 계산구조

간이과세자는 매출 시 부가세를 따로 징수하지 않으므로 일반과세자
와는 다른 방식으로 부가세를 계산한다.

1) 매출세액

간이과세자는 자신이 공급한 대가에 다음의 업종별 부가가치율과
10%를 순차적으로 곱해 매출세액을 계산한다.

< 간이과세자의 업종별 부가가치율(2021. 7. 1 이후) >

업종	부가가치율
소매업, 재생용 재료수집 및 판매업, 음식점업	15%
제조업, 농업·임업과 어업, 소화물 전문 운송업	20%
숙박업	25%
건설업, 운수 및 창고업(소화물 전문 운송업은 제외), 정보통신업	30%
금융 및 보험 관련 서비스업, 전문·과학 및 기술 서비스업(인물사진 및 행사용 영상 촬영업은 제외), 사업시설관리·사업지원 및 임대서비스업, 부동산 관련 서비스업, 부동산 임대업	40%
그 밖의 서비스업	30%

서비스업의 부가가치율이 30%이므로 이에 10%의 부가세율을 곱하
면 공급대가의 3%가 매출세액이 된다.

예) 총 받은 금액이 100만 원인 경우

• 간이과세자의 매출세액=100만 원×30%×10%=3만 원

2) 공제세액

① 세금계산서 등 수취세액공제

간이과세자도 세금계산서나 신용카드 매출전표나 현금영수증을 받는 경우가 많다. 거래상대방이 일반과세자이면 거래상대방이 일반인이든지, 간이과세자이든지 가리지 않고 이를 의무적으로 발급하기 때문이다. 그렇다면 이때 발급받은 세금계산서상의 매입세액은 전액 공제할까? 아니다. 이들은 일반과세자처럼 전액 공제를 하는 것이 아니라 매입가액(공급대가)의 0.5%만 적용하게 되어 있기 때문이다.

예) 간이과세자가 100만 원(부가세 별도)의 세금계산서를 받은 경우의 공제세액

• 세금계산서 등 수취세액공제 =110만 원×0.5%=5,500원

② 의제매입세액공제

간이과세자에 대해서는 이 제도가 폐지되었다. 연간 4,800만 원까지는 납부의무가 면제되어 이 제도가 실효성이 없어졌기 때문이다.

③ 신용카드 사용 등에 따른 세액공제

앞의 일반과세자 편에서 본 것과 같다.

3. 적용 사례

사례를 통해 간이과세자의 부가세 신고에 대해 알아보자.

[자료]

· 업종 : 음식점업(부가율 15%)
· 1~12월 신용카드 및 현금영수증 매출 : 50,000,000원(발행세액 공제 1.0%)
· 1~12월 재료비 매입 : 30,000,000원(부가세 포함, 이하 동일)
· 1~12월 기타 일반관리비 신용카드 및 현금영수증 매입 : 11,000,000원(승용차 주유비 1,000,000원 포함)

Q1 매출세액은 얼마인가?

1~12월까지의 매출 5,000만 원에 대해 다음과 같이 계산한다.

· 매출세액=5,000만 원×15%(음식점업 부가율)×10%(부가세율)=75만 원

Q2 공제세액은 얼마인가?

재료비와 기타 일반관리비를 집행하면서 수취한 세금계산서 등과 신용카드 등 사용에 따른 공제세액이 해당한다.

① 세금계산서 등 수취세액공제=4,000만 원*×0.5%=20만 원

* 주유비는 불공제에 해당하므로 이를 제외했다.

② 신용카드 사용 등 세액공제=5,000만 원×1%(가정)=50만 원
③ 계=70만 원

Q3 이 경우 납부할 세액은 얼마인가?

사례의 부가세 납부세액은 다음과 같다.

- 부가세 납부세액=매출세액-공제세액(불공제분 제외)=75만 원-70만 원 =5만 원

Q4 만일 공제세액이 매출세액보다 더 크면 차액은 환급받을 수 있는가?

그렇지 않다. 간이과세자는 환급을 받을 수 없다.

⟩⟩ 이러한 이유로 간이과세자는 일반과세자로부터 세금계산서를 수취하려고 하지 않는다. 받아봤자 모두 환급이 되지 않기 때문이다.

Q5 만일 앞의 사업자 매출액이 연간 1억 원이 되었다면 앞으로도 계속 간이과세자로 남을 수 있는가?

연간 매출액이 8,000만 원 이상이 되면 간이과세자로 남을 수 없다. 그 결과 다음 해 7월부터 일반과세자로 변경이 된다(담당 세무서에서 통지서가 옴). 참고로 이때 간이과세자 시절 공제를 받지 못한 재고자산과 감가 상각자산에 대한 매입세액이 있다면 그중 일부는 환급을 받을 수 있다.

Q6 만일 일반과세자 상태에서 매출액이 연간 8,000만 원 아래로 떨어지면 어떻게 되는가?

이때에는 자동으로 간이과세자로 변경이 된다. 이때 일반과세자에서 환급받은 재고자산 등에 대한 매입세액 중 일부를 반환해야 한다.

⟩⟩ 사업자 유형변경은 어려운 부분에 해당하므로 세무사 등을 통해 확인하기 바란다.

면세사업자의
부가세 처리법

면세사업자는 자신이 공급한 재화나 용역에 대해 부가세를 징수하지 않아도 되는 사업자를 말한다. 따라서 징수할 부가세도 없으므로 자신이 부담한 매입세액도 전액 불공제 처리된다. 한편 이들은 부가세 신고가 아닌 사업장 현황 신고를 하게 되는데 다음에서 이에 대해 알아보자.

1. 면세사업자의 매출세액과 매입세액

1) 매출세액

면세사업자가 재화나 용역을 공급하면 대가 외에 부가세를 징수하지 않는다.

2) 매입세액

면세사업자가 세금계산서나 신용카드 매출전표 등을 받더라도 부가세는 공제를 받지 못한다. 이처럼 공제받지 못하는 매입세액은 전액 비용처리가 된다.

  >> 면세사업자가 부담하는 매입세액이 커 부가세 환급을 받고 싶다면 면세 포기를 신청하면 된다. 다만, 이 경우 공급하는 재화 등에 대해서는 부가세가 발생

하고, 면세 포기 후에는 3년간은 면세 적용을 받을 수 없다. 다만, 이러한 면세 포기제도는 모든 면세업에 해당하지 않고, 다음 두 가지 정도만 해당한다.

- 영세율 적용대상인 재화 또는 용역
- 학술연구단체나 기술연구단체가 학술연구 또는 기술연구와 관련해서 공급하는 재화 또는 용역

2. 사업장 현황 신고

면세법인을 제외한 면세사업자는 다음 해 2월 10일까지 사업장 현황 신고를 해야 한다. 이는 사업장의 기본시설 현황 및 면세수입금액 등을 신고하는 것을 말한다.

1) 신고대상

부가세 면세사업자는 다음의 사항에 관해 세무서에 신고해야 한다.

1. 사업자 인적사항
2. 업종별 수입금액 명세
3. 삭제
4. 그 밖에 대통령령으로 정하는 사항

2) 제출서류

사업장 현황 신고서에 다음과 같은 서류를 첨부해 신고한다.

1. 매출처별 계산서합계표
2. 매입처별 계산서합계표
3. 매입자 발행계산서합계표
4. 매입처별 세금계산서합계표
5. 매입자 발행세금계산서합계표
6. 수입금액검토표

3) 미신고 시 불이익

① 사업장 현황 신고 관련

주로 사업자가 아닌 소비자에게 재화 또는 용역을 공급하는 사업자로서 대통령령으로 정하는 사업자(의료업, 수의사업, 약사법에 의한 사업자를 말함)가 다음 어느 하나에 해당하는 경우에는 그 신고하지 아니한 수입금액 또는 미달하게 신고한 수입금액의 1천분의 5를 가산세로 해당 과세기간의 종합소득 결정세액에 더해서 내야 한다. 가산세는 종합소득산출세액이 없는 경우에도 적용한다.

1. 사업장 현황 신고를 하지 아니한 경우
2. 신고해야 할 수입금액보다 미달하게 신고한 경우

Q 면세사업자가 사업장 현황 신고는 하지 않은 경우 소득세 신고는 어떻게 해야 하는가?

사업장 현황 신고와 소득세 신고는 별개의 업무에 해당한다. 따라서 사업장 현황 신고를 하지 않았더라도 소득세 신고는 의무적으로 해야 한다. 전자의 경우 의사 등을 제외하고 가산세 제재는 없지만, 후자는 그렇지 않다.

② 계산서합계표 제출 관련

모든 면세사업자는 자신이 발급했거나 발급받은 계산서의 매출·매입처별 합계표를 다음 해 2월 10일까지 사업장 소재지 관할 세무서장에게 제출해야 한다. 만일 이를 제때 제출하지 않으면 가산세가 부과된다. 단, 연간 4,800만 원 미만 등의 소규모사업자는 제외한다(소법 제81조의10).

· 계산서합계표 미제출가산세 : 공급가액의 1천분의 5(제출기한이 지난 후 1개월 이내에 제출하는 경우에는 공급가액의 1천분의 3으로 한다)

3. 적용 사례

사례를 통해 앞의 내용을 확인해보자.

[자료]
· 이비인후과
· 수입금액 : 10억 원(신용카드 매출 9억 원, 나머지는 현금영수증 매출)
· 세금계산서 등 수취금액 : 3억 원(전자세금계산서 2억 원, 신용카드 1억 원)

Q1 사업장 현황 신고 시 수입금액을 서식에 맞춰 작성하면?

합계	계산서발행금액		계산서발행금액 이외 매출		
	계산서 발급분	매입자 발행 계산서	신용카드 매출	현금영수증 매출	기타 매출
10억 원			9억 원	1억 원	

사업장 현황 신고 시 수입금액을 서식에 맞춰 작성하면?

③ 적격증명(계산서·세금계산서·신용카드) 수취금액   (단위: 원)

합계	매입 계산서			매입 세금계산서			신용카드·현금영수증 매입금액
	계산서 수취분		매입자 발행 계산서	세금계산서 수취분		매입자 발행 세금계산서	
	전자계산서	전자계산서 외		전자세금계산서	전자세금계산서 외		
3억 원				2억 원			1억 원

≫ 사업장 현황 신고는 수입 전체와 비용 중 세금계산서 등의 발행분만 신고 대상이 된다. 기타 인건비 등은 5월(또는 6월) 소득세 신고서에 반영된다.

Q3 제출서류는?

사업장 현황 신고서 외에 계산서합계표 등을 첨부해 제출한다.

Q4 부가세가 면제되는 프리랜서(인적용역 사업자)는 사업장 현황 신고를 하지 않아도 문제는 없는가?

신고하지 않아도 이들은 가산세가 없다(가산세는 의료업, 수의사업, 약사업에 한해 부과됨). 다만, 다음 각 호의 어느 하나에 해당하는 사유가 있는 때에는 세무서장 등이 사업장 현황을 조사·확인할 수 있다.

1. 법 제78조의 규정에 따른 사업장 현황 신고를 하지 아니한 경우
2. 사업장 현황 신고서 내용 중 수입금액 등 기본사항의 중요 부분이 미비하거나 허위라고 인정되는 경우
3. 매출·매입에 관한 계산서 수수내용이 사실과 현저하게 다르다고 인정되는 경우
4. 사업자가 그 사업을 휴업 또는 폐업한 경우

겸업 사업자의 부가세 처리법

부가세 과세업과 면세업을 동시에 영위하는 사업자가 있다. 이들을 '겸업 사업자'라고 하는데, 이들의 부가세 처리법을 알아보자. 참고로 이들은 세법상 부가세법상 과세사업자에 해당하므로 부가세 신고를 해야 한다.

1. 겸업 사업자의 부가세 계산 원리

겸업 사업자는 부가세 과세와 면세가 동시에 발생하므로 이의 구분을 확실히 해야 한다. 일반과세자인 경우를 예로 들어 요약하면 다음과 같다.

구분	과세	면세	공통
매출세액	공급가액×10%	면세	안분
−매입세액	매입세액 등	불공제	안분
=납부세액	납부 또는 환급	없음.	

위에서 매출세액이나 매입세액이 과세업과 면세업으로 정확히 구분되면 세무상 큰 어려움은 없다. 다음 부가세 신고서에 그대로 표시하면

되기 때문이다.

예를 들어 자료가 다음과 같을 때 신고서상의 표시방법을 살펴보자.

- 과세매출 : 1억 원(부가세 별도)
- 면세매출 : 5,000만 원
- 총매입 : 3,000만 원(부가세 별도)
- 면세매입 : 1,000만 원(부가세 별도)

① 신고내용

구분				금액	세율	세액
과세표준 및 매출세액	과세	세금계산서 발급분	(1)	100,000,000	10/100	10,000,000
		매입자발행 세금계산서	(2)		10/100	
		신용카드·현금영수증 발행분	(3)		10/100	
		기타(정규영수증 외 매출분)	(4)		10/100	
	영세율	세금계산서 발급분	(5)		0/100	
		기타	(6)		0/100	
	예정 신고 누락분		(7)			
	대손세액 가감		(8)			
	합계		(9)	100,000,000	㉮	10,000,000
매입세액	세금계산서 수취분	일반매입	(10)	30,000,000		3,000,000
		수출기업 수입분 납부유예	(10-1)			
		고정자산 매입	(11)			
	예정 신고 누락분		(12)			
	매입자발행 세금계산서		(13)			
	그 밖의 공제매입세액		(14)			
	합계 (10)-(10-1)+(11)+(12)+(13)+(14)		(15)	30,000,000		3,000,000
	공제받지 못할 매입세액		(16)	10,000,000		1,000,000
	차감계 (15)-(16)		(17)	20,000,000	㉯	2,000,000
납부(환급)세액 (매출세액㉮-매입세액㉯)					㉰	8,000,000

한편 면세매출액은 다음처럼 기재된다.

⑤ 과세표준 명세

업태	종목	생산요소	업종 코드						금 액
(28) 면세수입									50,000,000
(29)									
(30)									
(31) 수입금액 제외									
(32) 합계									

2. 공통 매출세액의 계산

과세와 면세에 공통으로 매출이 발생하면 이를 과세분과 면세분으로 적절히 나눠야 한다.

1) 공통재화와 용역을 공급하는 경우

과세사업과 면세사업에 공통으로 사용되는 재화를 공급하는 경우에 그 과세표준은 다음과 같이 계산한다.

• 과세표준=해당 재화의 공급가액×직전 과세기간의 과세공급가액/ 직전 과세기간의 총공급가액

2) 안분계산의 배제

다음 중 어느 하나에 해당하는 경우에는 안분계산을 배제하고 해당 재화의 공급가액을 과세표준으로 한다.

• 재화를 공급한 날이 속하는 과세기간의 직전 과세기간의 총공급가

액 중 면세공급가액이 5% 미만인 경우. 다만, 해당 재화의 공급가액이 5,000만 원 이상이면 제외

- 재화의 공급가액이 50만 원 미만인 경우
- 재화를 공급하는 날이 속하는 과세기간에 신규로 사업을 개시해서 직전 과세기간이 없는 경우

3. 공통 매입세액의 계산

과세와 면세에 공통으로 매입이 발생하면 이를 과세분과 면세분으로 적절히 나눠야 한다.

1) 원칙적인 안분계산방법

과세사업과 면세사업의 공급가액(매출)이 모두 있는 경우에는 다음과 같은 계산식에 의해 안분계산을 한다. 과세사업과 면세사업의 매출이 있으므로 이를 공급가액 비율로 적절히 나누는 것이 타당하다고 보는 것이다. 이렇게 작업한 결과 과세분은 매출세액에서 공제하고, 면세분은 공제받지 못할 매입세액으로 처리한다.

$$\text{공제되는 매입세액} = \text{공통매입세액} \times \frac{\text{당해 과세기간의 과세공급가액}}{\text{총공급가액}}$$

총공급가액은 당해 과세기간에 확정된 면세수입금액과 과세수입금액을 합한 금액을 말한다. 예를 들어 1월 1일부터 6월 30일까지의 면세수입금액이 1억 원이고, 과세수입금액이 2억 원이라면 총공급가액은 3억 원이 된다.

참고로 위 계산식에서 면세공급가액의 비율이 총공급가액의 5%에 미달(단, 공통매입세액이 500만 원 이상은 제외)하거나, 공통매입세액이 5만 원에

미달하는 경우 등은 안분계산의 실익이 없으므로 안분계산을 생략하고 전액 공제되는 매입세액으로 한다.

Q 면세업과 과세업에 공통으로 사용될 에어컨을 샀다. 에어컨 구매가격이 400만 원(부가세 별도)이면 환급받을 수 있는 부가세는? 단 당해 과세기간의 면세공급가액은 2억 원, 과세공급가액은 5,000만 원이라고 하자.

- 환급 가능 매입세액=공통매입세액 40만 원× $\dfrac{5{,}000만\ 원}{2억\ 5{,}000만\ 원}$ = 8만 원

2) 예외적인 방법

과세사업과 면세사업의 공급가액 모두를 알 수 있다면 앞의 방법으로 쉽게 안분계산을 할 수 있다. 하지만 둘 또는 하나의 공급가액을 알 수 없다면 부득이 다른 방법을 사용할 수밖에 없을 것이다. 세법은 이러한 상황에서는 다음과 같은 방법으로 안분계산하고 공급가액이나 면적이 확정되는 시기에 정산하도록 하고 있다.

① 예외적인 안분계산방법

이는 다음과 같은 비율을 순차적으로 적용하는 방법을 말한다. 다만, 건물을 신축 또는 취득해 과세사업과 면세사업에 제공할 예정면적을 구분할 수 있는 경우에는 예정사용면적비율(토지면적 제외)을 우선 적용한다(다→가→나).

가. 총매입가(공통매입가는 제외)에 대한 면세사업에 관련된 매입가의 비율
나. 총예정공급가액에 대한 면세사업에 관련된 예정공급가액의 비율
다. 총예정사용면적에 대한 면세사업에 관련된 예정사용면적의 비율

② 공통매입세액의 정산

만일 앞의 방법의 하나로 안분계산을 했다면 확정신고 시에 다음과

같이 공통매입세액을 정산해야 한다. 예정신고 시는 대략 나눴으므로 이를 확정신고 시에 바로 잡기 위해서다.

- 총공통매입세액×(1-공급가액이 확정되는 과세기간의 $\dfrac{\text{면세공급가액}}{\text{총공급가액}}$)-기공제세액

만일 예정사용면적으로 안분계산한 경우로서 확정신고를 할 때는 확정된 사용면적으로 정산하는 것이 원칙이다.

- 총공통매입세액×(1-사용면적이 확정되는 과세기간의 $\dfrac{\text{면세사용면적}}{\text{총사용면적}}$)-기공제세액

Q **A 법인은 건설법인으로서 공통매입세액이 1억 원이 발생했다. 과세예정사용면적과 면세사용면적이 같다면 공통매입세액 중 공제 가능한 세액은?**

과세예정사용면적과 면세사용면적이 같으므로 1억 원의 50%인 5,000만 원이 환급 가능한 매입세액이 된다. 이렇게 예정사용면적으로 안분계산한 경우로서 사용면적이 확정되는 과세기간에 대한 확정신고 때에 정산하는 것이 원칙이다.

다음의 내용은 최근 간이과세제도의 개정에 따른 실무자들이 궁금해 하는 사항을 모은 것이다(국세청 자료).

Q1 다른 사업장에서 소매업과 부동산 임대업(또는 과세 유흥장소)을 영위하는 경우 간이과세 기준금액은?

일반과세 적용대상자는 ① 모든 사업장의 직전 연도 공급대가(연 매출액) 합계액이 8,000만 원 이상이면 해당한다.

② 부동산 임대업(또는 과세 유흥장소)은 직전 연도 공급대가(연 매출액) 합계액이 4,800만 원 이상이면 해당한다.

① 또는 ②의 어느 하나에 해당하면 모든 사업장은 일반과세를 적용한다.

Q2 간이과세자인 부동산 임대업 또는 과세 유흥장소 사업자의 납부의무 면제 기준금액은 4,800만 원으로 같은지?

납부의무면제 기준금액은 업종 구분 없이 4,800만 원으로 같이 적용하고 있다.

Q3 납부의무면제 기준금액 판단 시 사업장별 공급대가로 하는지?

해당 과세기간에 대한 사업장별 공급대가를 기준으로 납부의무면제 여부를 판단한다(부가세법 제69조 참조).

Q4 직전 연도 공급대가 4,800만 원 이상인 간이과세자의 세금계산서 발급 방법은(간이 소매업체가 공급하고 받은 대가가 110만 원이라고 가정할 경우)?

세금계산서는 받은 대가 110만 원의 100/110에 해당하는 100만 원은 공급가액에, 공급가액의 10%인 10만 원은 부가세액에 기재해서 발급한다.

Q5 직전 연도 공급대가 합계액이 4,800만 원 미만인 간이과세자는 종전과 같이 영수증만 발급할 수 있는지, 세금계산서와 영수증 중 선택해서 발급할 수 있는지?

직전 연도 공급대가의 합계액이 4,800만 원 미만인 간이과세자는 세금계산서를 발급할 수 없으며, 영수증만 발급해야 한다.

Q6 세금계산서에 간이과세자임을 표기할 수 있는지?

일반과세자와 같은 세금계산서 양식을 사용하고 있으므로 간이과세자가 발급한 세금계산서임을 표기할 수 없다.

Q7 세금계산서 발급 여부와 무관하게 업종별 부가가치율로 신고해야 하는지?

간이과세자는 세금계산서 발급 여부에 불문하고 [공급대가×업종별 부가가치율(15%~40%)×10%]로 납부세액을 계산해서 신고한다.

Q8 세금계산서를 발급한 간이과세자는 예정부과 기간의 과세표준을 신고하게 되어 있는데, 10월 예정 고지 기간에 신고하면 되는지?

아니다. 간이과세자의 예정부과 기간은 1월 1일부터 6월 30일까지다. 따라서 세금계산서를 발급한 간이과세자는 예정부과 기간의 과세표준과 납부세액을 7월 1일부터 7월 25일까지 신고해야 하고, 과세기간(1. 1~12. 31)의 과세표준과 납부세액을 다음 해 1월 1일부터 1월 25일까지 신고하면서 예정신고세액을 공제해야 한다.

Q9 직전 연도 공급대가 합계액이 4,800만 원 이상인 간이과세자로부터 수취한 세금계산서의 매입세액 공제방법은(일반과세자, 간이과세자로 구분)?

먼저 일반과세자가 세금계산서 발급의무가 있는 간이과세자로부터 세금계산서 등을 발급받으면 매입세액을 전액 공제한다. 다음으로 간이과세자가 세금계산서 발급의무가 있는 간이과세자로부터 세금계산서 등을 발급받으면 [매입액(공급대가)×0.5%]로 계산해서 공제한다.

Q10 세금계산서 등 수취 세액공제 산정방식이 기존에는 [매입세액 × 업종별 부가율]이었으나 [매입액(공급대가)×0.5%]로 감소한 사유는?

간이과세자 납부세액 계산 시 적용하는 부가가치율(15~40%)에 매입액이 반영되어 있어 세금계산서 등 수취 세액공제 산정방식을 [매입액(공급대가)×0.5%]로 변경했다.

Q11 세금계산서 등 수취 세액공제 대상은 매입세금계산서뿐만 아니라 신용카드 및 현금영수증 매입도 포함하는 것인지?

그렇다. 여기에는 신용카드 매출전표, 현금영수증, 직불카드영수증, 선급 카드영수증(실제 명의 확인), 직불 전자지급수단 영수증, 선불전자 지급수단 영수증(실제 명의 확인) 등을 의미한다.

Q12 상대적으로 영세한 간이과세자인데, 애초 적용하던 의제매입세액 공제를 배제하는 이유는 무엇인지?

기존 간이과세자(연 매출 4,800만 원 미만)는 납부의무면제 대상이므로 의제매입세액공제가 불필요하기 때문이다.

Q13 세금계산서를 발급한 간이과세자도 의제매입세액공제를 적용받을 수 없는 것인지?

세금계산서 발급 여부를 불문하고 간이과세자가 2021. 7. 1 이후 공급받거나 수입신고 하는 분에 대해서는 의제매입세액공제를 적용받을 수 없다.

Q14 세금계산서 발급의무가 있는 간이과세자가 당해 연도 공급대가 4,800만 원 미만으로 납부의무면제 대상에 해당하면 세금계산서 미발급 시 세금계산서 관련 가산세가 부과되는지?

세금계산서 발급의무가 부여된 간이과세자는 납부의무면제 대상 여부에 불문하고 세금계산서를 발급하지 않으면 세금계산서 관련 가산세가 부과된다.

≫ 직전 연도 공급대가의 합계액이 4,800만 원 이상이면 세금계산서 발급의무가 부여되며, 당해 연도 공급대가의 합계액이 4,800만 원 미만이면 납부의무면제 대상에 해당하므로 부가세 신고 시 유의해야 한다.

Q15 사업자등록번호를 입력하면 세금계산서 발급의무가 있는 간이 과세자와 그 외 간이과세자를 확인할 수 있는 화면이 준비되어 있는지?

홈택스에 접속한 후 '제보·기타>기타>사업자 상태(조회)'에서 확인할 수 있다.

Q16 직전 연도 공급대가의 합계액이 4,800만 원 이상인 간이과세자가 발급한 신용카드 매출전표와 그 외 간이과세자가 발급한 신용카드 매출전표가 구분되는지?

세금계산서 발급의무가 부여된 간이과세자가 발급한 신용카드 매출전표와 그 외 간이 과세자가 발급한 신용카드 매출전표는 구분이 되지 않는다. 거래 상대방은 공급자가 세금계산서 발급의무가 부여된 간이과세자인지 홈택스를 통해 확인할 수 있다.

피치 못할 사정으로 사업을 폐지할 때에도 적잖은 세금이 발생해 당황하는 일들이 벌어지곤 한다. 대표적인 것이 바로 사업 중에 취득한 자산 중 폐업 당시에 남아 있는 고정자산(인테리어, 비품 등)이나 재고자산에 대한 부가세 반환이다. 세법은 이를 자기한테 공급한 것으로 보아 부가세를 내도록 하고 있기 때문이다. 따라서 폐업 전에 반드시 이들에 대한 부가세 문제를 따져볼 필요가 있다. 다음에서는 이와 함께 폐업할 때 반드시 지켜야 할 세법상 협력의무나 기타 알아두면 좋은 팁들을 한꺼번에 정리해보자.

1. 폐업에 따른 부가세 반환

세금계산서를 주고받는 일반과세자가 실내장식을 하거나 각종 재료 등을 사면서 부담한 부가세는 부가세 신고를 통해 환급을 받게 된다. 그런데 사업 도중에 폐업하게 되면 환급받은 부가세 중 일부를 반환해야 한다. 예를 들어 이 부분을 알아보자.

> K 사장은 9년 전에 1억 원(부가세 1,000만 원)을 들여 실내장식 등을 하고 부가세 1,000만 원을 환급받았다. 그리고 근래 6개월간 지출한 상품비는 1억 원(부가세 1,000만 원)이었는데 폐업일 당시에 재고자산 3,000만 원이 남아 있었다.

Q1 이 경우 폐업에 따라 반환해야 하는 부가세는 얼마인가?

먼저 사업을 시작하면서 환급받은 실내장식 부가세는 통상 10년 이상 사업을 운영한 상태에서 폐업하거나, 그 이전이라도 다른 사업자에게 사업을 양도하면 추징을 당하지 않는다. 하지만 10년 이전에 폐업하게 되면 잔존가치에 대해 남아 있는 부가세는 추징하게 된다. 실내장식 공사 시에 이를 환급해준 이유가 추후 사업수입에 대한 세금으로 거둬들일 목적이었는데, 사업을 양도 없이 폐지했기 때문에 환급받은 것 중 일부를 추징하는 것이다. 따라서 사례의 경우 중도에 폐업하면 애초 환급세액 1,000만 원 중 10%는 반환대상이 된다. 한편 폐업일 당시에 남아 있는 상품에서 발생한 부가세 300만 원(3,000만 원×10%)도 반환대상이 된다.

Q2 앞의 부가세를 없애는 방법은?

실내장식과 재고자산에서 발생한 부가세를 없애기 위해서는 제삼자에게 사업 자체를 매각하는 방법을 취해야 한다. 즉 다른 사람한테 사업을 넘기는 것이다. 하지만 이를 통하지 않고 자체 폐업을 하게 되면 위와 같은 문제를 안게 된다. 따라서 폐업 전에 보유하고 있는 재고자산은 반환하거나 헐값에라도 처분해서 폐업 전에 재고를 남기지 않는 것이 하나의 방법이 된다. 다만, 실내장식은 폐기해야 하므로 이 경우 부가세 반환은 피할 수 없을 것으로 보인다.

2. 폐업에 따른 납세협력의무

폐업하더라도 폐업신고를 해야 하고, 부가세 신고와 소득세 신고의무를 이행해야 한다. 이에 대해 알아보자.

첫째, 폐업신고는 두 가지 방법의 하나를 선택할 수 있다.

하나는 폐업을 하면 바로 폐업신고서를 관할 세무서장에게 제출하는 것이고, 다른 하나는 부가세 확정신고(폐업일이 속하는 달의 말일로부터 25일 내

신고) 시에 사업자등록증을 첨부해 제출하면 폐업신고서를 제출한 것으로 인정하는 것을 말한다.

둘째, 부가세 신고 및 납부는 폐업일이 속하는 달의 말일로부터 25일 이내에 해야 한다.

원래 부가세 1 과세기간은 1월 1일~6월 30일(또는 7월 1일~12월 31일)이 되는데, 폐업의 경우에는 과세기간 개시일부터 폐업일까지를 1 과세기간으로 한다. 따라서 폐업일이 8월 31일이라면 9월 25일까지 부가세 신고 및 납부를 해야 한다.

셋째, 폐업에 따른 소득세 신고 및 납부를 해야 한다.

소득세는 매년 1월 1일부터 12월 31일까지 발생한 수입에서 비용을 차감한 소득에 대해 다음 해 5월에 신고 및 납부하게 되는데, 폐업의 경우에는 폐업일까지의 소득을 다음 해 5월 중에 신고 및 납부하면 된다. 이때 주의할 것은 폐업하더라도 소득세 신고는 제대로 해야 한다는 것이다. 이를 빠뜨리면 세금추징이 불가피하기 때문이다. 한편 결손이 발생하더라도 이를 신고해두면 향후 15년간 이월해 다른 사업소득에서 공제를 받을 수 있는 이점이 있다는 점도 알아두기 바란다.

넷째, 종업원 등을 고용하고 있으면 건강보험료 등 탈퇴신고를 해야 한다.

직원 등을 고용하고 있으면 공단 등에 연락해 건강보험료나 국민연금 등에 탈퇴신고서를 제출해야 한다.

3. 폐업 시에 알아두면 좋을 내용

폐업을 단행하면 매출 하락에 따른 손실이나 시설장치 복구나 재고

손실 등의 비용이 추가된다. 따라서 폐업 때 발생하는 손실(결손금)도 활용하는 방법을 모색할 필요가 있다.

첫째, 결손금이 발생한 해에 근로소득이 있으면 이를 차감시킬 수 있다.

결손금이 발생한 연도에 취업하거나 또 다른 사업을 해 이익이 발생하면 폐업 사업에서 발생한 결손금과 이들의 소득을 합산해 신고하면 전체적으로 소득세를 낮출 수 있다. 참고로 이때 결손금은 장부작성을 통해 확인되어야 한다.

둘째, 전년도에 낸 소득세가 있다면 이를 환급받을 수 있다.

전년도 사업에서는 이익이 발생하고 올해는 결손금이 발생한 경우라면 올해의 결손금을 소급하여 전년도 이익과 통산할 수 있는 제도가 있다. 이를 '결손금 소급공제'라고 한다. 예를 들어 전년도에 이익 1억 원이 발생하고 올해 결손금 1억 원이 발생했다면 전년도의 이익과 올해의 결손금을 통산하면 이 둘의 손익은 0원이 되므로 전년도에 납부한 소득세를 환급받을 수 있게 된다.

셋째, 미사용한 결손금은 향후 15년간 사용할 수 있다.

휴업이나 사업을 연장하는 것을 접고 폐업을 단행해 발생한 결손금은 향후 15년간 신규사업을 통해 발생한 이익에서 차감할 수 있다. 따라서 폐업 시에 이러한 부분도 장부작성을 통해 국세청에 보고해두면 향후 사업을 재기해서 이익을 볼 때 소득세를 줄일 수 있는 이점을 가져다줄 것이다.

사업자의
종합소득세 절세법
(조세감면 포함)

종합소득세 계산구조의 이해

사업자가 가장 관심을 가장 많이 가지는 세목은 뭐니 해도 소득세다. 자신이 벌어들인 이익 중 6~45%(지방소득세 별도)를 내야 하고, 거기다 건강보험료도 내야 하기 때문이다. 따라서 이에 대한 관리는 철저히 하는 것이 좋다. 그렇다면 어떤 식으로 관리하는 것이 좋을까? 다음에서 이에 대해 알아보자.

1. 세법상 개인의 소득 종류

소법에서는 소득세를 체계적으로 과세하기 위해 소득의 종류를 다음처럼 열거하고 있다.

> ① 이자소득, 배당소득, 근로소득, 사업소득, 연금소득, 기타 소득(6종)
> ② 양도소득, 퇴직소득, 금융투자소득(3종)

①은 일상적으로 발생하는 소득, ②는 비일상적으로 발생하는 소득을 말한다. 이에 따라 다음처럼 과세방식이 달라진다.

2. 개인소득에 대한 과세방식

개인소득에 부과되는 세금은 소득의 성격에 따라 과세구조가 현격히 차이가 난다.

구분	종합과세	분류과세
개념	이자소득 등(앞 ①)을 종합해서 과세하는 방식(종합과세)*	양도소득, 퇴직소득 등(앞 ②)은 별도로 과세(분류과세)
과세표준	종합소득-종합소득공제	양도소득 등-각종 공제 등
세율	6~45%	· 양도소득 : 70%, 60%, 6~45% 등 다양 · 퇴직소득 : 6~45%(연분 연승법)
신고 및 납부기한	다음 해 5월 말(성실신고는 6월 말)	수시

* 종합소득은 이자·배당소득(금융소득), 근로소득, 사업소득, 연금소득, 기타 소득을 말하며, 금융소득은 연간 2,000만 원 초과 시, 연금소득 중 사적연금소득은 수령액이 1,200만 원(2024년 1,500만 원안) 초과 시, 기타 소득은 소득금액(수입-비용)이 300만 원 초과 시 종합소득에 합산된다.

>> 소득세는 앞의 종합과세, 분류과세 외에 비과세, 분리과세, 선택적 분리과세 등의 형태로도 과세된다. 비과세는 국가가 과세권을 포기한 것(10억 원 이하 농작물 재배업 등)을 말하며, 분리과세는 해당 소득에 대해 저렴한 세율로 납세의무가 종결되는 것을 말한다(2,000만 원 이하의 금융소득, 일용직 근로소득 등). 한편 선택적 분리과세는 납세자의 선택에 따라 종합과세나 분리과세를 적용받을 수 있는 것을 말한다(300만 원 이하의 기타 소득 금액, 2,000만 원 이하의 주택임대소득 등).

3. 종합소득세 계산구조

사업자에게 사업소득만 있다면 이에 대한 세금만 정산하면 된다. 하지만 사업소득 외에 근로소득, 금융소득, 연금소득, 기타 소득 등이 있다면 이들을 합산해서 종합과세를 적용받게 된다. 이에 대한 세금계산구조를 알아보면 다음과 같다.

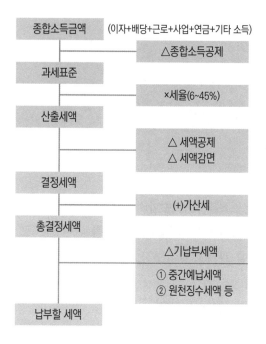

>> 소득세를 절세하기 위해서는 소득세가 도출되는 전반적인 과정을 이해하는 것이 중요하다. 순차적으로 알아본다.

✏️ Tip 소득세율 체계

현행 소득세율은 6~45%(지방소득세 별도)인데, 이를 다시 한번 살펴보면 다음과 같다.

과세표준	세율(누진공제)	과세표준	세율(누진공제)
1,400만 원 이하	6%	3억 원 이하	38%(1,994만 원)
5,000만 원 이하	15%(126만 원)	5억 원 이하	40%(2,594만 원)
8,800만 원 이하	24%(576만 원)	10억 원 이하	42%(3,594만 원)
1억 5,000만 원 이하	35%(1,544만 원)	10억 원 초과	45%(6,594만 원)

종합소득금액을 파악하는 방법

소득세 계산구조를 보면 종합소득금액이 있다. 이는 소득별로 수입에서 비용을 차감한 금액을 말하는데, 이를 어떤 식으로 계산하는지 사업소득의 경우를 가지고 알아보자.

1. 장부를 통해 작성하는 방법

사업자가 회계 처리를 통해 장부를 작성하면 어렵지 않게 다음과 같은 손익계산서를 만들 수 있다. 참고로 손익계산서는 사업자가 알아야 할 기초적인 재무지식에 해당한다. 저자의 《리셋! 회계공부》, 《기업회계 가이드북(실전 편)》 책을 참조하기 바란다.

구분	금액	비고
매출액		
-매출원가		
=매출총이익		
-판매관리비 직원급여 임차료 기타 비용		

구분	금액	비고
=영업이익		
+영업 외 수익 　유형자산처분이익		
-영업 외 비용 　유형자산처분손실 　이자 비용		
=소득세 차감 전 순이익		
-소득세 등		
=당기순이익		

　앞의 표는 전체수입 중 각종 비용을 제외한 것이 당기에 벌어들인 이익임을 나타내고 있다. 그렇다면 여기서 소득세는 이 당기순이익에 대해 과세할까?

　아니다. 사업자의 손익계산서의 내용이 세법에서 정한 내용과 차이가 있는 경우 이를 세법에 맞게 고쳐야 하기 때문이다. 이를 실무에서는 '세무조정'이라는 표현을 쓴다. 예를 들어 앞의 당기순이익 1억 원인데 업무와 무관한 비용 1억 원이 포함되어 있다면 다음과 같이 세무조정을 해서 소득금액을 계산하게 된다.

구분	비고
당기순이익 : 1억 원 +필요경비 불산입 : 1억 원 = 사업소득 금액 : 2억 원	회계상 당기순이익은 1억 원이지만 1억 원이 세법상 비용으로 인정되지 않으므로 이를 부인하는 세무조정(필요경비 불산입)을 하게 된다. 따라서 세법상의 사업소득 금액은 2억 원이 된다.

　≫ 각종 비용처리법에 대해서는 PART 05에서 별도로 살펴본다.

2. 장부작성 없이 계산하는 방법

사업자는 장부작성을 통해 소득금액을 계산하는 것이 원칙이다. 하지만 수입금액이 얼마 안 된 사업자는 장부를 작성하지 않은 경우가 많다. 그렇다면 이 경우 어떤 식으로 소득금액을 계산할까?

이에 대해서는 앞에서 살펴본 바와 같이 기준경비율 또는 단순경비율 제도를 통해 소득금액을 계산한다.

1) 기준경비율 또는 단순경비율 적용대상

이에 대해서는 PART 01의 절세 탐구를 참조하기 바란다.

2) 추계소득금액의 계산

기준경비율 또는 단순경비율 적용 대상자의 추계소득금액은 다음과 같이 계산한다.

구분	추계소득금액 계산
① 기준경비율 적용 대상자	추계소득금액= Min{①, ②} ① 수입금액-주요경비-(수입금액×기준경비율) ※ 주요경비=(매입비용+임차료+인건비)의 합계금액으로 관련 증빙으로 확인된 금액 ② [수입금액-(수입금액×단순경비율)]×배율 ※ 배율 : 간편장부대상자 : 2.8배, 복식부기 의무자 : 3.4배
② 단순경비율 적용 대상자	수입금액-(수입금액×단순경비율)

※ 저자 주

현행 사업소득에 대한 소득세 신고는 모든 사업자에 대해 이루어지고 있지만, 단순경비율 적용대상 사업자는 국세청에서 마련한 모두채움서비스를 통해 간단히 신고를 마칠 수 있다. 국세청이 전산으로 세액까지 계산해주면 납세자는 확인만 하면 되기 때문이다(모바일, 홈택스, ARS 1544-9949 등). 하지만 그 외 사업자는 스스로 소득을 계산해서 자발적으로 신고를 해야 한다. 이하는 주로 이들을 위해 필요한 내용을 설명한다.

※ 모두 채움 신고/단순경비율 신고(2022년의 경우)
- 신고 대상자
- 신고 안내유형 : 모두 채움(납부, 환급), 단순경비율
  - 단순경비율 사업소득, 근로·연금·기타 소득이 있는 경우
  - 3.3% 원천징수된 인적용역소득(프리랜서 등) 단순경비율 적용으로 환급받는 경우
  - 2개 이상 회사에서 근로소득이 발생했으나 합산해서 연말정산을 하지 않은 경우

≫ 2023년 국세청은 640만 명의 납세자에게 모두채움서비스를 제공하고, 인적용역 소득자 400만 명에게는 환급안내문을 발송하는 등 쉽고 편리한 납세 서비스를 제공했다. 이에 따라 많은 영세사업자가 소득세 신고를 간편하게 마칠 수 있었다.

소득세 신고를 위한 준비절차

이제 소득세 신고는 어떤 식으로 준비하고 실제 신고는 어떤 식으로 하는지 간략히 정리해보자. 물론 실전 소득세 신고를 위해서는 외부의 전문가의 손을 빌릴 수밖에 없는 경우도 많지만, 신고의 흐름 정도는 알아두면 도움이 될 것이다.

1. 신고 도움 서비스 확인

종합소득세를 신고하기 전에 국세청 홈택스를 방문해 본인의 소득세 신고와 관련해 국세청이 파악하고 있는 기본사항 등을 점검하는 것이 좋다. 이곳을 활용하면 소득세를 어떤 식으로 신고하는 것이 좋을지 등을 판단할 수 있기 때문이다.

▶ 접근방법 : 홈택스>세금 신고>종합소득세 신고>신고도움 서비스
▶ 점검할 사항 : 기본사항, 신고 시 유의할 사항, 신고 안내자료, 신고상황 종합분석 등을 순차적으로 확인

예) 기본사항

성명		***		생년 월일	
신고안내유형	기준경비율	ARS 개별인증번호			
기장의무 구분	복식장부대상자	추계신고 시 적용 경비율		기준경비율	

예) 신고상황 종합분석

① 생략

② 최근 3년간 신고소득률(주사업장 기준)

(단위 : 천 원)

상호		사업자등록번호	
귀속연도	2019년	2020년	2021년
수입금액	0	0	0
필요경비	0	0	0
소득금액	0	0	0
소득률(당해 업체)*	0.00	0.00	0.00

* 소득률 = 소득금액 / 수입금액

③ 2021년 매출액 대비 주요 판관비율 분석(주 사업장 기준)

(단위 : 천 원)

계정과목	금액	당해 업체(%)	업종 평균(%)
4. 복리후생비			
18. 접대비			
19. 광고 선전비			
22. 차량 유지비			
24. 지급수수료			
28. 소모품비			
34. 기타판관비			

④ 2022년 사업자카드 사용 현황 분석

(단위 : 건, 원)

구분	합계	신변잡화구매	가정 용품구매	업무 무관 업소 이용	개인적 치료	해외사용액
건수						
금액						

※ 2022년 사업자카드 사용내역 중 업무와 관련이 적은 것으로 전산 분석된 자료로, 실제 지출 용도와
  차이가 있을 수 있음.
  - 신변잡화·가정용품 구매 : 의료용 기구, 화장품, 예술품 등 구입액
  - 업무 무관업소 이용 : 스포츠 교육기관, 수의사업, 오락장 등 사용액
  - 개인적 치료 : 성형외과, 피부과, 치과병원, 한방병원 등 사용액

2. 신고자료 준비

종합소득세 신고를 위한 자료는 크게 소득파악을 위한 자료, 소득세 산출을 위한 자료 등으로 구분된다.

1) 소득파악 관련 자료
장부를 작성한 경우에는 결산을 진행해서 소득을 파악하며, 원천징 수된 지급명세서는 홈택스상의 My 홈택스에서 확인할 수 있다.

2) 소득세 산출 관련 자료
각종 소득공제 및 세액공제 관련 서류 등도 홈택스상의 My 홈택스에 서 확인할 수 있다.

3. 장부작성 및 세무조정 그리고 세액산출

1) 장부작성
장부는 사업자 스스로가 작성할 수 있으나, 회계조직이 없다면 외부

의 세무회계사무소에 대행해서 작성할 수 있다.

2) 세무조정

본인이 직접 할 수도 있으나 수입금액이 일정액(PART 03 참조) 이상이면 외부의 세무사 등이 세무조정을 하도록 강제되어 있다.

3) 세액산출

앞의 과정을 거쳐 소득금액을 계산하고 이에 종합소득공제를 적용해 과세표준을 계산한다. 그리고 이에 6~45%를 적용해 산출세액을 계산한다. 한편 소득세의 10%인 지방소득세는 별도로 신고해야 한다.

4. 신고·납부 및 사후관리

1) 신고 및 납부

구분	소득세	지방소득세
신고 관할 관청	주소지 관할 세무서	주소지 관할 지방자치단체
신고방법	홈택스 기타 전산조직	위택스 기타 전산조직
신고기한	다음 해 5월 31일(성실은 6월 30일)	좌동
납부기한	상동(단, 2개월 분납 가능)	상동

2) 사후관리

이렇게 신고가 완료되면 해당 신고는 일단 적법한 것이 된다. 이후 과세관청에서는 해당 신고내용에 오류가 있는지, 탈루가 있는지를 사후 검증하고 필요에 따라서는 세무조사에 착수하게 된다.

소득세 절세 접근법

소득세 절세는 전체적인 소득세 계산구조하에 전반적으로 검토하는 것이 좋다. 예를 들어 소득세를 줄이기 위해 비용을 마구잡이식으로 장부에 계상하면 추후 예기치 못한 상황에 맞닥뜨릴 수 있다. 사후검증이나 세무조사 등에 의해 잘못된 부분이 적발될 가능성이 크기 때문이다. 이러한 문제는 유튜버 등 잘나가는 사업자들에게 항상 따라다니는 문제에 해당한다. 다음에서는 종합소득공제, 세액공제, 세액감면 등에 대해 순차적으로 알아본다.

1. 소득세 계산구조

사업소득에 대한 소득세는 다음처럼 계산된다.

구분	내용	비고
당기순이익	수입-비용	증빙 등에 근거
±세무조정		세무대리인 조력
=소득금액①		업종별 신고소득률 확인
−소득공제②	기본공제, 추가공제, 국민연금료공제, 노란우산공제, 벤처기업투자공제 등	신용카드 소득공제는 근로자만 가능

구분	내용	비고
=과세표준		
×세율	6~45%	
−누진공제		
=산출세액		
−세액공제③	성실신고확인비용 세액공제, 자녀 세액공제, 의료비·교육비·월세·연금세액공제, 투자세액공제, 고용세액공제, 연구개발비 세액공제 등	의료비, 교육비, 월세 세액공제도 가능(성실사업자에 한함)
−세액감면④	창업중소기업 세액감면, 중소기업 특별세액감면 등	조특법상 세액공제와는 중복 공제배제가 원칙
+가산세⑤	영수증 미수취가산세 등	실무상 큰 의미가 없음.
=결정세액		
−기납부세액		전년도 11월에 납부한 중간예납세액
=납부할 세액		

사업자가 적정한 세금을 내고 최대한 세금을 절약하기 위해서는 앞의 ①~⑤까지의 내용을 잘 다뤄야 한다. 이 중 ①~④까지는 도사가 되어야 한다.

첫째, ①은 장부작성을 통해 수입과 비용을 확정하고 세무조정을 통해 소득금액을 파악하는데, 이때 주의할 것은 이 소득금액이 매출 대비 적정한지를 평가하는 것이다. 동종업계 평균보다 소득률이 높거나 낮으면 뭔가 문제가 있다는 것을 의미하기 때문이다.

둘째, ②의 소득공제는 ①의 소득금액에서 차감되는 요소들로 이에는 기본공제(1인당 150만 원), 추가공제(경로우대 1인당 100만 원, 장애인 1인당 200만 원), 노란우산공제(200~500만 원), 조특법상의 벤처기업투자공제(투자액의 10~100% 공제, 소득금액의 50% 한도) 등이 있다.

셋째, ③의 세액공제는 계산된 산출세액을 직접 줄여주는 요소들로 다양한 것들이 있다. 예를 들면 소법상에는 자녀 세액공제 등이 대표적으로 있고, 조특법상에서는 통합고용세액공제, 통합투자세액공제 등이 대표적으로 있다.

넷째, ④의 세액감면은 감면소득이 발생한 경우 산출세액에 감면비율(5~100%)을 곱해 감면하는 것을 말한다. 이에는 창업중소기업 세액감면, 중소기업 특별세액감면 등이 있다.

≫ 사업자는 특히 종합소득공제와 세액공제, 세액감면 등 세 가지 제도에 관심을 더 두기 바란다. 알게 모르게 새는 경우가 많기 때문이다.

2. 적용 사례

사례를 통해 앞의 내용을 확인해보자.

> **[자료]**
> · 업종 : 성형외과
> · 수입금액 : 10억 원
> · 필요경비(비용) : 4억 원
> · 종합소득공제 : 1,000만 원
> · 해당 연도에 종전 의료기기가 낡아 신품을 1억 원에 샀음.
> · 사업장은 수도권 과밀억제권역 안에 위치함.
> · 기타 사항은 무시하기로 함.

Q1 이 사업자는 얼마의 소득세가 예상되는가?

앞의 계산구조의 틀에다 대입하면 다음과 같다.

구분	금액	비고
당기순이익	6억 원	10억 원-4억 원
±세무조정	–	
=소득금액①	6억 원	
-소득공제②	1,000만 원	
=과세표준	5억 9,000만 원	
×세율	42%	
-누진공제	3,594만 원	
=산출세액	2억 1,186만 원	
-세액공제③	1,000만 원	1억 원×10%
-세액감면④	–	
+가산세⑤	–	
=결정세액	2억 186만 원	
-기납부세액	–	
=납부할 세액	2억 186만 원	

Q2 이 사업자는 동종업계에 비해 세금을 내는 수준은 어떻게 평가되는가?

이는 소득금액을 수입금액으로 나눈 비율로 측정한다. 국세청 홈택스상의 단순경비율을 찾아 비교해볼 수 있다.

- 사례의 신고소득률=소득금액 6억 원/수입금액 10억 원=60%
- 동업업계 신고소득률=57.3%

Q3 이 사업자의 종합소득공제는 1,000만 원으로 주어졌다. 종합소득공제를 추가할 수 있는 항목들은 무엇이 있을까?

이를 위해서는 소법과 조특법 등에서 규정한 내용을 살펴봐야 한다. 조특법상 공제제도는 다음과 같은 것이 있다.

- 노란우산공제
- 벤처기업투자소득공제 등

Q4 이 사업자는 의료기기를 신품으로 샀다. 이 경우 투자세액공제를 처리했는데 이는 어느 규정을 따르는가?

조특법 제24조를 적용한 결과다. 이 규정에 따르면 중소기업에 해당하는 사업자가 수도권 과밀억제권역 내에서 대체 투자하는 경우 투자액의 10~13%(2023년은 최대 22%)를 공제한다. 다만, 이러한 투자세액공제액의 20%는 농특세로 내야 한다.

≫ 만일 당해 연도 이전에 구입한 의료기기에 대해 세액공제가 누락된 경우 경정청구를 하면 환급받을 수 있다(5년간 적용).

Q5 이 사업자는 조특법상 중소기업 특별세액감면을 받을 수 있을까?

그렇지 않다. 의원은 다음에 해당해야 감면이 적용되는데 사례의 성형외과는 이와 무관하기 때문이다.

> 의료법에 따른 의료기관을 운영하는 사업(의원·치과의원 및 한의원은 해당 과세연도의 수입금액에서 국민건강보험법 제47조에 따라 지급받는 요양급여비용이 차지하는 비율이 100분의 80 이상으로서 해당 과세연도의 종합소득금액이 1억 원 이하인 경우에 한정한다)

✏️ **Tip** 종합소득세 신고 시 챙겨야 할 절세 포인트

- 운영하는 업종의 표준소득률(국세청 홈페이지 조회 가능)을 확인하여 적정 세금을 확인한다.
- 장부작성 시 감가상각비 등을 통해 소득률을 조정한다. 참고로 감가상각비는 장부에 임의계상이 가능하다.
- 사적인 경비는 원칙적으로 비용으로 인정받지 못함에 유의해야 한다.
- 종합소득공제는 준비를 통해 최대한 많이 받도록 한다.
- 세액감면(중소기업 특별세액감면 등)과 세액공제(통합고용세액공제, 통합투자세액공제

등) 등은 빠짐없이 받도록 한다.

- 11월에 선납한 중간예납세액을 빠뜨리지 않는다.
- 손해를 본 경우에 발생하는 결손금은 15년간 이월해서 공제를 받을 수 있다.
- 이익이 과다한 경우 적극적으로 법인전환을 고려한다.

✏️ Tip 사업자 본인의 건강보험·국민연금 관리 포인트[관할 공단 홈페이지 참조]

1. 건강보험

사업자는 원칙적으로 지역에서 건강보험료를 내야 한다. 5월에 신고한 종합소득세 자료, 공적연금 자료 등을 바탕으로 그해 11월부터 보험료가 부과된다. 이때 소득분만 아니라, 자동차와 재산 등을 점수화해서 그에 맞는 보험료를 산정한다. 그런데 여기서 두 가지 예외 상황이 있다.

- 만일 직원을 고용한 경우라면→직장 가입자가 되어 자신의 소득에 맞춘 건강보험료를 내야 한다(초기는 직원의 급여를 기준으로 납부).
- 직장인이 사업주라면→직장소득 외 종합소득금액(수입-비용)이 연간 2,000만 원 초과 시 그 초과분에 대해 지역에서 보험료(2,000만 원 초과분/12개월×7.09%)가 별도로 부과된다.

≫ 사업실적이 좋지 않음에도 건강보험료가 많이 나온다면, 직원채용으로 직장 가입자가 되는 등의 대책을 마련해보자(저자 문의).

2. 국민연금

건강보험처럼 지역에서 내야 한다. 다만, 이 경우에도 다음과 같은 예외 상황이 있다.

- 만일 직원을 고용한 경우라면→사업장에서 납부한다.
- 직장인이 사업주라면→직원을 고용하지 않거나, 고용한 경우라도 직장소득이 590만 원(국민연금 상한 소득)을 초과하면 사업장에서 내지 않아도 된다.

≫ 사업실적이 좋지 않으면 납부유예를 신청하는 것도 하나의 방법이다.

Q 사업자도 실업급여를 받을 수 있을까?

받을 수 있다. 다만, 이를 받기 위해서는 사업자도 고용보험에 가입해 매월 고용보험료를 납부해야 한다. 이후 1년 이상 자격을 유지하고 비자발적 폐업 등이 발생하면 일정 기간 동안 실업급여를 받을 수 있다. 자세한 내용은 고용노동부 홈페이지를 통해 확인하기 바란다.

사업자의 종합소득공제 적용법

사업자가 소득세를 줄이기 위해서는 일차적으로 앞에서 본 소득금액을 적절히 조절할 수 있어야 한다. 이것은 어떤 상황에서도 가장 기본이 된다. 하지만 종합소득공제와 세액공제, 그리고 세액감면제도도 그에 못지않게 세금을 줄일 수 있는 요소가 된다. 다만, 그 적용요건이 다소 까다로우므로 정확한 법 적용을 통해 세금감소 효과를 얻는 것이 좋다. 먼저 종합소득공제부터 살펴보자.

1. 종합소득공제

종합소득공제는 사업자의 특수한 사정을 반영해 종합소득(근로소득, 사업소득 등)금액에서 일정액을 공제하는 제도를 말한다. 예를 들어 2명의 사업자가 똑같이 1억 원의 소득을 얻었지만 1명은 독신, 다른 1명은 가족이 있는 경우 후자에게 소득공제액을 높여 그의 세 부담을 줄여주기 위한 취지가 있다. 그런데 이 공제에는 다양한 항목들이 있는데 근로자에게만 적용되는 것이 있고, 사업자에게도 적용되는 것들이 있다. 우선 이 제도를 요약해보자.

종합소득공제			적용 대상자
구분		내용	
인적 소득 공제	기본공제	본인 및 부양가족(자녀 20세 이하) 1인당 150만 원	사업자/ 근로자
	추가공제	· 경로우대공제 70세 이상 : 100만 원 · 장애인 공제 : 200만 원 · 맞벌이 부녀자 공제 : 50만 원	
연금보험료 공제		국민연금 등 공적연금의 납입액 전액	
특별 소득 공제	건강· 고용보험료	전액 소득공제(사업자는 필요경비)	근로자
	주택자금 공제	· 주택마련저축이나 임차 차입금 상환, 장기 주택 저당 차입금 이자 · 한도 300만 원 또는 500만 원(고정금리로 차입 시는 1,800만 원, 2024년부터 600~2,000만 원 적용예정)) ≫ 월세는 세액공제로 적용함.	
조특법상 소득 공제	신용카드 소득공제	· 신용카드 사용금액이 연봉의 25%를 초과해야 함. · 한도 : 300만 원과 총급여액의 20% 중 적은 금액	근로자
	노란우산 공제	· 중소기업협동조합법상의 소기업·소상공인 대상 · 연간 납입액의 200~500만 원을 한도로 100% 공제	사업자
	벤처투자 소득공제	· 벤처기업 등에 투자 시 · 투자 금액의 10~100% 소득공제(종합소득금액의 50% 한도)	근로자/ 사업자

① 기본공제

기본공제는 사업자 본인과 배우자, 그리고 부양가족 1명당 150만 원을 공제하는 제도를 말한다. 4인 식구라면 모두 600만 원의 공제 혜택을 누릴 수 있다. 다만, 자녀의 경우 만 20세 이하에 해당해야 하며, 직계존속의 경우 만 60세 이상에 해당해야 한다. 한편 부부가 맞벌이하는 경우에는 배우자의 소득금액이 100만 원 이하에 해당해야 기본공제 대상자가 된다. 여기서 소득금액은 수입에서 비용을 차감한 금액을 말하며, 근로소득자의 경우 연봉이 500만 원에 미달하면 이 금액이 된다.

이 외 장인이나 장모에 대한 기본공제를 사위가 받는 것도 가능하다. 이러한 공제를 받을 때는 다른 형제자매들은 받지 않아야 한다.

② 추가공제

앞의 기본공제대상자 중에 경로우대자와 장애인, 맞벌이 여성 등이 있으면 추가로 50~200만 원을 공제하는 제도를 말한다. 여기서 경로우대자는 70세 이상을 말하며 1인당 100만 원을 소득공제한다. 한편 장애인은 1인당 200만 원을 추가하며, 맞벌이 여성은 소득금액 3,000만 원 이하일 때에만 50만 원을 공제한다.

③ 기타공제

이 외 종합소득공제에는 국민연금보험료와 노란우산공제 등이 있다. 국민연금보험료는 전액 공제되며, 사업자들만 가입할 수 있는 노란우산공제는 가입금액 중 200~500만 원 사이에서 소득공제가 된다. 한편 사업자가 납부한 건강보험료는 소득공제가 아닌 장부처리를 할 때 비용으로 계상한다. 이 외에도 벤처기업 등에 투자하는 경우 투자 금액의 10~100%(단, 종합소득금액의 50% 한다)까지 소득에서 공제한다. 다음을 참조하기 바란다.

※ 조특법 제16조 [벤처투자조합 출자 등에 대한 소득공제]

① 거주자가 다음 각 호의 어느 하나에 해당하는 출자 또는 투자를 할 때는 2025년 12월 31일까지 출자 또는 투자한 금액의 100분의 10(3,000만 원 이하 분은 100분의 100, 3,000만 원 초과분부터 5,000만 원 이하 분까지는 100분의 70, 5,000만 원 초과분은 100분의 30)에 상당하는 금액(해당 과세연도의 종합소득금액의 100분의 50을 한도로 한다)을 투자일이 속하는 과세연도의 종합소득금액에서 공제한다.

  1. 벤처투자조합, 신기술사업투자조합 또는 전문투자조합에 출자

하는 경우

2. 벤처기업육성에 관한 특별조치법에 따라 벤처기업 등에 투자하는 경우 등

2. 적용 사례

사례를 통해 앞의 내용을 확인해보자.

[자료]
· 사업수입금액 : 5억 원
· 필요경비 : 4억 원
· 신용카드 사용금액 : 5,000만 원
· 본인, 배우자, 20세 이하 자녀 2명
· 배우자는 근로소득이 연간 500만 원이 있음.

Q1 기본공제액은 얼마인가?

기본공제는 본인과 배우자, 20세 이하 자녀 2명 등 총 4명에 대해 150만 원씩 적용하면 600만 원이 된다.

Q2 배우자는 근로소득이 있음에도 불구하고 기본공제대상자가 되는가?

거주자와 생계를 같이하는 부양가족이 해당 거주자의 기본공제대상자가 되기 위해서는 해당 부양가족의 연간 소득금액 합계액이 100만 원 이하인 자 또는 총급여액 500만 원 이하의 근로소득만 있는 부양가족에 해당해야 한다. 사례의 경우에는 이 조건에 부합한다(소득세 집행기준 50-0-2).

Q3 사례자는 신용카드에 대한 소득공제는 받을 수 없는가?

그렇다. 사업자는 필요경비로 처리하기 때문이다.

Q4 사례의 과세표준과 산출세액은?

구분	금액	비고
수입금액	5억 원	
−필요경비	4억 원	
=이익	1억 원	
−종합소득공제	600만 원	
=과세표준	9,400만 원	
×세율	35%	
−누진공제	1,544만 원	
=산출세액	1,746만 원	

※ 소득세 외에 소득세의 10%로 지방소득세가 부과된다.

사업자들의 세액공제 적용법

사업자가 세금을 줄이기 위해서는 세액공제를 중요하게 여길 필요가 있다. 사업자가 투자나 고용 등을 늘리는 경우 다양한 세제 혜택이 주어지기 때문이다. 그런데 일부 사업자들의 경우 비용처리에만 매몰되다 보니 이러한 공제를 놓치는 경우가 많다. 참고하기 바란다.

1. 세액공제제도

세액공제는 소득세 산출세액에서 일정한 금액을 차감하는 제도다. 조세 정책적인 목적으로 투자나 지출 등을 장려하기 위해 특별히 세금을 줄여주는 제도에 해당한다. 일단 이 제도를 요약하면 다음과 같다.

참고로 세액공제제도는 수시로 개정이 되는 경우가 많다. 정부에서 이 제도를 통해 다양한 효과를 내고자 하는 측면이 있기 때문이다. 예를 들어 고액기부를 활성화하기 위해 2024년에 기부하면 3,000만 원의 초과분에 대해 40%를 세액공제 할 예정이다. 따라서 세 부담이 많은 사업자는 세액공제나 세액감면제도를 적극적으로 검토해보는 것이 좋을 것으로 보인다.

세액공제			적용 대상자
자녀 세액공제		자녀 1명 15만 원, 2명 30만 원, 3명 50만 원 등	사업자/근로자
특별 세액 공제	보험료 세액공제	· 다음 한도 내 보험료의 12%를 세액공제 – 생명·손해 보험료 : 100만 원 – 장애인 전용 보장성 보험료 : 100만 원	근로자
	교육비 세액공제	· 다음 한도 내 보험료의 15%를 세액공제 – 본인 : 대학원 학비까지 전액 – 유치원·초중고 : 300만 원 – 대학생 : 900만 원	근로자/성실 신고사업자
	의료비 세액공제	· 다음 한도 내 보험료의 15%를 세액공제(단, 총 급여액의 3% 초과해서 지출) – 700만 원(본인은 한도 없음)	
	기부금 세액공제*	· 다음 한도 내 보험료의 15%(1,000만 원 초과분은 30%, 3,000만 원 초과분은 40%안)를 세액공제 – 국가 등 : 전액 공제 – 종교단체 등에 기부 : 근로소득금액 10~30% 공제	근로자
연금계좌 세액공제		600~900만 원 한도 내에서 지출액의 12~15%를 세액공제	근로자/사업자
월세 세액공제		월세 지출액의 15~17% 세액공제(750만 원 한도)	근로자/성실 신고사업자
기장 세액공제		간편장부대상자가 복식장부를 작성한 경우 100만 원 한도 내에서 세액공제	사업자
조특법상 세액공제		· 통합투자세액공제 : 10% 이상 · 통합고용세액공제 : 최고 1,550만 원 · 연구개발비 세액공제 등	사업자

* 성실신고확인서를 제출해 종합소득세 신고를 하는 성실신고사업자는 의료비와 교육비 세액공제 적용이 가능하다. 다만, 기부금은 지출한 연도에 필요경비에 산입해야 한다.

앞의 내용 중 주요 내용만 대략 살펴보자.

① 자녀 세액공제

사업자의 기본대상자인 자녀 중 8세 이상인 자녀가 1명 있는 경우에는 15만 원, 2명 있는 경우에는 30만 원, 3명 이상이 경우에는 30만 원과 2명을 초과하는 1명당 30만 원을 합한 금액을 세액에서 공제한다. 참고로 출산이나 입양한 자녀가 있는 경우에는 자녀의 수에 따라 30~70만 원을 추가로 세액에서 공제한다.

② 특별세액공제

원래 의료비나 교육비 세액공제는 근로자에게 적용하나 성실신고사업자들도 이에 대한 공제를 받을 수 있다(의료비는 지출액의 10~30%, 교육비는 한도 내 지출액의 15% 공제). 한편 이 외에 월세는 한도 내 지출액의 15~17%를 공제한다. 세부적인 내용은 조특법(제122조의3), 소법(제59조의3 등)을 참조하기 바란다.

③ 연금계좌 세액공제

사업자가 노후대비를 위해 연금저축에 가입한 경우 납부한 금액의 100%를 600~900만 원 한도 내에서 12~15%만큼 세액공제를 적용한다.

④ 기장 세액공제

간편장부대상자가 복식부기로 기장을 해서 소득세를 신고하면 산출세액의 20%를 100만 원 한도 내에서 세액공제를 적용한다. 여기 간편장부대상자란 업종별로 전년도 매출액이 도소매업 등 3억 원, 음식업 등 1억 5,000만 원, 서비스업 등 7,500만 원에 미달하는 사업자를 말한다.

⑤ 통합투자세액공제

사업자가 기계장치 같은 사업용 유형자산(운영 리스나 중고품은 제외)에 투자한 경우 투자 금액의 10% 이상을 세액에서 공제한다. 다만, 이 제도는 주로 수도권 과밀억제권역 밖에 소재한 기업에 적용한다(조특법 제130조).

※ 수도권 과밀억제권역 내의 투자에 대한 세액공제 적용 판단

구분	1990. 1. 1 이후 사업개시		1989. 12. 31 이전 사업개시	
	증설 투자*	대체 투자	증설 투자	대체 투자
일반기업	X	X	X (산업단지·공업지역○)	○
중소기업	X (산업단지·공업지역○)	○		

* 증설 투자는 신규로 투자하거나 기존 투자를 증설한 것을 말한다. 이의 범위는 다음과 같다.
· 공장인 사업장의 경우 : 사업용 고정자산을 설치하면서 공장의 연면적이 증가되는 투자
· 위 외의 사업장인 경우 : 사업용 고정자산의 수량 또는 해당 사업장의 연면적이 증가되는 투자

⑥ 통합고용세액공제

고용은 국가 입장에서 매우 중요한 덕목이다. 세법은 이러한 기조를 지원하기 위해 고용을 늘리는 기업에 파격적인 세제지원을 해주고 있다. 대표적인 것이 바로 통합고용세액공제(1인당 연간 최대 1,550만 원 등을 지원)가 있다.

가. 기본공제

구분	공제액 (단위:만 원)			
	중소(3년 지원)		중견 (3년 지원)	대기업 (2년 지원)
	수도권	지방		
상시근로자*	850	950	450	-
청년 정규직(34세 이하), 장애인, 60세 이상, 경력단절 여성 등	1,450	1,550	800	400

* 상시근로자는 정규직을 말하며 다음의 경우는 제외된다.
· 계약기간 1년 미만 근로자(총기간이 1년 이상인 경우는 제외)
· 단기간 근로자(단, 1개월 소정근로시간이 60시간인 자는 제외)
· 임원
· 대표자(최대주주)와 배우자, 직계존비속과 친족관계인 등

나. 추가공제

구분	공제액 (단위:만 원)	
	중소	중견
정규직 전환자(1년 지원)	1,300	900
육아휴직 복귀자(1년 지원)		

⑦ 연구개발비 세액공제

기업부설 연구소나 연구개발전담부서를 설치해서 인건비 등 연구개발비를 지출했다면 지출액의 25% 이상을 공제받을 수 있다(조특법 제10조). 다만, 이 공제를 받기 위해서는 법에서 요구하는 요건을 충족해야 함에 유의해야 한다.

≫ 정부에서는 연구개발비 세액공제와 관련해 사전심사제도를 운영하고 있다.

※ 국세청 연구·인력개발비 세액공제 사전심사 제도

☐ (신청인) 연구·인력개발비 세액공제를 적용받고자 하는 내국법인과 거주자(개인사업자)가 신청할 수 있다.

☐ (신청기한) 연구·인력개발비 세액공제를 적용받고자 하는 경우, 법인세(소득세) 신고 전까지 사전심사를 신청할 수 있다.

○ 법인세(소득세) 신고 후에는 세액공제 신고누락분에 대해 경정청구, 수정신고, 기한 후 신고 이전까지 사전심사를 신청할 수 있다.

2. 적용 사례

사례를 들어 앞의 내용을 확인해보자.

[자료]
· 업종 : 제조업
· 수입금액 : 20억 원
· 필요경비 : 14억 9,000만 원
· 종합소득공제 : 1,000만 원
· 당해 연도 고용증가 인원(청년) : 2명(1월 1일 1명, 7월 1일 1명 채용)
· 당해 연도 기계설비 투자액 : 3억 원
· 이 기업은 수도권 밖에 소재함.

Q1 이 사업자의 소득세 산출세액은 얼마나 예상되는가?

구분	금액	비고
수입금액	20억 원	
−필요경비	14억 9,000만 원	
=이익	5억 1,000만 원	
−종합소득공제	1,000만 원	
=과세표준	5억 원	
×세율	40%	
−누진공제	3,594만 원	
=산출세액	1억 6,406만 원	

Q2 이 사업자는 고용을 증가시키는 데 따른 세제 혜택을 받을 수 있는가?

그렇다. 이 경우 수도권 밖의 소재 기업이 청년을 고용을 증가시키면 1인당 최대 1,550만 원을 세액에서 공제한다. 이 제도는 고용이 줄어들지 않는 이상 최대 3년간 적용된다(단, 2024년까지 종전의 고용증대 세액공제 및 사회보험료 세액공제 중 선택해서 적용 가능하다).

<첫 연도 세액공제액>

- 상시 청년근로자 증가 인원 : 1명×12개월/12개월+1명×6개월/12개월=1.5명
- 공제액 : 1.5명×1,550만 원=2,325만 원

<두 번째와 세 번째 연도 세액공제액>

고용이 계속 유지되면 다음의 금액을 세액에서 공제한다.

- 상시 청년근로자 유지 인원 : 1명×12개월/12개월+1명×12개월/12개월=2명
- 공제액 : 2명×1,550만 원=3,100만 원

⟫ 만일 첫 년에도 공제를 받고 그 이후에 고용이 감소하면 두 번째 이후의 공제는 받을 수 없고 이미 받은 공제액은 추징하게 된다. 참고로 이 공제는 수도권 전체에 적용된다.

Q3 이 사업자는 기계설비에 3억 원을 투자했다. 이 경우 어떤 세제 혜택을 받을 수 있을까? 단, 기본공제 10%를 적용하기로 한다.

앞의 사업이 중소기업에 해당하면 기본적으로 투자 금액의 10%를 세액공제를 받을 수 있다. 이 외 3%의 추가공제가 적용된다.

- 통합투자세액공제 : 3억 원×10%=3,000만 원

⟫ 사례의 경우 수도권 과밀억제권역 밖에 소재하므로 조특법 제130조의 규정을 적용받지 않는다. 참고로 2023년에 투자 시에는 공제율이 상향조정된다(중소기업의 경우 10%→12%, 추가공제 3%→10%).

Q4 통합고용세액공제와 통합투자세액공제는 중복해서 받을 수 있는가?

조특법 제127조(중복지원의 배제)를 적용받지 않는다. 따라서 중복적용을 받을 수 있다.

≫ 고용증대는 국가의 입장에서 매우 중요하다. 이러한 취지에 따라 중복공제를 허용하는 경우가 있다.

Q5 만일 앞의 사업자가 수도권 내에서 사업을 영위하면 앞의 공제는 어떻게 적용되는가?

구분	통합고용세액공제	통합투자세액공제
적용 범위	수도권 내도 적용	수도권 과밀억제권역 밖만 적용 (단, 대체 투자는 예외)
물음에 대한 답변	공제액 인하 : 1,550만 원→1,450만 원	· 과밀억제권역 내 : 적용 불가 (대체 투자는 가능) · 과밀억제권역 밖 : 적용 가능

Q6 세액공제를 받으면 농특세를 내야 하는가?

농특세는 세액공제의 20%가 부과되는 것이 원칙이다.

- 농특세가 과세되는 경우→조특법상 세액공제나 감면 등에 대해서는 원칙적으로 감면세액의 20%로 이를 부과한다(단, 창업중소기업 세액감면, 중소기업 특별세액감면 등은 농특세가 비과세된다).
- 농특세가 비과세되는 경우→위 외 법에서 규정한 감면 등에 대해서는 이를 부과하지 않는다.

Tip 조특법 집행기준 6-2-1 [중소기업의 범위]

① 중소기업 등에 대한 투자세액공제 대상 중소기업은 다음 표의 요건을 모두 갖춘 기업을 말한다. 다만, 자산총액이 5,000억 원 이상이면 중소기업으로 보지 아니한다. 참고로 요건은 다른 감면규정에서도 같은 잣대로 사용된다.

규모 기준	매출액이 업종별로 중소기업기본법 시행령 별표 1에 따른 규모 기준 ('평균매출액 등'은 '매출액'으로 봄) 이내일 것
독립성	독점규제 및 공정거래에 관한 법률 제31조 제1항에 따른 공시대상기업집단에 속하는 회사 또는 같은 법 제33조에 따라 공시대상기업집단의 국내 계열회사로 편입·통지된 것으로 보는 회사에 해당하지 않으며, 실질적인 독립성이 중소기업기본법 시행령 제3조 제1항 제2호에 적합할 것
업종기준	주된 사업이 조특법 시행령 제29조 제3항에 따른 소비성 서비스업*이 아닐 것 * 호텔업, 여관업 및 주점업

② 중소기업기본법 시행령 표 1에 따른 주된 업종별 매출액의 중소기업 규모 기준

규모 기준	업종
매출액 1,500억 원 이하	제조업(의복, 가죽, 펄프, 1차 금속제조업, 전기장비, 가구제조업)
매출액 1,000억 원 이하	농업, 광업, 식료품 제조업, 담배 제조업, 도소매업, 건설업,
매출액 800억 원 이하	음료 제조업, 의료기기 제조업, 운수 및 창고업, 정보서비스업 등
매출액 600억 원 이하	전문, 과학 및 기술 서비스업, 예술, 스포츠 및 여가 관련 서비스업 등
매출액 400억 원 이하	숙박 및 음식점업, 부동산업, 임대업, 교육서비스업 등

소기업이란 중소기업 중 매출액이 업종별로 중소기업기본법 시행령 별표 3을 준용해서 산정(이 경우 '평균 매출액 등'은 '매출액'으로 본다)한 다음의 규모 기준 이내인 기업을 말한다.

구분	매출액
제조업, 전기·가스·수도사업 등	120억 원
농업, 광업, 건설업 등	80억 원
도소매업, 출판업 등	50억 원
전문·과학·기술 서비스업 등	30억 원
숙박·음식점업 등	10억 원

사업 관련 세액 감면받는 방법

세액감면제도는 앞에서 본 세액공제와는 달리 사업자의 소득 중 감면소득에 해당하는 산출세액을 일정한 비율로 조세 부담을 낮추는 제도를 말한다. 예를 들어 전체 산출세액이 1억 원이고 이 중 감면소득이 차지하는 비율이 100%이고 감면율이 10%라면 1,000만 원을 경감한다. 다음에서는 사업자가 알아두면 좋을 몇 가지 세액감면제도를 알아보고자 한다.

1. 감면세액의 계산

감면세액은 별도의 규정이 있는 경우를 제외하고는 다음과 같이 계산한다.

감면세액=소득세 산출세액×(감면대상 소득금액-이월결손금*, 비과세소득, 소득공제)×감면율/과세표준

* 이 경우 감면대상 소득금액에서 차감하는 이월결손금 등이 감면사업에서 발생한 것이면 전액을 차감하되 감면사업에서 발생한 것인지 불분명할 때에는 각 사업연도 소득금액 중 감면대상 소득금액이 차지하는 비율을 곱한 금액만큼만 차감함.

2. 대표적인 세액감면제도

1) 창업중소기업 세액감면

창업중소기업에 대한 세액감면은 조특법 제6조에서 정하고 있다. 이를 요약하면 다음과 같다.

① 감면 내용

구분	수도권 과밀억제권역 밖에 소재 여부	청년(34세 이하)에 해당 여부	감면율	감면 기간
1. 일반 창업자	○	○	100%	5년 (당해 연도 포함)
	X	○	50%	
	○	X	50%	
2. 창업 보육센터 사업자	-		50%	
3. 벤처중소기업	-		50%	
4. 에너지 신기술 중소기업	-		50%	
5. 앞의 특례*	조특법 제4항~제7항 참조		75% 등	

* 매출액이 8,000만 원 이하인 소규모 사업자는 5년간 50(과밀 안)~100%(과밀 밖)를 감면받을 수 있다.

② 감면요건

앞의 감면을 받기 위해서는 다음과 같은 요건을 갖춰야 한다. 단, 일반 창업자의 경우를 위주로 보자. 표의 나머지 2~5의 감면은 조문을 통해 확인하기 바란다.

첫째, 창업요건을 충족할 것

창업이란 중소기업을 새로이 설립하는 것을 말하는 것으로 법인의 경우 창업일은 법인설립등기일이고, 개인사업자의 경우 소법 또는 부가세법에 따른 사업자등록을 한 날이 된다(조세특례 집행기준 6-0-2). 기타 창업에 대한 요건은 다음 집행기준을 참조하자.

※ 조세특례 집행기준 6-0-2 [창업의 범위]

①~③ 생략

③ 다음 각 호의 어느 하나에 해당하면 창업으로 보지 아니한다.

1. 합병·분할·현물출자 또는 사업의 양수를 통해 종전의 사업을 승계하거나 종전의 사업에 사용되던 자산을 인수 또는 매입하여 같은 종류의 사업을 하는 경우. 다만, 인수 또는 매입한 자산이 창업 당시 토지와 사업용자산 총액의 30% 이하인 경우 및 사업 일부를 분리하여 해당 기업의 임직원이 사업을 개시하는 경우로서 조특법 시행령 제5조 제21항 각 호의 요건을 모두 갖추면 창업으로 본다.

2. 거주자가 하던 사업을 법인으로 전환하여 새로운 법인을 설립하는 경우

3. 폐업 후 사업을 다시 개시하여 폐업 전의 사업과 같은 종류의 사업을 하는 경우

4. 사업을 확장하거나 다른 업종을 추가하는 경우 등 새로운 사업을 최초로 개시하는 것으로 보기 곤란한 경우

④ 타인의 사업 승계 시 종전사업자가 생산하는 제품과 같은 제품을 생산하는 동종의 사업을 영위하는 경우 창업에 해당하지 아니하는 것이다.

⑤ 부동산 임대업을 영위하는 개인사업자가 기존 사업장과 다른 사업장에서 제조업을 새로이 개시하는 경우에는 창업에 해당한다.

둘째, 업종요건을 충족할 것

창업중소기업 세액감면은 모든 업종에 적용되는 것은 아니다. 법에

서 열거가 되어 있어야 한다. 참고로 구체적인 업종은 통계청의 한국표준산업분류표에서 확인해야 한다.

적용 업종	제외
1. 광업	
2. 제조업(제조업과 유사한 사업으로서 대통령령으로 정하는 사업을 포함한다)	
3. 수도, 하수와 폐기물처리, 원료 재생업	
4. 건설업	
5. 통신판매업	
6. 대통령령으로 정하는 물류 산업	
7. 음식점업(한식점업 등을 말함. 요정이나 생맥주 전문점, 카페는 음식점업이 아님에 주의)	
8. 정보통신업(부가세 과세사업자인 유튜버 포함)	다만, 다음 각 목의 어느 하나에 해당하는 업종은 제외한다. - 비디오물 감상실 운영업, 뉴스 제공업, 블록체인 기반 암호화 자산 매매 및 중개업
9. 금융 및 보험업 중 대통령령으로 정하는 정보통신을 활용해서 금융서비스를 제공하는 업종	
10. 전문, 과학 및 기술 서비스업(엔지니어링사업을 포함)	다만, 다음 각 목의 어느 하나에 해당하는 업종은 제외한다. - 변호사업, 변리사업, 법무사업, 공인회계사업, 세무사업, 수의사업, 행정사업, 건축사법
11. 사업시설 관리, 사업지원 및 임대서비스업 중 다음 각 목의 어느 하나에 해당하는 업종 가. 사업시설 관리 및 조경 서비스업 나. 사업지원 서비스업(고용 알선업 및 인력 공급업은 농업노동자 공급업을 포함한다)	
12. 사회복지 서비스업	
13. 예술, 스포츠 및 여가 관련 서비스업(헬스장 운영은 포함되나 필라테스 운영이나 연예인 등은 제외됨에 주의)	다만, 다음 각 목의 어느 하나에 해당하는 업종은 제외한다. - 자영 예술가, 오락장 운영업, 수상오락 서비스업, 사행시설 관리 및 운영업, 그 외 기타 오락 관련 서비스업

적용 업종	제외
14. 협회와 단체, 수리 및 기타 개인 서비스업 중 다음 각 목의 어느 하나에 해당하는 업종 가. 개인 및 소비 용품 수리업 나. 이용 및 미용업	
15. 학원의 설립·운영 및 과외교습에 관한 법률에 따른 직업기술 분야를 교습하는 학원을 운영하는 사업 또는 국민 평생 직업능력 개발법에 따른 직업능력개발훈련 시설을 운영하는 사업(직업능력개발훈련을 주된 사업으로 하는 경우로 한정한다)	
16. 관광진흥법에 따른 관광숙박업, 국제회의업, 유원시설업 및 대통령령으로 정하는 관광객 이용시설업	
17. 노인복지법에 따른 노인복지시설을 운영하는 사업	
18. 전시산업발전법에 따른 전시산업	

셋째, 장부를 작성해서 신청할 것

복식부기 의무자가 추계신고 시에는 종합소득세를 신고하지 않은 것으로 보며, 무신고 시에는 창업중소기업 세액감면과 중소기업 특별세액감면을 적용받을 수 없다. 따라서 감면을 위해서 장부작성은 필수다.

2) 중소기업 특별세액감면

중소기업에 대한 특별세액감면은 조특법 제7조에서 정하고 있다. 이를 요약하면 다음과 같다.

① 감면 내용

세법에서 정한 요건을 충족한 중소기업에 대해서는 다음과 같이 세액감면을 적용한다.

<소기업의 감면비율>

구분	수도권	수도권 외
도매 및 소매업, 의료업*	10%	10%
기타 업종	20%	30%

* 의료법에 따른 의료기관을 운영하는 사업(의원·치과의원과 한의원은 해당 과세연도의 수입금액에서 국민건강보험법 제47조에 따라 받는 요양급여비용이 차지하는 비율이 100분의 80 이상으로서 해당 과세연도의 종합소득금액이 1억 원 이하인 경우로 한정한다)

<중기업의 감면비율>

구분	수도권	수도권 외
도매 및 소매업, 의료업	–	5%
기타 업종	– (지식기반산업* : 10%)	15%

* 지식기반산업 : 엔지니어링사업, 전기통신업, 연구개발업, 컴퓨터 프로그래밍, 시스템 통합 및 관리업, 영화·비디오물 및 방송프로그램 제작업, 전문디자인업, 오디오물 출판 및 원판 녹음업, 광고업 중 광고물 도안, 도안 및 설계 등 작성업, 소프트웨어 개발 및 공급업, 방송업, 정보서비스업, 서적, 잡지 및 기타 인쇄물 출판업, 창작 및 예술관련 서비스업(자영 예술가는 제외한다), 보안시스템 서비스업

≫ 내국법인의 본점 또는 주 사무소가 수도권에 있는 경우에는 모든 사업장이 수도권에 있는 것으로 보고 앞의 감면비율을 적용한다.

② 감면요건

중소기업 특별세액감면을 적용받기 위해서는 업종 등의 요건을 갖춰야 한다.

첫째, 소기업과 중기업의 요건을 충족할 것

소기업과 중기업의 요건은 앞에서 살펴보았다.

둘째, 업종요건을 충족할 것

조특법 제7조에서 규정하고 있는 업종에 해당해야 한다. 여기에는 창업중소기업 세액감면과는 다르게 정해져 있다. 예를 들어 음식점업(카페는 음식점업이 아님)의 경우 창업중소기업 세액감면은 적용되나, 중소기업 특별세액감면은 적용되지 않는다.

셋째, 감면 한도에 유의할 것

중소기업 특별세액감면은 다음과 같은 한도가 있다.

- 해당 과세연도의 상시근로자 수가 직전 과세연도의 상시근로자 수보다 감소한 경우 : 1억 원에서 감소한 상시근로자 1명당 500만 원씩을 뺀 금액
- 그 밖의 경우 : 1억 원

✏️ Tip 창업중소기업 세액감면과 중소기업 특별세액감면의 비교

구분	창업중소기업 세액감면	중소기업 특별세액감면
근거	조특법 제6조	조특법 제7조
업종	열거 업종	좌동(단, 좌와 상이함)
감면율	50~100%(5년간)	5~30%(감면시한 없음)
감면 한도	없음.	있음(1억 원 등).
두 제도의 중복 적용 여부	둘 중 하나만 선택	

≫ 세액감면이 적용되는 업종의 범위는 먼저 조특법에서 열거된 것을 확인한 후, 구체적인 범위는 번거롭지만 통계청(통계분류포털)의 한국표준산업분류표를 통해 확인하기 바란다.

조세감면 시 주의해야 할 사항

세금감면은 이를 받지 못한 사람과의 과세형평 차원에서 문제가 있으므로 될 수 있는 대로 줄이는 것이 바람직하다. 따라서 여러 항목에 걸쳐서 감면대상이 될 때는 원칙적으로 그중 한 개에 대해서만 감면을 받을 수 있도록 하고, 수도권 인구집중을 억제하기 위해 투자세액공제를 제한하고 있다. 다음에서 이에 대해 알아보자.

1. 중복지원 배제(조특법 제127조)

중복지원 배제는 과도한 감면을 배제하려는 조치에 해당한다. 자세한 것은 조특법 제127조를 참조하자. 그런데 실무에서는 이와 관련해 많은 실수가 발생하고 있다. 조특법상 세액공제와 감면 중 중복지원이 가능한 것과 그렇지 않은 것을 구분하는 것이 매우 힘들기 때문이다. 예를 들어 통합고용세액공제나 연구개발비 세액공제 등은 우대의 성격이 강하므로 다른 세액감면과 중복해서 공제를 받을 수 있다. 하지만 창업 중소기업 세액감면과 중소기업 특별세액감면은 둘 중 하나만 받을 수 있다.

구분	내용
투자세액공제 상호 간	다음의 항목이 동시에 해당하면 **하나만을 선택**할 수 있다. · 통합투자세액공제(제24조, 10% 등) · 고용창출투자세액공제(제26조, 3% 등) · 연구 및 인력개발을 위한 설비 투자에 대한 세액공제(제11조, 10%) 등
세액감면과 투자세액공제 상호 간	다음의 세액감면제도와 앞의 세액공제규정이 동시에 적용되는 경우 **하나만을 선택**할 수 있다. · 창업중소기업에 대한 세액감면(제6조) · 중소기업에 대한 특별세액감면(제7조) · 수도권 외 지역 이전 중소기업에 대한 세액감면(제63조) · 법인의 공장 및 본사의 수도권 생활지역 외의 지역으로의 이전에 대한 임시 특별세액감면(제63조의2) ≫ 고용 관련 세액공제는 세액감면과 중복적용이 가능하므로 반드시 세무전문가로부터 확인을 받은 것이 좋을 것으로 보인다.*
세액감면 상호 간	같은 사업장에서 세액감면 규정이 다음 중에서 2개 이상 해당 시 그중 **하나만을 선택**해야 한다. · 창업중소기업에 대한 세액감면(제6조) · 중소기업에 대한 특별세액감면(제7조) · 수도권 외 지역 이전 중소기업에 대한 세액감면(제63조) · 법인의 공장 및 본사의 수도권 생활지역 외의 지역으로의 이전에 대한 임시 특별세액감면(제63조의2)

* 조특법 제127조 [중복지원의 배제]

통합고용세액공제(제29조의8)은 다음 제4항에 열거되지 않았으므로 중소기업 특별세액 등 세액감면을 받더라도 이 공제를 받을 수 있을 것으로 보인다.

④ 내국인이 동일한 과세연도에 제6조, 제7조, 제12조의2, 제31조 제4항·제5항, 제32조 제4항, 제62조 제4항, 제63조 제1항, 제63조의2 제1항, 제64조, 제66조부터 제68조까지, 제85조의6 제1항·제2항, 제99조의9 제2항, 제99조의11 제1항, 제104조의24 제1항, 제121조의8 , 제121조의9 제2항, 제121조의17 제2항, 제121조의20 제2항, 제121조의21 제2항 및 제121조의22 제2항에 따라 소득세 또는 법인세가 감면되는 경우와 제8조의3, 제13조의2, 제24조, 제25조의6, 제26조, 제30조의4(제7조와 동시에 적용되는 경우는 제외한다), 제104조의14, 제104조의15, 제104조의22, 제104조의25, 제122조의4 제1항 및 제126조의7 제8항에 따라 소득세 또는 법인세가 공제되는 경우를 동시에 적용받을 수 있는 경우에는 그중 하나만을 선택하여 적용받을 수 있다. 다만, 제6조 제7항에 따라 소득세 또는 법인세를 감면받는 경우에는 제29조의7 또는 제29조의8 제1항을 동시에 적용하지 아니한다 (2022. 12. 31 단서개정).

▶ 조세감면이 적용될 때 감면 업종은 통계청의 표준산업분류표에서 확인해야 함에 유의해야 한다.

2. 수도권 과밀억제권역 내 투자 시 투자세액공제 배제

수도권 내에서 투자한 경우 원칙적으로 세액공제 등을 배제하고 있다. 다만, 대체 투자 등은 가능하다.

3. 최저한세의 적용

최저한세제도란 기업이 조세감면을 받을 때 과다한 조세감면의 혜택이 부여되는 것을 방지하기 위해 최소한 일정 수준 이상의 세 부담을 지도록 하는 제도를 말한다(조특법 132). 만일 기업이 최저한으로 내야 하는 세금에 미달하게 세금을 냈다면 조세감면을 받은 부분의 일부를 적용 배제하게 된다. 이러한 최저한세는 다음과 같이 계산한다(조세감면을 받지 않을 때는 최저한세 검토가 불필요하다).

- 최저한세 적용대상 준비금의 손금산입·소득공제를 하지 않는 경우의 과세표준×7%*(일반기업은 10~17%)

  * 참고로 중소기업이 최초로 중소기업에 해당하지 아니하게 된 경우에는 그 최초로 중소기업에 해당하지 아니하게 된 과세연도의 개시일부터 3년 이내에 끝나는 과세연도에는 100분의 8, 그다음 2년 이내에 끝나는 과세연도에는 100분의 9로 한다.

4. 농특세

조특법에 따라 소득세가 부과되지 아니하거나 경감되는 경우로서 다음에 해당하는 감면을 받은 자는 원칙적으로 농특세를 납부할 의무를 진다. 따라서 소법상의 기장 세액공제에는 농특세가 부과되지 않는다.

참고로 농특세율은 감면세액의 20%가 된다.

- 세액공제, 세액면제 또는 감면(중소기업 특별세액감면 등은 제외)
- 비과세, 소득공제
- 이자, 배당소득에 대한 원천징수특례세율의 적용

≫ 참고로 실무적으로 농특세 과세 여부 판단이 힘들 수 있으므로 반드시 세무전문가로부터 확인을 받도록 하자.

사업자가 장부를 작성할 때 가장 애로가 많은 부분이 바로 비용처리에 있다. 아무리 지출액이 크더라도 세법상의 비용(이를 '필요경비'라고 한다)으로 인정받지 못할 가능성이 크기 때문이다. 따라서 이러한 점에 착안해 올바른 필요경비 처리법을 익힐 필요가 있다.

1. 필요경비란

필요경비(必要經費)란 사업에 필수적으로 수반되는 각종 비용을 말한다. 소법 제27조에서는 다음과 같이 사업소득의 필요경비 계산에 관한 내용을 정하고 있다.

> ① 사업소득 금액을 계산할 때 필요경비에 산입할 금액은 해당 과세기간의 총수입금액에 대응하는 비용으로서 일반적으로 용인되는 통상적인 것의 합계액으로 한다.
> ② 해당 과세기간 전의 총수입금액에 대응하는 비용으로서 그 과세기간에 확정된 것에 대해서는 그 과세기간 전에 필요경비로 계상하지 아니한 것만 그 과세기간의 필요경비로 본다.
> ③ 필요경비의 계산에 필요한 사항은 대통령령으로 정한다.

앞의 내용을 간략하게 살펴보자.

첫째, 필요경비는 총수입금액에 대응하는 비용으로 일반적으로 용인되는 통상적인 것의 합계액을 말한다.

• 총수입금액에 대응 : 총수입을 얻기 위해 들어간 원가나 인건비 등

을 말한다.

- 일반적으로 용인되는 통상적인 것 : 수입보다 필요경비가 과다 또는 부당한 경우 등은 필요경비에서 제외될 수 있음을 암시하고 있다.

둘째, 필요경비는 소득세 과세기간(1. 1~12. 31)에 확정된 것만 계상할 수 있다. 따라서 전년도와 다음 연도의 필요경비를 당해 연도로 귀속시킬 수 없다. 이렇게 되면 손익이 올바르게 측정이 되지 않아 소득세가 정확히 나오기 힘들다.

셋째, 소법상의 필요경비로 처리하기 위해서는 법에서 위임한 대통령령에서 구체적으로 열거되어 있어야 한다. 이에 열거되지 않는 비용들은 필요경비에서 제외될 가능성이 크다.

2. 필요경비 규제원리

사업자의 필요경비는 소득금액을 줄이게 되므로 세법에서는 다음과 같이 규제를 한다.

1) 업무 무관

업무와 관련 없는 비용들은 필요경비로 인정되지 않는다. 다만, 실무적으로 해당 경비가 업무와 관련이 있는지, 없는지 이를 구분하기가 쉽지가 않아 일단 장부에 계상해두고 향후 사후검증이나 세무조사 시 해명을 하는 식으로 대응을 하고 있다.

- 유흥비, 골프비, 명품구입비 등

➤ 이러한 업무 무관 비용을 접대비의 계정에 올리면 상대적으로 위험성이 줄어든다. 한도 내에서 지출하는 접대비는 실무상 용인되는 경우가 많기 때문이다.

※ 소득세 집행기준 33-61…1 [사업과 가사에 공통으로 관련되는 비용의 필요경비계산]

사업과 가사에 공통으로 관련되어 지급하는 금액에 대하여 사업과 관련된 필요경비의 계산은 다음 각 호와 같이 한다.

1. 지급금액이 주로 부동산 임대소득 또는 사업소득을 얻는 데 있어서 업무 수행상 통상 필요로 하는 것이고, 그 필요로 하는 부분이 명확히 구분될 때에는 그 구분되는 금액만 필요경비로 산입한다.
2. 사업에 관련되는 것이 명백하지 아니하거나 주로 가사에 관련되는 것으로 인정되는 때에는 필요경비로 산입하지 아니한다.

2) 한도 초과

업무와 관련성이 있는 경비라도 그 한도를 정해 한도 내의 것만 비용으로 인정하는 것을 말한다. 한도 없이 비용을 인정하게 되면 손익을 마음대로 조절할 수 있기 때문이다.

- 접대비→중소기업은 기본적으로 연간 3,600만 원, 일반기업은 1,200만 원이 한도가 된다.
- 감가상각비→창업 때 과세관청에 신고한 상각기간과 상각방법에 따른 감가상각비를 한도로 한다. 참고로 감가상각비는 위 한도 내에서 금액을 결정할 수 있다.
- 업무용 승용차운행비→운행일지를 작성하지 않으면 감가상각비를 포함해 연간 1,500만 원까지 비용으로 인정한다. 운행일지를 작성하면 사용실적에 따른 비용처리를 할 수 있다(간편장부대상자는 이러한 규제가 없다).

3) 과다경비

사업자가 특수관계에 있는 임직원이나 가족, 거래처 등을 대상으로 정상적으로 거래를 하고 그에 관련된 비용처리를 하면 세법상 문제가 없다. 하지만 이 과정에서 세금을 줄이기 위해 비용을 과다하게 계상하면 그 초과금액을 부인하는 식으로 대응한다. 대표적인 것이 바로 통상의 범위를 벗어난 가족의 급여가 된다.

3. 적용 사례

사례를 통해 앞의 내용을 확인해보자.

Q1 마트에서 지출하는 비용은 무조건 세법상 비용으로 인정되지 않는가?

마트에서 지출한 비용이라고 해서 무조건 부인되는 것은 아니다. 사업과 관련된 물품(식자재나 소모품 등)비는 필요경비에 해당하기 때문이다.

Q2 사업자가 지출한 해외 시찰비도 비용으로 인정되는가?

업무와 관련된 경우에는 비용으로 인정된다.

※ 소득, 서면 인터넷방문상담 1팀-120, 2007. 1. 22

업무와 관련 있는 해외 시찰·훈련비는 필요경비에 산입할 수 있는 것이며, 업무 수행상 필요하다고 인정되는 해외여비인지는 여행의 목적, 여행지, 여행 기간, 수행한 업무의 내용 등을 참작하여 사실 판단할 사항임.

Q3 K 씨는 가수로 연간 1,000만 원을 의상비로 지출했다. 비용으로 인정되는가?

출연을 위해 지출한 의상비는 사업과 관련성이 있다고 보이므로 비용으로 인정하는 것이 타당하다. 다만, 이는 사실판단의 문제에 해당하므로 사전에 세무전문가로부터 확인을 받는 것이 좋을 것으로 보인다.

※ 서일46011-11106, 2002. 8. 27
[제목]
연예인의 치아교정비 등의 필요경비 포함 여부

[요지]
사업소득이 있는 거주자가 지출한 본인의 의료비 등은 가사 관련 경비에 해당하므로 필요경비에 불산입하는 것임.

※ 질의내용 요약
TV 탤런트로 30년 이상의 경력을 가지고 활동하는 납세자가 노령화로 얼굴 모습이 나빠지기 시작해서 치아 전체를 약 4,000만 원을 들여 교정했음. 이것이 당해 사업연도의 총수입금액에 대한 필요경비가 되는지 또는 감가상각 자산으로 자본적 지출로 보아야 하는지?

Q4 사업자가 개인적으로 지출하는 비용은 비용처리가 되는가?
사업자의 카드사용 명세가 상당히 많은데, 이를 일일이 검증할 수 없으므로 소액이라면 접대비 등으로 처리가 가능한 것이 현실이다.

Q5 한 거래에서 신용카드로 결제한 후 세금계산서를 별도로 받았다. 이 경우 이중으로 비용처리를 하면 문제가 발생하는가?
세무조사가 시행되면 적발될 가능성이 크다. 가공비용도 마찬가지다.

Q6 특수관계에 있는 회사로부터 매입자료를 받으면 문제가 없는가?
성실신고사업자의 경우 다음과 같은 명세서를 제출하도록 하는 이유는 이에 대해 검증을 하겠다는 취지가 있다. 기타 사업자는 세무상 위험이 그리 크지 않을 수 있다.

(단위 : 천 원)

성명	사업자등록번호	관계	거래금액

* 법인이 사업자등록을 하지 않은 경우 사업자등록번호란에는 대표자의 주민등록번호를 기입

Q7 인테리어 공사비가 1억 원이 들어가면 비용처리는 어떻게 할까?

사업자가 정한 기간(감가상각 기간) 내에 균등 상각 등의 방법으로 감가상각할 수 있다. 예를 들어 5년, 균등 상각을 하면 1년간 2,000만 원을 비용으로 처리할 수 있다. 물론 감가상각비 계상은 위 한도 내에서 자유롭게 장부에 반영할 수 있다.

Q8 개인용 컴퓨터를 200만 원을 주고 산 경우 비용처리는 어떻게 하는가?

감가상각 자산으로 분류해 몇 년에 걸쳐 감가상각비로 계상할 수 있고, 아니면 당기의 비용으로 처리할 수 있다(개인용 전화기나 컴퓨터는 선택권이 있다).

Q9 업무용 승용차를 2대 보유하고 있다. 이에 대한 비용처리는 어떻게 하는가?

사업자가 간편장부대상자이면 감가상각비와 운행비를 제한 없이 비용처리할 수 있다. 하지만 복식부기 의무자인 경우에는 운행일지를 통해 입증된 업무사용비율에 따라 비용처리를 한다. 다만, 이를 작성하지 않으면 감가상각비를 포함해 연간 1,500만 원까지 비용처리를 할 수 있다. 한편 한 사업자가 승용차를 2대 이상 보유한 경우에는 1대를 제

외한 나머지 차량에 대해서는 업무전용 자동차보험에 가입해야 비용처리를 온전히 할 수 있다(PART 01 참조).

Tip 계정과목별 관리 포인트

구분	내용	관리 포인트
수익(매출)		매출 누락 여부
-) 비용	매출액을 달성하기 위해 들어간 원가	
매입비	재료비용을 말함.	매출원가=기초재고+당기매입-기말재고
인건비	직원의 급여	가족·가공 인건비 계상 여부
퇴직급여	직원의 퇴직급여	퇴직연금납입액 또는 실제 퇴직금 지급 여부
복리후생비	직원을 위해 복리후생 성격으로 사용한 금액	과다지출 시 가공경비 혐의
교육훈련비	직원의 교육 훈련을 위해 지출한 비용	해외 여행비 계상 여부
여비교통비	업무 관련 교통비	내근직의 여비교통비 부인
접대비	업무 관련 향응 제공비	한도 초과 시 경비부인 골프장 비용과 가사경비
감가상각비	기계장치 등에 대한 상각비	세무조사 시 중점점검 항목임.
차량 유지비	업무용 차량에 관련된 비용 (사업자의 출퇴근 비용도 포함)	연간 한도 1,500만 원 초과 시는 운행일지로 업무용으로 사용되었음을 입증해야 함(복식부기 의무자).
지급 임차료	월세나 리스료 등	리스료 중 일부는 이자 비용으로 처리해야 함.
세금과 공과	재산세 등	
통신비	사업자의 통신비	가사통신비 계상 여부

구분	내용	관리 포인트
지급수수료	프리랜서, 세무회계사무소 수수료 등	세무조사 시 중점점검항목
광고 선전비	포털광고비 등	공동광고비 한도 초과액 부인, 특수관계인과 거래 시 조사 등
소모품비	일상적인 소모품구입	가사경비 유무
수선비	기계장치 수선비 등	과도한 경비 등
도서인쇄비	사업장 내에서 산 책들과 인쇄비용	도서상품권 변칙처리
무형자산 상각비	사업장 인수 시 지급한 권리금	비용 불인정 가능성
기부금	종교단체 등	가공기부금 부인
이자 비용	업무 관련 대출이자 비용	세무조사 시 중점점검항목임.
기타 잡비	앞의 항목에 없는 비용	가사비용은 부인당함.
=)회계상 이익	기업회계기준에 의해 도출	

부부나 기타 가족 간에 공동으로 사업을 하는 경우가 종종 있다. 이들은 자신의 소득 배분율에 따라 소득을 분배받아 해당 소득에 대해 소득세를 낸다. 그렇다면 이들은 어떤 식으로 경비처리를 할까? 다음에서는 공동사업자의 경비처리법에 대해 알아보자.

1. 공동사업자의 주요 경비 처리법

공동사업자의 주요 경비처리법을 알아보자.

1) 건강보험료
모든 공동사업 구성원의 건강보험료는 공동사업장의 필요경비로 인정된다.

※ 기획재정부 소득세제과-443, 2017. 9. 18
사업을 공동으로 경영하고 그 손익을 분배하는 공동사업장의 소득금액 계산 시 공동사업자의 건강보험료는 소령 제55조 제1항 제11호의2 및 제11호의3에 따라 공동사업장의 필요경비에 산입하는 것임.

2) 접대비
공동사업장을 1 거주자로 보므로 기본한도 3,600만 원(중소기업)을 적용받는다.

3) 차량비
간편장부대상자는 모든 차량에 대해 제한 없이 비용처리가 가능하지만, 복식부기 의무자는 1대를 제외한 나머지 차량은 업무전용 자동차보험에 가입해야 비용처리를 할 수 있다.

4) 이자 비용

공동사업을 위한 차입금이자도 비용처리가 가능하나, 출자와 관련된 차입금이자는 비용으로 인정되지 않는다. 이에 관해서는 다음의 사례를 통해 확인해보자.

5) 기타

이 외 복리후생비나 소모품비 같은 비용은 모두 제한 없이 공동사업장의 경비로 인정된다. 물론 업무 관련성이 있어야 한다.

2. 적용 사례

경기도 고양시 일산에서 거주하고 있는 갑과 을은 부동산 임대업을 영위할 목적으로 공동으로 출자한 후 부동산을 취득하고자 한다. 다음 자료에 맞춰 물음에 답하면?

[자료]
· 출자금 : 갑 2억 5,000만 원, 을 2억 5,000만 원, 총 5억 원
· 부동산 취득자금 : 15억 원

Q1 출자금은 대출받은 자금이다. 이에 대한 이자는 사업경비로 인정받을 수 있는가?

일반적으로 공동사업자가 공동사업과 관련해 은행 등으로부터 조달한 차입금에 대한 이자는 사업경비로 인정된다. 하지만 공동사업자가

공동사업에 출자하기 위해 조달한 차입금에 대한 이자는 당해 공동사업장의 소득금액 계산에 있어서 업무와 관련 없는 비용에 해당해 사업경비로 보지 않는다. 따라서 실무상 출자금과 사업용 부채의 구분이 상당히 중요하다.

Q2 사례에서 부동산을 취득하는 경우 재무상태표는?

사례에서 갑과 을은 출자금 5억 원과 차입금 10억 원을 가지고 15억 원의 부동산을 매입했다. 이의 정보를 토대로 재무상태표를 만들어 보면 다음과 같다.

	부채 10억 원
자산 15억 원	자본 5억 원
계 15억 원	계 15억 원

Q3 이 건물을 월 500만 원에 임대한다고 하자. 그리고 부채에서 발생한 이자는 월 200만 원이라고 하자. 이때 이자가 경비로 인정되는 경우와 인정되지 않는 경우의 과세소득은 어떻게 되는가?

연간 임대수입은 6,000만 원(500만 원×12개월)이고 임대비용(이자)은 2,400만 원(200만 원×12개월)이 되는데, 만일 차입금이자가 경비로 인정되면 임대수입에서 임대비용을 뺀 임대소득 금액은 3,600만 원이 되고, 경비로 인정되지 않으면 임대소득 금액은 6,000만 원이 된다.

Q4 부족 자금 10억 원에 대한 이자는 사업경비로 인정되는가?

Q1의 답변에서 보았듯이 공동사업과 관련된 차입금의 이자는 원칙적으로 사업경비로 인정된다. 하지만 출자금과 관련된 차입금에 대한 이자는 사업경비로 인정되지 않는다. 그렇다면 사례의 경우에는 전자에 해당할까? 후자에 해당할까? 이에 대해 과세관청은 예규 등을 통해

출자금의 조달을 위한 차입금에 해당하는지, 아니면 공동사업과 관련한 차입금에 해당하는지는 관련 사실관계를 종합적으로 고려해 판단할 사항이다(서면 1팀-1356, 2005. 11. 8 등)라고 하고 있다. 이처럼 사실관계에 따라 이에 관한 판단이 달라질 수 있으므로 세무상 위험이 남아 있게 된다.

그러나 저자는 출자 이후에 발생한 차입금은 명백히 사업용 부채에 해당하고 이에 대한 이자는 임대수입에 대응되는 비용에 해당하므로 사업경비로 인정하는 것이 타당하다고 본다. 과세관청이 공동사업자가 부동산 취득을 위해 조달한 차입금에 대한 이자를 인정하지 않으면 단독임대사업자보다 현저한 세 부담의 불공평이 발생하기 때문이다. 예를 들어 이 사례의 부동산을 개인이 단독으로 취득한 경우 공동사업자와 사업의 내용이 같음에도 불구하고 단독사업자는 이자를 전액 인정받고, 공동사업자는 인정받지 못하는 불합리함이 발생한다. 따라서 공동임대사업자가 부담한 차입금이 부동산 취득을 위해 소요된 경우라면 이에 대한 이자는 전액 비용으로 인정되어야 한다.

단독임대사업자		공동임대사업자	
자산 15억 원	부채 10억 원	자산 15억 원	부채 10억 원
	자본 5억 원		자본 5억 원
계 15억 원	계 15억 원	계 15억 원	계 15억 원

Q5 이 사례에서 출자금은 총 5억 원이고 10억 원이 차입금이었다. 그런데 출자금을 1억 원으로, 나머지 14억 원은 은행이나 개인 차입을 통해 조달한다고 하자. 이렇게 하는 것이 도움이 될까?

당연하다. 과세소득이 줄어들기 때문이다. 물론 이러한 행위가 도움이 되려면 출자금이 아닌 사업용 부채에 대한 이자는 확실히 경비로 인정되어야 한다.

Q6 실무상 세무위험을 최소화하기 위해서는 어떻게 하는 것이 좋을까?

임대사업자가 취득한 부동산의 차입금이자에 대해서는 세무상 위험이 있음을 알았다. 그렇다면 이에 대한 위험을 최소화하기 위해서는 어떻게 해야 할까?

① 단독임대사업자

단독임대사업자에 대해서는 출자금 개념을 적용하지 않고 있다. 따라서 단독으로 부동산을 취득한 경우 차입금이자는 전액 사업경비로 인정받을 수 있다. 이처럼 단독임대사업자는 차입금이자에 대한 위험을 부담하지 않는다.

② 공동임대사업자

공동임대사업자에 대해서는 출자금 개념을 적용하고 있으므로 공동으로 부동산을 취득한 경우 차입금이자에 대해서는 비용처리가 힘들 수 있다. 따라서 공동사업 전에 출자금과 비출자금을 명확히 구분하고, 공동사업장의 총수입금액을 얻기 위해 발생한 차입금이자로 인정받을 수 있도록 계약서부터 정교히 작성하는 것이 좋을 것으로 보인다. 계약서 작성 시 다음의 내용을 참조하자.

※ 공동임대사업자의 동업계약서

동 업 계 약 서

상호명 :
사업장 : ○○○시 ○○○구 ○○○동
출자자 : ○○○, ○○○

제1조【목적】 상기 2인 출자자는 상기 사업장에 대해 임대업을 20○○년 ○월 ○○일부터 공동으로 사업하면서 출자 및 경영 등을 통해 상호 이익의 증진을 목적으로 한다.

제2조【출자금액】 총출자금액은 ○억 원으로 하고, 상기 출자자는 1인당 각각 ○억 원을 출자한다.

제3조【출자시기】 출자시기는 20○○년 ○월 ○○일을 원칙으로 하되, 특별한 사정이 있는 경우에는 20○○년 ○○월 ○○일까지는 입금해야 한다.

제4조【자금조달】 공동사업을 위해 필요한 차입금은 동업 계약 체결 후 은행대출금 및 보증금승계 등으로 하기로 하며, 이에 해당하는 이자는 공동사업(조합)의 수익에서 부담하기로 한다.

5조【손익분배 및 분배율】 공동사업에 따른 손익은 임대수입에서 대출이자 비용 등 각종 경비를 차감한 금액으로 계산하되 손익분배는 각각의 출자금액 지분인 50%로 한다.

제6조【통장관리】 공동사업에 따른 통장은 사업자등록증상 대표 공동사업자의 것을 사용하되, 사업자금과 관련된 인출은 출자자의 동의를 얻어 집행하기로 한다.

제7조【세금부담 등】 이 사업을 통해 발생하는 종합소득세 등은 위 손익분배비율에 따라 각자가 부담하기로 한다.

제8조【탈퇴】 지분탈퇴 시는 동업자 전원의 동의를 받아야 한다.

제9조【기타】 이 계약서에 정하지 않은 사항은 동업자 상호 협의해서 정하기로 하며, 이 계약서를 작성해 각각 1통씩 보관하기로 한다.

20○○년 ○월   ○○일

성명 :   (주민등록번호 :   )
주소 :
성명 :   (주민등록번호 :   )
주소 :

출자금 입금 내용

출자자	입금일	금액	입금내역
○○○ ○○○ ○○○			
	계		
○○○ ○○○ ○○○			
	계		
총계			

성실신고확인대상 사업자들은 다음 해 6월에 소득세 신고를 하는데 이들은 필요경비 검증에 더욱 관심을 둬야 한다. 이들의 장부에 계상한 필요경비에 대해서는 엄격히 검증하기 때문이다.

1. 성실신고확인제도란

이 제도는 수입금액이 업종별로 일정 규모* 이상인 개인사업자가 종합소득세를 신고할 때 장부기장 내용의 정확성 여부를 세무사 등에게 확인받은 후 신고하게 함으로써 개인사업자의 성실한 신고를 유도하기 위해 도입되었다.

* 업종별로 15억 원, 7억 5,000만 원, 5억 원 이상인 사업자 등을 말한다. PART 01 절세 탐구를 참조하기 바란다.

1) 성실신고확인서 제출기한
이들은 다음 해 6월까지 소득세 신고를 하면서 성실신고확인서를 제출해야 한다(서식은 저자의 카페에서 확인 가능).

2) 성실신고에 대한 혜택
① 의료비·교육비·월세 세액공제(조특법 제122의3)
성실신고확인대상 사업자로서 성실신고확인서를 제출한 자가 특별세액공제 대상 의료비·교육비를 지출한 경우, 지출한 금액의 100분의 15(미숙아·선천성 이상아에 대한 의료비는 100분의 20, 난임 시술비는 100분의 30)에 해당하는 금액을 사업소득에 대한 소득세에서 공제한다(조특법 제122의3①).
한편 월세 세액공제는 750만 원을 한도로 15~17%를 공제한다.

② 성실신고확인비용 세액공제(조특법 제126의6)

성실신고확인대상 사업자가 성실신고확인서를 제출하는 경우, 성실신고 확인에 직접 사용한 비용의 100분의 60을 사업소득(2013. 1. 1 이후 제출분부터 부동산 임대소득 포함)에 대한 소득세에서 공제한다(한도 : 120만 원).

※ 농특세 및 최저한세 적용 검토

구분	농특세	최저한세 적용대상
성실신고확인대상자의 의료비·교육비·월세	과세	대상
성실신고 확인비용 세액공제	비과세	배제

3) 성실신고 위반에 대한 불이익

① 사업자에 대한 가산세 부과(소법 제81조의2)

성실신고확인대상 과세기간의 다음 연도 6월 30일까지 성실신고확인서를 제출하지 않은 경우, 다음 중 큰 금액을 가산세로 부과한다.

가. 산출세액 $\times \dfrac{\text{사업소득 금액}}{\text{종합소득금액}} \times 5\%$

나. 사업소득 총수입금액 $\times 0.02\%$

참고로 성실신고확인서 미제출가산세는 별도로 적용된다.

② 사업자에 대한 세무조사(국세기본법 제81의6③)

성실신고확인서 제출 등의 납세협력의무를 이행하지 아니한 경우 수시 세무조사 대상으로 선정될 수 있다.

③ 성실신고 확인자에 대한 제재

세무조사 등을 통해 세무대리인이 성실신고확인을 제대로 하지 못한 사실이 밝혀지는 경우 성실신고확인 세무대리인에게 징계 책임이 있다.

2. 필요경비 사후검증

성실신고확인서 제출 시 다음과 같은 자료가 제출된다. 따라서 해당 내용은 언제든 사후검증이 되므로 주의해야 한다.

(단위 : 천 원)

항목	당기 지급액	적격증빙 수취의무 제외		적격증빙 수취의무			
		건당 3만 원 이하	기타	계	적격증빙	적격증빙 외의 증빙	증빙불비
① 당기매입액							
② 의약품비							
③ 복리후생비							
④ 여비교통비							
⑤ 임차료							
⑥ 보험료							
⑦ 수선비							
⑧ 접대비							
⑨ 광고 선전비							
⑩ 운반비							
⑪ 차량 유지비							
⑫ 지급수수료							
⑬ 판매수수료							
⑭ 소모품비							
⑮ 인적용역비							
⑯ 기타 판매비 및 관리비							
⑰ 영업 외 비용							

>> 이 서식은 계정과목별로 지급된 금액 중에 수취한 적격증빙과의 차이액에 대해 사후검증하기 위해 제출된다. 예를 들어 총 지급액이 10억 원인데 이 중 적격증빙 수취의무가 없는 금액이 1억 원이라면 9억 원에 대해 적격증빙을 받아야 하는데, 사업자가 5억 원을 받았다면 4억 원에 대해서는 적격증빙을 수취하지 않았음이 밝혀진다. 과세관청은 이 4억 원에 대해 가공경비 등의 가능성이 있는 것으로 보아 해명을 요구하거나 현장확인 또는 세무조사 등으로 연결할 가능성이 크다.

✏ Tip 성실신고확인 결과 주요항목 명세서

성실신고확인서 제출 시 다음과 같은 내역도 동시에 제출된다. 이러한 정보는 향후 세무조사 등에 요긴하게 사용되므로 제출 시 다시 한번 점검하기 바란다.

1. 배우자 및 직계존비속 등과의 거래 검토
가. 사업자인 배우자 및 직계존비속과의 거래내역(인건비 제외)

(단위 : 천 원)

성명	사업자등록번호	관계	거래금액

※ 배우자, 직계존비속이 사업자등록을 하지 않은 경우 사업자등록번호란에는 주민등록번호를 기입

나. 대표자가 본인, 배우자, 직계존비속인 법인과의 거래내역

(단위 : 천 원)

성명	사업자등록번호	관계	거래금액

※ 법인이 사업자등록을 하지 않은 경우 사업자등록번호란에는 대표자의 주민등록번호를 기입

다. 배우자 및 직계존비속에 대한 인건비(일용직, 아르바이트 직원 포함) 지급명세

(단위 : 천 원)

성명	주민등록번호	관계	입사일(퇴사일)	담당 직무	지급액	비과세·과세대상 제외	지급명세서 제출금액

>> 성실신고사업자가 배우자 및 직계존비속에게 인건비를 지급하면 앞과 같은 명세서를 제출하게 된다. 따라서 가족을 채용할 때에는 실제 근무한 사실이 입증되지 않으면 언제든지 비용부인이 될 가능성이 높음에 유의해야 한다.

2. 차량운영 현황(업무용에 한함)

(단위 : 천 원)

차종	배기량	차량번호	취득일	보험계약서의 소유자	용도	취득금액

사업을 잘못 경영하면 적자가 발생한다. 세법에서는 이를 '결손금'이라고 부르며 다음 해로 넘어간 결손금을 '이월결손금'이라고 부른다. 이러한 결손금 등은 과세소득을 줄이는 역할을 하므로 세금을 축소시킨다. 다음에서 결손금과 관련된 절세법에 대해 알아보자.

1. 결손금과 이월결손금 활용법

결손금은 수입금액에서 필요경비를 차감한 금액이 부수(마이너스)인 금액을 말한다. 그렇다면 소법상 어떤 소득에서 이러한 결손금이 발생할까? 아시다시피 결손금은 사업소득과 양도소득에서만 발생한다. 다른 소득들은 필요경비가 수입금액보다 큰 경우가 없기 때문이다. 참고로 앞의 사업소득에는 부동산 임대소득을 포함한다.

그렇다면 사업소득에서 발생한 결손금은 종합소득세 신고 때 어떤 식으로 정산이 될까?

먼저, 당해 과세기간(1월 1일~12월 31일)에 사업소득에서 발생한 결손금은 다음과 같이 처리한다.

구분	처리방법
① 사업소득 결손금	'부동산 임대소득 금액→근로소득금액→연금소득 금액→기타 소득 금액→이자소득 금액→배당소득 금액'순으로 공제한다. 남는 결손금 잔액은 이월시킨다.
② 부동산 임대소득 결손금	앞의 소득에서 차감시키지 않고 이월시켜 부동산 임대소득에서 차감시킨다.

여기서 특이한 것은 사업소득에서 발생하는 결손금은 부동산 임대소득 금액부터 순차적으로 공제가 되나, 부동산 임대소득에서 발생한 결손금은 사업소득 금액 등에서 차감시킬 수 없으며, 다음 해로 이월해 부동산 임대소득 금액에서만 공제된다는 것이다. 이렇게 부동산 임대소득에 대해 차별하는 이유는 소득의 성격이 다른 사업소득과 다소 차이가 나기 때문이다.

다음으로, 사업소득에서 발생한 결손금 중 남는 잔액은 향후 15년간 이월되어 '사업소득 금액→근로소득금액→연금소득 금액→기타 소득 금액 등'의 순서대로 공제된다. 다만, 부동산 임대업에서 발생한 이월결손금은 부동산 임대소득 금액에서만 공제된다.

참고로 이러한 결손금은 장부를 통해 확인되어야 하므로 장부작성은 필수다. 한편 장부와 증빙서류의 보관은 법정신고기한으로부터 5년이지만, 이월결손금 공제 기간이 15년이므로 이러한 상황에서는 15년 정도 보관하는 것이 이익이 된다(저자 문의).

2. 적용 사례

사례를 통해 앞의 내용을 확인해보자.

Q1 서울에 거주하고 있는 K 씨는 직장을 다니다가 중도에 퇴직해 사업을 시작했다. 그런데 사업 첫해에 결산을 해보니 5,000만 원 상당의 적자가 발생했다. 이 경우 세금처리는 어떻게 할까? 단, 근로소득금액(총급여-근로소득공제)은 '3,000만 원'이며, 근로소득세로 낸 금액이 200만 원이라고 하자.

일단 사업소득에서 발생한 결손금은 당해 연도의 사업소득 금액이나 근로소득금액 등에서 공제를 할 수 있다. 종합소득세 계산구조에 따라 앞의 내용을 정리하면 다음과 같다.

종합소득금액 : 0원(근로소득금액 3,000만 원-사업소득 금액 3,000만 원)

-종합소득공제 : 1,000만 원

=과세표준 : 0원

×세율 : 6~45%

=산출세액 : 0원

-기납부세액 : 200만 원

=환급세액 : 200만 원

앞의 내용을 보면 근로소득금액이 3,000만 원이므로 여기에 사업에서 손해 본 결손금 5,000만 원 중 3,000만 원을 차감하면 종합소득금액이 0원이 되므로 근로소득세로 낸 세금을 전액 환급을 받을 수 있다.

Q2 K 씨는 사업 첫해에 발생한 적자를 보전하기 위해 사업에 매진한 결과 다음 해에서는 당해 수입금액에서 비용을 뺀 소득금액이 7,000만 원이었다. K 씨의 세금은 얼마가 될까? 단 종합소득공제액은 1,000만 원이라고 하자.

먼저 당해 연도의 사업소득 금액은 7,000만 원이나 과거에 발생한 결손금 중 아직 사용하지 결손금 2,000만 원이 남아 있다. 따라서 이를 반영해 세금을 계산하면 다음과 같다.

종합소득금액 : 5,000원(이월결손금 2,000만 원을 반영 후의 금액)

-종합소득공제 : 1,000만 원

=과세표준 : 4,000만 원

×세율 : 15%

-누진공제 : 126만 원

=산출세액 : 474만 원

전년도에 소득세를 납부한 경우로서 올해 결손금이 발생했다면 전년도에 낸 세금을 올해 돌려받을 수 있다. 이를 '결손금소급공제 제도'라고 하는데, 예를 들어 전년도에 낸 종합소득세가 1,000만 원이고, 올해 결손금이 발생했다면 작년에 낸 세금 1,000만 원을 한도로 이를 돌려받을 수 있다는 것이다. 다만, 이러한 혜택을 누리기 위해서는 조특법 제6조 제1항에서 규정하고 있는 중소기업에 해당되어야 한다. 이 규정에서는 소비성 서비스업을 제외하고 모두 중소기업으로 분류하고 있다(소법 제85조의2).

서울 강남에서 유통업을 영위하고 있는 김기창 씨는 얼마 전에 동업자 모임에서 신고성실도가 낮으면 세무조사를 받을 수 있다는 이야기를 들었다. 신고를 불성실하게 하면 세무조사의 가능성이 크다는 것 정도는 알고는 있었지만, 신고성실도는 어떻게 해서 나오는지 잘 알 수는 없었다. 다음에서는 사업자라면 반드시 알아둬야 하는 신고성실도와 이를 높이는 방법에 대해 알아보자.

1. 신고성실도란

'신고성실도'란 사업자의 종합소득세 신고 등의 내용이 얼마나 성실한지를 보여주는 국세청이 마련한 평가체계를 말한다. 현재 대부분 사업자에 대한 신고성실도나 신고소득률 등의 순위가 매겨지고 있다. 예를 들어 앞의 김 씨는 유통업을 영위하고 있는데 이들 업종 군에 있는 사업자가 1,000명이라면, 이 중 김 씨가 몇 위를 차지하고 있는지 알 수 있다는 것이다. 만일 김 씨의 신고성실도 평가순위가 900등이라면 신고성실도가 낮게 평가되어 그만큼 세무조사의 가능성이 커진다고 판단할 수 있다.

그렇다면 이 신고성실도는 어떻게 만들어지는 것일까? 일단 과세관청은 사업자가 평소에 신고한 각종 신고서나 기타 자체적으로 수집한 각종 정보 등을 종합해 이를 평가하는 것으로 알려졌다. 예를 들어 종합소득세 신고 시 제출되는 표준손익계산서를 통해 어떤 정보를 추출할 수 있는지 알아보자.

표준손익계산서

계정과 목	코드	금액
I. 매출액	**01**	： ： ：
1. 상품매출	02	： ： ：
2. 제품매출	03	： ： ：
II. 매출원가	**09**	： ： ：
1.상품매출원가 (①+②-③-④)	10	： ： ：
① 기초재고액	11	： ： ：
② 당기매입액	12	： ： ：
③ 기말재고액	13	： ： ：
III. 매출총이익(I-II)	**20**	： ： ：
IV. 판매비와 관리비	**21**	： ： ：
1. 급여와 임금·제수당	22	： ： ：
2. 퇴직급여(충당부채 전입·환입액 포함)	24	： ： ：
3. 복리후생비	25	： ： ：
4. 여비교통비	26	： ： ：
5. 임차료	27	： ： ：

　　손익계산서는 매출액이나 비용 등에 대한 많은 정보를 담고 있는데 과세관청은 이 표를 통해 매출액 대비 인건비율을 뽑아낸다든지, 특정한 계정과목(예 : 복리후생비)에 대해 비율분석 등을 실시할 수 있다. 그리고 필요에 따라 특정 사업자들을 대상으로 다양한 문제점을 분석할 수 있다. 예를 들어 A 업종의 사업자 중 매출액 10억 원이 넘는 사업자들을 대상으로 복리후생비가 매출 대비 10% 이상인 사업자만을 골라 조사 대상자로 선정할 수도 있다.

2. 신고성실도를 높이는 방법

신고성실도가 세무조사 대상자를 선정할 때 주요 잣대가 되다 보니 이에 관해 관심을 가지는 사업자가 많아지고 있다. 신고성실도가 동종업계의 평균보다 높은 경우에는 그만큼 세무조사 위험성이 줄어들기 때문이다. 그렇다면 이를 위해서 어떻게 하는 것이 좋을지 알아보자.

첫째, 표준소득률과 신고소득률 추이를 관리한다.

표준소득률은 해당 업종의 사업자가 평균적으로 소득금액을 얼마로 신고하는지를 나타내는 지표로 매년 정부에서 고시한다. 따라서 이 소득률과 사업자의 신고소득률 간에 차이가 발생한 경우에는 그만큼 성실도가 떨어진다고 볼 수 있다. 예를 들어 동종업계의 표준소득률이 20%인 상황에서 실제 신고율이 10%인 경우와 30%인 경우 신고성실도에 어떤 영향을 주는지 살펴보자.

- 10%인 경우→표준소득률보다 50% 이상 낮으므로 신고성실도를 떨어뜨릴 가능성이 크다.
- 30%인 경우→표준소득률보다 50% 이상 높으므로 신고성실도가 올라갈 가능성이 크다.

둘째, 전년도의 재무제표와 비교해서 추세 등을 분석한다.

재무제표 중 손익계산서는 세금을 결정하는 구성요소들로 채워져 있으므로 이를 중점적으로 분석한다.

（단위 : 만 원, %）

구분	20×4		20×5	
	금액	구성비	금액	구성비
매출액 -매출원가 =매출총이익 -판매관리비 　인건비 　복리후생비 등 =영업이익 +영업 외 수익 -영업 외 비용 =세전순이익 -소득세 등 =당기순이익				

　분석은 전년도와 금액을 비교하는 한편, 매출액 대비 각 항목의 구성비를 비교하는 식으로도 진행한다. 그렇게 해서 문제가 있는 계정과목 위주로 문제점을 집중적으로 분석한다. 예를 들어 매출액은 10% 증가했는데 인건비나 복리후생비가 많이 증가한 경우에는 이에 대한 이유를 분석해 그에 맞는 대책을 마련하는 것이 좋다.

　참고로 신고소득률이 업종 평균보다 높더라도 특정 과목이나 특정 행위에 대해 부분조사를 거쳐 세금을 추징하는 사례들이 발생하고 있으므로 이에 유의한다. 예를 들어 휴일에 지출한 비용, 백화점에서 사용한 비용, 골프비 등은 사용내역을 불문하고 일괄적으로 이를 부인하는 경우가 많다. 따라서 이러한 항목들은 될 수 있는 대로 장부에 덜 계상을 하는 것이 좋다. 참고로 비용 항목은 정규영수증(세금계산서나 신용카드 매출전표 등), 그리고 사업용 계좌에서 인출되었음이 입증되어야 사후적으로 문제가 없다.

셋째, 자료제출 등 협력의무를 위반하지 않도록 한다.

세금계산서 불부합 자료가 많이 발생하면 내부적으로 세무회계상 문제가 있다는 인상을 받을 수 있으므로 이러한 일들이 발생하지 않도록 내부관리를 정확히 해야 한다. 불부합 자료는 담당자의 실수로 신고를 빠뜨리면 자주 발생한다. 한편 실물거래는 했으나 다른 거래처의 세금계산서를 수취하거나 자료상 등으로부터 자료를 수취한 경우에는 세무조사의 강도가 매우 세기 때문에 이러한 거래는 하지 않도록 한다.

한편 과세관청에서는 각 세무서의 세원 정보수집전담반 또는 탈세제보 등에 의해 수집된 각종 정보 등도 통합해 신고성실도를 산정하고 있으므로 이러한 내용에도 유의해야 한다.

06

1인프리랜서
(유튜버, 연예인, 강사 등)
절세 특집

1인프리랜서의 세금 고민

프리랜서는 회사 등에 고용되지 않고 자신의 책임하에 노무 용역을 제공해 대가를 얻는 자들을 말한다. 이에는 학원 강사나 보험설계사, 방문판매원, 연예인, 작가 등이 있다. 이들은 정해진 급여가 아닌 성과 수당을 받는 경우가 대부분이다. 그런데 이들의 세금 고민이 상당하다. 왜 그런지 다음에서 살펴보자.

첫째, 부가세 면세 여부 판단이 어렵다.

인적용역 사업자(프리랜서, 자유직업 소득자)는 대개 부가세 면세업에 해당해 사업자등록을 하지 않는 경우가 많다. 미등록 가산세가 없기 때문이다. 다만, 이들은 사업장을 설치하거나 직원을 고용하면 부가세 과세업으로 둔갑하기 때문에 세무위험이 상당히 올라간다. 일단 다음 집행기준을 참조하자.

※ 부가세 집행기준 26-42-1 [인적용역 등의 면세 범위]

① 개인이 물적 시설 없이 근로자를 고용하지 아니하고 독립된 자격으로 제공하는 문화·예술·창작 및 연예 활동, 학술용역 등의 인적용역에 대하여는 면세한다.

② 직업운동가·가수 등 스포츠·연예의 기능을 가진 자와 이들의 감

독·매니저 등 해당 직업운동가 등의 기능 발휘를 지도·주선하는 자가 개인의 독립된 자격으로 물적 시설 없이 근로자를 고용하지 않고 제공하는 용역에 대하여는 면세한다.

③~④ 생략

⑤ 물적 시설이란 계속적·반복적으로 사업에만 이용되는 건축물·기계장치 등의 사업설비(임차한 것을 포함)를 말하며, 인적용역의 실현에 있어 보조적 수단에 불과한 것이라면 물적 시설을 갖춘 것으로 보지 아니한다.

⑥ 근로자를 고용하지 아니하였다는 의미는 인적용역 실현을 위한 본질적인 업무를 수행하는 근로자(일용근로자를 포함)를 고용한 경우를 말하므로 인적용역 제공과 직접 관련 없이 보조역할만 수행하는 업무보조원을 고용한 경우는 제외한다.

>> 앞의 ⑤와 ⑥에 대해서는 사실판단을 해야 함에 유의한다.

둘째, 소득세 정산법이 복잡하다.

프리랜서도 사업자에 해당하므로 앞에서 본 종합소득세 신고법을 그대로 적용받는다. 다만, 보험설계사, 후원방문판매원, 음료판매원 등 세 유형의 프리랜서 중 연간 소득이 간편장부대상자(7,500만 원 미만)에 해당하면 그들이 속한 회사에서 연말정산으로 납세의무가 종결된다. 다만, 방문판매원이나 음료판매원은 원천징수 회사가 연말정산신청서를 제출하는 경우에 한한다. 한편 이들의 사업소득 연말정산구조는 매우 간단하다. 소득금액을 수입에서 수입×단순경비율을 차감해서 계산하고, 이에 소득공제를 적용해 과세표준을 계산하기 때문이다. 따라서 이들은 굳이 영수증을 모으지 않아도 간단히 소득세 신고를 마칠 수 있게 된다. 하지만 그 외 사업자는 일반사업자들처럼 소득세를 신고해야 한다. 그런데 이들의 경우 평소에 세무관리를 제대로 하지 못해 소득세 신고 때 낭패를 당하는 경우가 많다. 비용 등이 제대로 없는 경우가 많기 때문이다.

※ 사업소득 연말정산구조

소득금액 : 수입-수입×단순경비율
-종합소득공제
=과세표준
×세율(6~45%)
=산출세액
-기납부세액(3% 원천징수세액)
=결정세액

셋째, 프리랜서도 조특법상 감면을 받을 수 있는지 판단이 어렵다.

프리랜서들도 엄연히 사업자에 해당되어 조특법상의 각종 세액공제나 세액감면의 대상이 된다. 따라서 이에 대한 혜택을 받기 위해서는 기본적으로 사업자등록이 되어 있고, 각 규정에서 정하고 있는 업종요건 등을 충족해야 한다.

≫ 프리랜서도 엄연히 사업자에 해당하므로 조특법에서 정하고 있는 세액공제나 세액감면을 받을 수 있다. 다만, 창업중소기업 세액감면 같은 경우에는 제한이 된다. 이러한 점에 유의해 어떤 세제 혜택을 받을 수 있는지 점검하는 것이 좋을 것으로 보인다.

프리랜서의 부가세 면세 또는 과세 여부 판단(중요)

유튜버, 연예인, 운동선수, 대리기사 등은 다른 사업자에게 고용되지 않고 1인이 독립적으로 일한다. 세법은 이들을 '인적용역을 공급하는 사업자(실무에서는 프리랜서)'라고 부르며, 일반사업자들과 결을 달리해 세법을 적용하고 있다. 대표적인 것이 바로 부가세 면세의 적용이다. 그런데 이들이 사업시설을 갖추거나 직원을 고용하면 부가세 과세사업자로 변하게 된다. 그 결과 몇 년이 지난 후 세금추징으로 돌변하는 일이 잦아지고 있다. 다음에서는 프리랜서가 부가세와 관련해 주의해야 할 것을 사례를 통해 알아보자.

1. 부가세 발생 사례

K 씨는 1인 미디어콘텐츠 창작자(일명 유튜버)에 해당하며 다음과 같이 사업을 하고 있다. 물음에 답하면? 참고로 이러한 사례는 1인 미디어콘텐츠 창작자는 물론이고, 다른 프리랜서 사업자에게도 동일하게 적용할 수 있다. 대표적으로 앞에서 본 연예인, 프로 운동선수 등이 이에 해당한다.

Q1 부가세가 면세되는 인적용역이란 무엇을 의미하는가?

부가세가 면제되는 '인적용역'은 근로자들이 제공하는 근로 용역처럼 사업자가 순수하게 제공하는 노무 용역을 말한다.

Q2 이러한 인적용역에 대해 부가세를 면세하는 이유는?

근로 용역과 유사한 점을 고려하고, 사업자등록 및 부가세 신고 등에 따른 납세협력비용 및 과다한 행정비용을 축소하기 위한 취지가 있다 (조심 2008서3793, 2009. 3. 19 외 다수, 같은 뜻임). 이 외에 이의 용역은 일반적으로 업무의 속성상 순수한 개인의 노동력 자체를 제공하는 경우로서 대부분 영세하고, 당해 용역은 순수한 자기 노동력으로서 그 외에 특별히 부가되는 가치를 찾기 어렵다는 점에 있다(조심 2011중175, 2011. 3. 14 참조).

Q3 물적 시설을 갖추어 인적용역을 공급하면 부가세가 과세된다고 한다. 왜 그런가?

원래 인적용역에 대한 부가세 면제는 물적 시설이나 인적 시설이 없는 것을 전제로 한다. 그런데 사업에만 이용되는 건축물이나 기계장치 등의 사업설비가 있다는 것은 해당 사업을 순수 노무 용역이라고 보기 힘든 측면이 있기 때문이다.

≫ 이때 물적 시설의 범위가 중요한데 다음과 같이 규정되어 있다.

Q4 사례는 세법상 물적 시설이 갖추어진 것으로 보는가?

주거와 같이 겸하는 것으로 보이므로 그렇지 않다고 보인다(면세업).

Q5 인적 시설을 갖추어 인적용역을 공급하면 부가세가 과세된다고 한다. 왜 그런가?

앞 Q3의 취지와 같다. 즉 이 경우에도 순수한 노무 용역이라고 볼 수 없기 때문이다.

≫ 부가세법 시행령 제42조 제1호에서 "근로자를 고용하지 아니하고"라는 표현이 있는데, 이는 용역 실현을 위한 본질적인 업무를 수행하는 근로자(일용근로자를 포함)를 고용하면 부가세가 면제되지 않는다는 것을 의미한다.

예)
- 정직원을 고용하면 인적 시설을 갖춘 것이다(따라서 부가세가 과세됨).
- 일용직을 고용하면 인적 시설을 갖춘 것이다(따라서 부가세가 과세됨).
- 단, 인적용역 제공과 직접 관련 없이 보조역할만 수행하는 업무보조원을 고용한 경우는 제외한다(예 : 비서).

Q6 보조역할만 수행하는 업무보조원을 고용한 경우라면 면세판단에 영향을 미치는가?

업무보조원은 본질적인 업무를 하는 직원을 고용한 것이 아니므로 면세판단에 영향을 주지 않는다.

Q7 만일 앞의 사업자에게 부가세가 과세된다면 부가세로 내야 할 금액은?

일단 외국의 광고 수입은 부가세율은 0%(영세율)가 적용되므로 납부할 세금은 없다. 다만, 국내에서 발생한 수입은 10%를 내야 한다(일반과세자의 경우). 따라서 1,000만 원이 부가세가 된다.

≫ 이때 일반과세인 사업자는 자신이 부담한 매입세액은 전액 공제를 받는다.

2. 프리랜서(인적용역)의 부가세 관리법

앞의 사례와 같이 프리랜서는 자칫 잘못하면 자신이 제공한 용역에 대해 부가세가 과세되는 일이 발생할 수 있다. 이렇게 되면 사업자 미등록 가산세는 물론이고, 부가세 추징이 불가피해져 낭패를 당할 수 있으므로 사전에 대비책을 가지고 있어야 한다.

첫째, 저술가 등이 제공하는 인적용역에 대한 부가세 면제조건을 이해하자.

부가세법 제26조 제1항 제15호와 같은 법 시행령 제42조에서는 부가세가 면제되는 인적용역에 관해 규정하고 있다. 부가세 면제요건을 요약하면 다음과 같다.

> · 개인이 기획재정부령으로 정하는 물적 시설 없이 근로자를 고용하지 아니하고 독립된 자격으로 용역을 공급하고 대가를 받을 것
> · 저술·서화·도안·조각·작곡·음악·무용·만화·삽화·만담·배우·성우·가수 또는 이와 유사한 용역 등 열거된 용역에 해당할 것

둘째, 물적 시설이나 인적 시설을 갖추면 부가세 과세사업자가 될 수 있음에 유의해야 한다.

이렇게 되면 부가세법상 사업자등록을 반드시 해야 하고(위반 시 가산세 있음), 세금계산서를 발급해야 하며(단, 외국수입은 영세율), 부가세를 징수해 납부해야 한다. 따라서 면세사업자를 유지하기 위해서는 사업장을 '집'으로 하는 등의 조처를 해야 한다. 한편 직원 외 업무보조원을 두면 해당 업무가 업무보조인지, 본질적인 업무인지 그에 대한 구분이 선행되어야 한다.

셋째, 소득세 신고 시 경비처리에 주의해야 한다.

면세사업자인 1인프리랜서가 소득세 신고 시 사무실 임차료, 인건비 등을 비용으로 처리하면 부가세 과세사업자로 변경되거나 아니면 해당 비용을 부인당할 수 있다. 따라서 앞에서 본 물적 시설과 인적 시설의 존재 여부는 부가세는 물론이고, 소득세에도 영향을 준다는 점을 간과해서는 안 될 것으로 보인다.

① 물적 시설 없이 근로자를 고용하지 아니한 대출상담사가 독립된 자격으로 저축은행에 제공하는 대출 주선용역은 면세용역에 해당한다.

② 골프 연습장에서 고용 관계없이 골프 운동지도자가 근로자를 고용하지 않고 독립된 자격으로 제공하는 운동 지도용역은 면세용역에 해당한다.

③ 출판사에 삽화 용역을 제공하는 개인이 계속적·반복적으로 사업에만 이용되는 건축물·기계장치 등의 사업설비(임차한 것을 포함)를 갖추고 출판사에 제공하는 삽화 용역은 면세되는 용역에 해당하지 않는다.

④ 개인이 주소지에서 물적 시설 없이 근로자를 고용하지 아니하고 인터넷 개인방송 용역을 공급하면서 그 성과에 따라 대가를 받는 경우 부가세가 면제된다(서면법령해석 부가 2018-2159, 2019. 3. 4).

⑤ 블로그 활동을 통해 얻은 명성을 바탕으로 인터넷 공간에서 다양하고 새로운 형태의 전자상거래를 하고 수입을 얻었으며, 쟁점 블로그에서 상품의 공동구매를 알선하고 상품판매자로부터 얻은 쟁점 수수료도 그 실질은 전자상거래의 방법을 통해 한 상품중개업의 일종에 따른 수입으로 보는 것이 타당하고, 부가세 면세대상인 순수한 노무 용역을 제공하고 얻은 것으로 보기는 어렵다(조심 2011중 5151, 2012. 4. 25).

프리랜서와 사업자등록

사업장이 있거나 직원이 있는 프리랜서는 부가세 과세사업자로 반드시 사업자등록을 해야 한다. 이를 하지 않으면 미등록 가산세가 부과되기 때문이다. 그렇다면 면세사업자는 사업자등록을 해야 할까? 이에 대해 소법은 이에 대해서 등록의무를 두고 있으나, 미등록 가산세는 부과하지 않고 있다. 이에 따라 많은 면세사업자가 사업자등록증 없이 사업활동을 하고 있다. 다음에서 이에 대해 좀 더 자세히 알아보자.

1. 프리랜서의 부가세 과세 여부 판단기준

사업과 관련된 인적·물적 시설이 없이 인적용역을 제공해서 수익이 발생하는 경우 면세사업자로 종합소득세 신고 대상자가 되는 것이며, 물적 시설(사업장)이 있거나 인건비가 발생한다면 과세사업자로 사업자등록을 해야 하며 부가세, 종합소득세 신고 대상자에 해당한다.

즉 직원을 고용하거나 물적 시설(사무실을 임차한 경우, 자택은 제외)을 갖추면 부가세가 과세, 그 외는 면세된다.

2. 프리랜서 사업자등록의무

1) 과세사업

부가세 과세사업자는 부가세법에서 정하고 있는 대로 사업자등록을 해야 한다. 부가세 과세사업자에 해당하지만 미등록한 경우 부가세법 제60조에 따라 가산세 1%를 부과한다.

2) 면세사업

부가세 면세사업자는 소법에서 정하고 있는 대로 사업자등록을 해야 한다.

> ※ **소법 제168조**
> ① 새로 사업을 시작하는 사업자는 대통령령으로 정하는 바에 따라 사업장 소재지 관할 세무서장에게 등록해야 한다.
> ② 부가세법에 따라 사업자등록을 한 사업자는 해당 사업에 관하여 제1항에 따른 등록을 한 것으로 본다.

그런데 소법에서는 주택임대사업자를 제외하고는 미등록에 따른 가산세 규정을 두고 있지 않다. 따라서 사업장이 없거나 근로자를 고용하지 않은 프리랜서는 사업자등록을 하지 않아도 문제가 없다.

≫ 참고로 면세사업자의 사업자등록에 따른 장단점을 별도로 정리하면 다음과 같다.

구분	등록한 경우	등록하지 않은 경우
미등록 가산세	–	–*
계산서 발급	발급 원칙	발급 불가
사업장 현황 신고	해야 함.	좌동
종합소득세신고	해야 함.	좌동
통합고용세액공제	적용 가능	좌동
통합투자세액공제	적용 가능	좌동
창업중소기업 세액감면	적용 가능	적용 불가
중소기업 특별 세액감면	적용 가능	좌동

* 주택임대사업자만 0.2% 있음.

3. 적용 사례

사례를 통해 앞의 내용을 확인해보자.

[자료]
K 씨는 보험설계사로 사업자등록증을 신청하려고 한다. 물음에
답하면?

Q1 보험사 소속으로 보험영업을 하면서 본인의 이름으로 사업자등록
증을 낼 수 있을까?

개인이 물적 시설(계속적·반복적으로 사업에만 이용되는 건축물·기계장치 등의 사업
설비) 없이 근로자를 고용하지 아니하고 독립된 자격으로 보험가입자의
모집, 저축의 장려 또는 집금(集金) 등을 하고 실적에 따라 보험회사 또는
금융기관으로부터 모집수당 등을 받는 용역은 인적용역에 해당해 부가

세가 면제되는 것이며, 이 경우 면세사업자로 등록할 수 있다.

Q2 이때 주된 보험업이 아닌 단순 서류정리 등의 아르바이트 직원을 고용할 경우 부가세가 과세되는가? 면제되는가?

보험설계사 등의 인적용역 사업소득자가 보험모집과 관련한 사업을 수행하면서 '주된 용역 활동인 보험모집 및 설계 업무가 아닌 단순 보조업무를 하는 직원'을 고용한 경우라면 부가세가 면세되는 인적용역 사업자로서 면세사업자나, 그렇지 않고 다음 사례와 같이 단순 보조업무가 아닌 직원을 고용한 경우라면 부가세가 과세되는 사업자에 해당할 수 있다.

※ 수원지법 2011구합5651, 2011. 11. 3

원고는 통역·번역 업무를 함에 있어 원고 혼자 힘으로 수행할 수 없는 규모의 일을 수주하여 다른 통역·번역사들을 비롯한 근로자들을 고용하여 그들의 노동력을 취합하여 통역·번역 용역을 제공하였으므로, 부가세 면제 대상인 인적용역을 제공하였다고 볼 수 없음.

Q3 만일 K 씨가 직원을 고용한 것이 아니라 독립적인 인적용역 사업자와 협업을 하는 경우 부가세가 면제되는가?

그렇다. 이 경우 직원을 고용한 것이 아니므로 부가세가 면제된다고 보인다.

Q4 K 씨의 인적용역에 대해 부가세가 과세되어 세금계산서 발급대상이 된다면, 수수료를 지급하는 보험회사는 어떤 불이익이 있는가?

보험은 부가세가 면제되는 사업에 해당하므로 이와 관련해 보험회사가 받은 세금계산서상의 매입세액은 공제되지 않는 불이익이 존재한다. 따라서 이러한 상황은 현실적으로 발생하기 힘들다.

프리랜서가 용역비를 받을 때
계산서를 끊어야 할까?

프리랜서가 일하고 그에 대한 대가를 받을 때 계산서를 끊어줘야 하는지, 그 대신에 원천징수만 하면 되는지 등이 궁금할 수 있다. 이러한 문제는 용역을 공급하는 프리랜서뿐만 아니라 이들에게 소득을 지급하는 상대방도 알아두는 것이 좋을 것으로 보인다.

1. 과세사업자

프리랜서가 부가세 과세사업자에 해당하면 다음과 같은 식으로 세금계산서를 발급해야 한다.

1) 일반과세자

프리랜서가 사업장 등을 갖추면 과세사업자가 되고, 매출액이 연간 8,000만 원을 넘어가면 일반과세자가 된다. 따라서 이들은 공급가액 외 부가세 10%가 기재된 세금계산서(전자세금계산서 포함)를 무조건 발급해야 한다.

2) 간이과세자

연간 공급대가가 4,800만 원에 미달한 간이과세자는 세금계산서를 발급할 수 없으나, 8,000만 원에 미달하는 간이과세자는 이를 발급해야 한다. 주의하기 바란다.

2. 면세사업자

1) 원천징수 이행

소법에서는 원천징수대상 사업소득*을 지급하면 무조건 원천징수를 하도록 하고 있다. 만약 의무를 이행하지 않으면 가산세를 부과한다.

* 부가세가 면제되는 의료보건용역과 인적용역을 말한다.

2) 계산서 발급

부가세가 면세되는 재화 또는 용역을 공급하는 사업자는 계산서를 발급해야 한다. 그런데 원천징수영수증을 발급한 경우에는 계산서를 발급한 것으로 보므로 이 경우에는 계산서 발급을 생략할 수 있다(원천징수 시→계산서 발급 생략 가능, 계산서 발급 시→원천징수해야 함).

> ※ 소령 제211조 제5항
> ⑤ 사업자가 법 제144조의 규정에 따라 용역을 공급받는 자로부터 원천징수영수증을 발급받는 것에 대하여는 제1항의 규정에 따른 계산서를 발급한 것으로 본다.

3. 적용 사례

사례를 통해 앞의 내용을 확인해보자. 물음에 답하면?

Q1 치과의원이 기공료를 지급할 때 원천징수를 해야 하는가?

그렇다.

Q2 만일 원천징수를 하지 않으면 어떻게 되는가?

사업자등록을 한 개인 면세사업자로부터 원천징수대상 사업소득의 인적용역을 받고 대가를 지급하는 사업자는 원천징수의무가 있는 것이며, 그 대가를 지급하는 때 원천징수영수증을 발급해야 한다. 이때 원천징수의무를 이행하지 아니한 경우에는 소법에 따른 가산세 적용대상이 된다.

Q3 만일 원천징수를 한 경우 무조건 계산서를 받아야 하는가?

아니다. 원천징수를 하면 계산서를 받지 않아도 된다.

≫ 원천징수는 법에서 정한 대로 무조건 이를 이행해야 한다. 이를 하지 않으면 원천징수 불이행 가산세와 지급명세서 미제출가산세 등이 부과될 수 있다. 단, 원천징수를 한 경우에는 계산서 발급을 생략할 수 있다

Q4 원천징수를 하면 계산서를 받지 않아도 되지만, 계산서를 받았다고 해서 원천징수를 하지 않으면 가산세가 부과된다. 맞는가?

그렇다. 계산서 수취 여부와 무관하게 원천징수대상 사업소득을 지급하는 자는 소득세를 원천징수해야 하기 때문이다.

프리랜서와 비용처리법

프리랜서가 장부를 작성할 때에는 사업자등록 여부에 따라 비용처리법이 달라진다는 점에 유의해야 한다. 물론 사업자등록을 하지 않는 경우 문제가 있다. 다음에서 이에 대해 살펴보자.

1. 사업자등록을 한 경우

프리랜서가 직원을 고용하거나 사무실을 임차하면 부가세 면세가 아닌 과세가 된다. 이 경우 비용처리법은 다음과 같다.

1) 인건비와 복리후생비
직원 등을 고용한 경우 이와 관련된 비용들은 전액 비용처리를 할 수 있다. 참고로 인건비를 지급하면 원천징수를 이행해야 하고 지급명세서를 제때 제출해야 한다(불이행 시 가산세 있음).

2) 접대비
프리랜서가 부가세법 또는 소법상 사업자등록을 하면 세법상 중소기업에 해당할 수 있다. 이 경우 접대비의 기본한도는 연간 3,600만 원이 된다.

3) 사무실 임차료

사업자등록을 한 프리랜서가 사무실 임차료를 지출하면 해당 사업자의 비용으로 인정된다.

2. 사업자등록을 하지 않은 경우

프리랜서가 직원을 고용하거나 사무실을 임차하면 부가세 면세가 아닌 과세가 된다. 그런데 이 경우에도 사업자등록을 하지 않는 경우가 있다. 이때 비용처리를 하면 어떤 문제가 발생할까?

1) 인건비와 복리후생비

직원 등을 고용한 경우 이와 관련된 비용들은 전액 비용처리를 할 수 있다. 다만, 이 경우 부가세가 면세에서 과세로 바뀌게 되어 부가세 추징이 일어날 수 있다.

2) 접대비

프리랜서가 부가세법 또는 소법상 사업자등록을 하지 않으면 세법상 중소기업에 해당하지 않는다. 이 경우 접대비의 기본한도는 연간 1,200만 원이 된다.

※ 기획재정부 소득 -19, 2023. 1. 4
통상 물적 시설이 없는 인적용역 사업자가 조특령 제6①에 따른 중소기업의 요건을 충족한 경우 3,600만 원의 접대비 기본한도를 적용할 수 있는지
- (1안) 인적용역 사업자는 조특령 제2①의 요건을 충족하더라도 1,200만 원의 기본한도가 적용

- (2안) 인적용역 사업자도 조특령 제2①에 따른 요건만 충족하면 3,600만 원의 기본한도가 적용
→ (1안)이 타당함.

3) 사무실 임차료

사업자등록을 하지 않은 프리랜서가 사무실 임차료를 지출하면 해당 사업자의 비용으로 인정된다. 하지만 부가세 면세에서 과세사업자로 변경되어 부가세 추징이 발생할 수 있다.

3. 적용 사례

사례를 통해 앞의 내용을 확인해보자.

Q1 사업자등록이 없는 프리랜서의 접대비 기본한도는?
사업자등록이 없으면 1,200만 원을 적용한다.

Q2 프리랜서가 사업자등록을 하면 처리할 수 있는 비용에는 어떤 것들이 있을까?
인건비와 사무실 임차료, 인테리어 감가상각비 등이 추가된다. 접대비도 기본한도액이 늘어난다.

Q3 어떤 프리랜서가 수입금액에 단순경비율을 곱한 금액만큼을 가공비용으로 계상해 소득세 신고를 했다. 문제는 없는가?
사후검증이나 세무조사가 진행되면 문제가 발생할 수 있다. 하지만 사후검증 등이 일어나지 않는다면 문제가 잠복된다. 참고로 매출액이 크지 않거나 매출액이 큰 경우라도 지출증빙이 있다면 실무에서 문제되는 경우는 많지 않을 가능성이 높다.

Q4 사업자등록이 없는 프리랜서는 어떻게 하는 것이 비용을 늘리는 방법이 될까?

일단 면세사업자라도 등록을 해두는 것이 좋을 것으로 보인다. 그래야 접대비 기본한도도 늘리고 각종 감면을 적용받을 가능성이 커지기 때문이다. 이때 사무실을 임차하거나 직원을 고용하면 부가세 과세사업자가 될 수 있다는 사실에 다시 한번 주의하기 바란다.

Q5 매출액이 많은 프리랜서는 비용처리에 한계가 있다. 이 경우 법인을 만들면 비용처리가 쉬워지는가?

그렇다고 볼 수 있다. 법인은 우선 대표이사나 기타 임원들의 보수를 비용처리 할 수 있기 때문이다. 이 외 법인카드로 이런저런 비용을 지출할 수 있는 장점도 있다. 자세한 것은 PART 07을 참조하기 바란다.

프리랜서와 조세감면

프리랜서가 창업하면 앞에서 살펴본 창업중소기업 세액감면이나 중소기업 특별세액감면을 받을 수 있을까? 또한 투자세액공제나 고용세액공제도 받을 수 있을까? 이러한 주제는 프리랜서 관점에서 매우 관심이 있다. 다음에서 이에 대해 분석을 해보자.

1. 사업자등록을 한 경우

1) 창업중소기업 세액감면

이 감면은 조특법 제6조에서 규정한 제도로 중소기업을 창업하면 최대 5년간 감면소득에서 발생한 소득세의 50~100%를 감면하는 것을 말한다. 다만, 이를 위해서는 다음과 같은 요건을 충족해야 한다.

① 창업요건

창업이란 중소기업을 새로이 설립하는 것을 말하는 것으로서, 법인의 경우 창업일은 법인설립등기일이고, 개인사업자의 경우 소법 또는 부가세법에 따른 사업자등록을 한 날이 된다(조특법 집행기준 6-0-2, 대법원 2008두14142, 2008. 10. 23 등). 따라서 물적 시설 없이 인적용역을 공급하던 자가 물적 시설을 갖추고 사업을 개시하는 경우 부가세법상 과세사업자로서 창업한 것에 해당한다(면세사업자는 창업으로 보지 않음).

※ 창업중소기업 세액감면의 취지

새로이 자산을 취득해 사업을 개시하는 데 대해 그 창업 의욕을 고취하고, 고용증진과 경제 성장을 이루기 위함으로써, 사업을 개시하는 사업자의 부담을 줄여주는 것에 그 의의가 있다. 따라서 물적 설비 등을 취득해 부가세법상 사업자등록을 하고 사업을 개시한 질의인의 사실관계를 창업으로 보아 세액감면을 적용하는 것이 조특법 제6의 취지에도 부합한다.

② 업종요건

창업중소기업 세액감면의 대상이 되는 업종은 중소기업*이 운영하는 업종 중 법에 열거된 업종에 한한다. 이에 대해서는 PART 05를 참조하기 바란다.

* 중소기업 여부는 조특법 시행령 제2조에 따라 판단한다. 즉 업종별로 중소기업기본법 시행령 별표 1에 따른 규모 기준 등에 따라 판단한다.

③ 지역요건

수도권 과밀억제권역 내에서 창업 시에는 감면을 적용하지 않는다. 다만, 청년(34세 이하)이 창업한 경우와 매출액이 8,000만 원 이하인 경우에는 예외적으로 감면을 적용한다(이 경우 감면율은 50%임).

※ 사전법령해석소득 2019-88(2019. 4. 18)

원천징수대상 미용업 사업소득이 있던 미용사가 부가세법 제8조에 따라 사업자등록을 하고 사업을 개시하는 경우에는 조특법 제6조 제1항에 따른 감면을 적용받을 수 있는 것임.

2) 중소기업 특별세액감면

이 제도는 조특법 제7조 제1항 제1호에서 정하고 있는 감면 업종에 해당하면 소득세의 5~30%를 감면하는 제도를 말한다.

① 중소기업요건

조특법 시행령 제2조에 따른 매출액 등의 규모로 중기업과 소기업을 판단한다. 따라서 이 감면은 감면대상 업종에 해당하면 족하며 사업자 등록 여부와 관계가 없다(PART 05 참조).

② 업종요건

조특법 제7조에 열거되어 있다.

③ 지역요건

수도권 내의 중소기업에도 적용된다.

3) 통합투자세액공제

조특법 제24조의 통합투자세액공제는 투자액의 10% 이상을 공제하는 제도로 중소기업은 물론이고 대기업에도 적용된다.

① 업종요건

통합투자세액공제는 소비성 서비스업과 부동산 임대 및 공급업종을 제외한 모든 업종에 적용된다.

② 지역요건

원칙적으로 수도권 과밀억제권역 밖에만 적용한다. 다만, 대체 투자의 경우에는 수도권 과밀억제권역 내도 선별적으로 허용한다. 이에 대해서도 PART 05를 참조하기 바란다.

③ 자산취득요건

세법에서 정한 사업용 유형자산과 무형자산(특허권, 실용신안권, 디자인권)에 해당해야 한다.

4) 통합고용세액공제

조특법 제29조의8에 규정된 통합고용세액공제는 증가한 고용인원에 대해 최고 1,550만 원을 공제하는 제도로 중소기업은 물론이고 대기업에도 적용된다.

① 업종요건

통합고용세액공제는 소비성 서비스업을 제외한 모든 업종에 적용된다.

② 지역요건

이 공제는 수도권 안팎 모두를 대상으로 한다. 다만, 수도권 내의 고용증가에 대해서는 공제액이 줄어든다.

③ 고용유지요건

위 고용세액공제는 최대 3년간 적용하는데, 고용이 감소하면 이 공제를 중단하며 애초 공제받은 세액을 추징하게 된다.

2. 사업자등록을 하지 않은 경우

1) 창업중소기업 세액감면

사업자등록을 하지 않으면 조특법 제6조에 따른 '창업'을 한 것으로 볼 수 없어 이 규정을 적용받지 못할 것으로 보인다.

2) 중소기업 특별세액감면

이 경우에는 사업자등록을 하지 않더라도 감면을 적용받을 수 있을 것으로 보인다. 물론 업종요건 등을 충족해야 한다.

3) 통합투자세액공제

사업자등록과 무관하다.

4) 통합고용세액공제

사업자등록과 무관하다.

3. 적용 사례

사례를 통해 앞의 내용을 확인해보자.

> **[자료]**
> · K 씨는 프리랜서로 프로그램을 개발하고 있음.
> · 현재 무등록사업자에 해당함.
> · 올해 1억 원의 수입이 예상됨.
> · 비용은 3,000만 원 정도 예상됨.

Q1 K 씨의 예상되는 소득세는?

이익 7,000만 원에 24%의 세율과 576만 원의 누진공제를 반영하면 1,104만 원의 소득세가 예상된다.

Q2 창업중소기업 세액감면 대상이 되는가?

사업자등록이 없으므로 이 감면은 적용되지 않는다.

Q3 **만약 과세사업자로 등록하면 창업중소기업 세액감면을 받을 수 있는가?**

조특법 제6조 제3항 제8호에는 '정보통신업'이 감면 업종으로 제시되어 있는데, 통계청의 산업분류표에 의하면 프로그램개발업도 이에 포함하는 것으로 되어 있다. 따라서 이 경우 창업중소기업 세액감면을 받을 수 있다고 판단된다.

정보통신업(58~63) Information and communication	
설명	**1. 개요** 정보 및 문화상품을 생산하거나 공급하는 산업활동; 정보 및 문화상품을 전송하거나 공급하는 수단을 제공하는 산업활동; 통신 서비스 활동; 정보 기술, 자료 처리 및 기타 정보 서비스를 제공하는 산업활동을 말한다. 여기에는 출판, 소프트웨어 제작·개발·공급, 영상 및 오디오 기록물 제작·배급, 라디오 및 텔레비전 방송, 방송용 프로그램 공급, 전기 통신, 정보 기술 및 기타 정보 서비스 활동 등을 포함한다. **가. 출판업** 학습 서적, 만화, 소설 및 수필집 등의 일반 서적과 신문, 주간지, 월간지, 연보 등의 정기 간행물 등을 발간하거나 소프트웨어를 출판하는 산업활동을 말한다. 출판물은 자사에서 직접 창작되거나 다른 사람에 의하여 제작된 창작물을 구입 또는 계약에 의하여 출판할 수도 있다. **나. 영상·오디오 기록물 제작 및 배급업** 영화 및 방송프로그램을 제작, 배급 및 상영하거나 영화 제작과 관련된 필름 가공, 더빙 등의 제작 후 서비스를 제공하는 산업활동과 음반 등 오디오 기록물의 원판 및 출판 활동을 말한다. **다. 방송업** 라디오 및 텔레비전 등의 방송프로그램을 지상파, 유선 및 위성 등의 각종 전송 방식에 의하여 송출하는 산업활동을 말한다(▶ 유튜버 활동이 포함된다). **라. 통신업** 유선, 무선 및 기타 전자적 방법에 따라 음성, 자료, 문자, 영상 등의 각종 정보를 송·수신하거나 전달하는 통신 서비스를 제공하는 산업활동을 말한다. **마. 컴퓨터 프로그래밍, 시스템 통합 및 관리업** 컴퓨터 시스템을 통합 구축하는 산업활동과 컴퓨터 시스템의 관리 및 운영 관련 기술 서비스를 주로 제공하는 산업활동을 말한다(▶ 앞 사례에 해당한다).

≫ 조세감면 업종은 통계청에서 고시한 한국표준산업분류표를 기준으로 적용함에 다시 한번 유의하자.

Q4 앞의 사업자는 중소기업 특별세액감면을 받을 수 있는가? 앞의 물음과 무관하다.

조특법 제7조에서 규정하고 있는 감면 업종에 해당하는지를 살펴봐야 한다. 이 조항 제1항 제1호 하목을 보면 다음과 같은 업종이 열거되어 있다. 따라서 중소기업 특별세액감면을 받을 수 있다.

> 하. 컴퓨터 프로그래밍, 시스템 통합 및 관리업(2008. 12. 26 개정)

Q5 앞의 사업자의 경우 두 가지 세액감면 모두가 적용된다고 하자. 어떤 식으로 받는 것이 유리한가?

둘 중 유리한 것을 받으면 된다. 일반적으로 창업중소기업 세액감면율이 더 크기 때문에 이를 적용받는 것이 유리하다.

Q6 K 씨가 세액감면을 받기 위해서는 반드시 장부를 작성해야 하는가?

조특법상 감면을 받기 위해서는 감면소득이 확인이 되어야 한다. 따라서 이를 위해서는 반드시 앞에서 본 간편장부 또는 복식장부를 작성해야 한다. 이때 감면소득과 감면 외 소득을 구분경리해야 한다.

Q7 감면을 적용받을 때 주의해야 할 내용은?

수도권 과밀억제권역 내 감면제한 여부, 농특세 적용 여부, 감면 후 일정 기간 내 사후관리 요건 적용 여부, 최저한세 등을 검토해야 한다.

| Tip | 프리랜서의 세액감면과 세액공제 요약 |

구분	창업중소기업 세액감면	중소기업 특별 세액감면	통합투자세액 공제	통합고용세액공제
조특법	제6조	제7조	제24조	제29조의8
감면 내용	5년간 50~100% 감면	매년 5~30% 감면	투자액의 10% 이상 공제	고용 증가한 인원 당 최고 1,550만 원 공제 (3년간 적용)
업종요건	법에 열거된 업종	법에 열거된 업종	소비성 서비스 업과 부동산 임 대 및 공급업을 제외한 모든 업종	소비성 서비스업을 제외한 모든 업종
지역요건	수도권 내와 밖 차등 적용	좌동	과밀억제권 밖 : 모든 투자 과밀억제권 안 : 대체 투자 (중소기업)	수도권 내와 밖 차등 적용
기타	세액감면 간, 세액감면과 세액공제 간 이중공제 적용 배제 원칙(단, 통합고 용세액공제는 중복공제 허용)			

≫ 프리랜서 중 일부 업종은 창업중소기업 세액감면 또는 중소기업 특별세액감면을 받을 수 있다. 여기서 감면 업종의 범위는 조특법과 통계청의 한국표준산업분류표를 통해 확인해야 한다(243페이지 등 참조).

프리랜서의 소득세 정산법(환급 포함)

소득의 3.3%로 세금을 내는 사업자의 수가 상당히 많다. 그렇다면 이들은 소득세를 어떤 식으로 정산할까? 그리고 어떤 경우에 환급을 받을까? 다음에서 이들의 소득세 정산법을 알아보자.

1. 연말정산 사업자

프리랜서 중 간편장부대상자인 보험설계사와 방문판매원, 음료판매원(7,500만 원 미만)은 별도로 소득세를 신고하지 않아도 된다(소법 제137조). 회사에서 사업소득에 대해 연말정산을 하기 때문이다. 이때 이들의 소득세는 다음과 같은 식을 사용해 정산한다(소법 제144조의2).

· 소득금액=수입금액×소득률*
  * 소득률 = (1−단순경비율)
· 산출세액=(소득금액−종합소득공제)×세율
· 결정세액=산출세액−기납부세액 등

만일 위와 같이 연말정산을 하지 않으면 일반사업자처럼 소득세를 정산해야 한다.

2. 그 외의 사업자

앞 외 사업자는 장부를 통해 소득세를 신고하는 것이 원칙이다. 다만, 경비율을 이용해 이를 신고할 수도 있다.

1) 소득세 정산원리
이들의 소득에 대한 세금은 다음과 같은 원리로 정산이 된다.

소득 받을 때		다음 해 5월 때
3.3% 원천징수	▶	종합소득세 확정신고 (성실신고사업자는 6월)

즉 이들은 지급금액의 3.3%를 떼인 잔액을 받게 되고, 다음 해 5월(6월) 중에 소득세 확정신고를 하게 된다. 이때 확정신고 때 확정된 세액과 3.3% 세액을 비교해 추가로 납부하거나 환급이 된다.

- 납부 : 5월 결정세액>기납부세액(3.3%로 낸 세금)
- 환급 : 5월 결정세액<기납부세액(3.3%로 낸 세금)

2) 소득세 정산방법
프리랜서도 일반사업자처럼 장부를 작성하거나 하지 않는 방법으로 소득세를 신고할 수 있다.

3. 적용 사례

학원 강사의 경우를 예로 들어 보자. 참고로 강사업은 조세감면과 거리가 멀다.

<사례>

D 씨는 학원 강사다. 그들의 소득자료가 다음과 같을 때 세금 정산은 어떻게 하는가?

· 수입금액 : 1억 원(원천징수 소득세 300만 원, 지방소득세 30만 원)
· 사업 관련 비용 : 4,000만 원
· 소득공제 : 1,000만 원
· 이 외 가산세 등은 무시하기로 함.

참고로 학원 강사의 경비율은 다음과 같이 고시되어 있다.

구분	업종코드	단순경비율	기준경비율
학원 강사	940903	61.7%	16.6%

1) 장부를 작성한 경우

장부를 작성하면 수입금액에서 비용을 차감한 금액에 대해 소득세율을 곱해 계산한다.

· 과세표준 : 1억 원-4,000만 원-1,000만 원(소득공제)=5,000만 원
· 산출세액 : 5,000만 원×6~45%=624만 원(15%, 126만 원)
· 납부할 세액 : 624만 원-300만 원=324만 원(지방소득세 포함 시 356만 원)

이 경우 환급은 되지 않고 추가로 내야 한다.

2) 장부를 작성하지 않는 경우

장부를 작성하지 않으면 정부가 정해준 기준경비율 16.6%를 사용해야 한다. 따라서 수입금액의 16.6%가 비용이 되고, 이를 수입금액에서 차감

하면 소득금액이 되고, 여기에 소득공제를 적용해 6~45%를 적용한다.

- 과세표준 : 1억 원×(100%-16.6%)-1,000만 원(소득공제)=7,340만 원
- 산출세액 : 7,340만 원×6~45%=1,185만 원(24%, 576만 원)
- 납부할 세액 : 1,185만 원-300만 원=885만 원(지방소득세 포함 시 973만 원)

이 경우에도 추가로 납부를 해야 한다.

Tip 프리랜서의 소득세 신고 시 유의사항

업종	업종코드	신고 시 유의할 사항
협회와 단체, 수리 및 기타 개인 서비스업	940903	○ 사업과 관련 없는 사업자 본인의 자기계발을 위한 학원비와 주택구매를 위한 지급이자 등은 필요경비에 해당하지 않는다. ○ 직전 연도 수입금액이 7,500만 원 미만인 보험모집인 등은 사업소득을 연말 정산하였더라도 다른 소득이 있는 경우 이를 합산해 종합소득세를 신고해야 한다. ○ 사업자등록 없이 독립적으로 인적용역을 제공하는 자는 중소기업에 해당하지 아니하므로 접대비 한도 계산 시 일반기업의 기본한도액(1,200만 원)을 적용해야 한다. ○ 물적 시설 없이 근로자를 고용하지 아니하고 독립된 자격으로 용역을 공급하는 인적용역 사업자는 인건비, 복리후생비, 감가상각비 등을 필요경비로 계상할 수 없다. 신고 시 유의해야 한다. ○ 보험업법에 규정된 보험계약의 체결 또는 모집에 종사하는 자가 보험계약의 체결 또는 모집과 관련해 보험계약자나 피보험자를 위해 보험료를 대납해 같은 법 제98조 제4호를 위반한 경우, 해당 대납 보험료는 일반적으로 용인되는 통상적인 비용으로 보기 어려우므로 소법 제27조에 따른 필요경비에 산입할 수 없다. 신고 시 유의해야 한다. ○ 미술품 매매업을 영위하는 화랑 또는 자영 예술가인 화가, 계속·반복적으로 미술품을 거래하는 개인 소장가의 미술품 매매 차익은 소법 제19조의 규정에 의거 사업소득에 해당한다.

실전 종합소득세 신고사례

매년 5월은 직전 연도에 벌어들인 소득에 대해 종합소득세를 신고 및 납부하는 기간이다. 물론 매출액 규모가 일정 이상인 성실신고사업자는 6월에 신고 및 납부를 하게 된다. 다음에서는 요즘 한창 주가를 올리고 있는 유튜버를 중심으로 이들이 소득세 신고를 어떤 식으로 준비해야 하는지 사례를 통해 알아보자.

1. 종합소득세 계산사례

K 씨는 1인 미디어콘텐츠 창작자(일명 유튜버)와 SNS마켓을 동시에 운영하는 사업자로 20×2년 한 해의 수입과 비용이 다음과 같다. 다음 해 5월에 종합소득세 신고를 앞두고 이에 대해 준비를 하고 있다. 다음 자료를 보고 물음에 답하면? 참고로 이 외 종합소득은 없으며 세액감면은 무시한다.

[자료]
· 수입 : 광고 수입 1억 원(국내분 포함), 후원금 2,000만 원, 물품판매 수입 6,000만 원, 물품판매 중개수수료 2,000만 원 등 총 2억 원
· 비용 : 물품구입비 3,000만 원, 외주비 1,000만 원, 기타

Q1 K 씨가 20×2년에 벌어들인 수입은 총 2억 원이었는데, 후원금도 사업소득에 해당하는가?

그렇다. 온라인 플랫폼을 이용해 받은 수입은 사업소득에 해당한다. 따라서 이를 빠뜨리면 소득의 탈루에 해당한다.

Q2 앞의 자료상으로 볼 때 20×2년 종합소득금액은 얼마인가?

총수입 2억 원에서 총비용 4,000만 원을 차감하면 1억 6,000만 원이 소득금액이 된다.

Q3 앞의 비용에는 일반 비용이 포함되지 않았다. 어떤 것들을 포함할 수 있는가?

사업과 관련된 모든 비용이 포함된다. 직원급여, 외주비, 여비교통비, 경조사비, 접대비, 식비, 사무용품비, 통신비, 지급 임차료 등이 이에 해당한다. 이러한 비용들은 신용카드나 현금영수증 등에 의해 지출 사실이 입증되어야 한다.

Q4 광고 수입에 대해 외국에서 300만 원 정도를 원천 징수당했다고 하자. 이 세금은 어떻게 정산되는가?

외국에서 지급되는 광고 수입도 국내에서 다른 소득과 합산되어 종합과세가 된다. 그런데 이 과정에서 외국에 일차적으로 세금 일부를 내는 경우가 있는데, 이렇게 되면 한 소득에 대해 이중과세가 되므로 외국에서 납부한 세액은 국내의 종합산출세액에서 공제하는 것이 타당하다. 이에 소법은 외국납부세액을 산출세액에서 공제받을 수 있도록 하고 있다(단, 한도 있음).

Q5 K 씨는 종합소득세로 얼마로 내야 하는가? 단, 총비용은 1억 원, 종합소득공제는 1,000만 원, 외국납부세액공제와 기납부세액공제 등은 606

만 원이다. 이 외 지방소득세는 제외한다.

구분	금액	비고
수입	2억 원	광고수익, 후원금 등(본인 애드센스 계정을 통해 광고 수입 및 원천징수세액 확인 가능)
−비용	1억 원	
=이익	1억 원	신고소득률 50%(1억 원/2억 원)
−소득공제	1,000만 원	자료상 가정(기본공제, 국민연금보험료 등)
=과세표준	9,000만 원	
×세율	35%	6~45% 중 35%
−누진공제	1,544만 원	
=산출세액	1,606만 원	
−세액공제*	606만 원	· 기납부세액(원천징수세액, 중간예납세액 등) · 외국납부세액공제 · 자녀 세액공제 등
=결정세액	1,000만 원	지방소득세 10% 별도

* 부가세 과세사업자인 유튜버는 정보통신업으로 분류되어 창업중소기업 세액감면 등을 받을 수 있다 (저자 문의).

Q6 K 씨의 신고소득률은 50%인데, 이는 동종업계의 평균과 어느 정도 차이가 나는가?

일반적으로 유튜버는 19.8~35.9%, SNS마켓은 14% 정도가 평균 소득률인데 이와 다소 차이가 나고 있다(다음의 Tip 참조).

Q7 K 씨가 소득세를 줄일 방법은?

앞의 소득률 차이에 대한 원인을 분석해보고 대책을 마련하는 것이 좋다. 다만, 20×2년 소득에 대한 소득세 정산은 다음 해 5월 중에 하므로 뒤늦게 과거로 돌아가 새롭게 비용 등을 발생시킬 수 없다. 따라서 다음 해 소득세 정산을 위해 미리 대책을 마련해두는 것이 좋다. 참고로 개인사업자로 세 부담이 크다고 판단되면 1인법인(또는 가족법인)을 준비해보는 것도 나쁘지 않아 보인다. 법인세율은 9~24%가 적용되고, 대표자의 급여도 비용처리를 할 수 있기 때문이다.

2. 개인사업자의 종합소득세 신고 준비요령

유튜버와 같은 개인사업자는 필요경비가 많지 않다. 직원 등을 고용하는 경우가 많지 않기 때문이다. 그 결과 이들의 경우 수입이 조금만 늘어나도 과세하는 소득이 늘어나게 된다. 따라서 이들이 적절한 소득세를 내기 위해서는 미리 대책을 마련해둬야 한다. 다음의 내용을 참고하자.

첫째, 수입금액을 정확히 파악한다.

종합소득세 신고대상이 되는 수입은 사업자의 모든 소득이 이에 해당한다. 유튜버의 경우 후원금도 이에 해당한다. 참고로 차명계좌 등을 통한 소득분산은 추후 세무조사 시 문제가 되므로 주의해야 한다.

둘째, 비용을 최대한 확인한다.

수입금액이 연간 4,800만 원*을 넘어서면 장부를 작성하는 것이 유리할 수 있다. 기장하지 않으면 무기장 가산세가 20% 부과되기 때문이다. 한편 비용은 신용카드나 현금영수증 등에 의해 입증되어야 한다. 주요 경비에 대한 입증요령을 알아보자.

* 연간 4,800만 원에 미달하면 장부작성 없이 정부에서 정한 단순(기준)경비율을 사용하는 것이 유리할 수 있다.

① 인건비

영상 크리에이터 등을 고용한 경우에는 급여로 신고를 해야 하며, 매월 또는 반기 단위로 지급명세를 국세청에 보고해둬야 한다. 다만, 고용한 것이 아니라면 사업자에 해당하거나 기타 소득에 해당하므로 이에 걸맞게 원천징수를 해서 신고해야 한다. 전자는 지급금액의 3.3%, 후자는 8.8%를 징수한다. 참고로 인건비는 지급했지만, 국세청에 보고하지 않으면 실제 지급 사실을 입증할 수 있는 서류(근로계약서, 통장 사본 등)를 근거로 비용처리를 할 수 있다(단, 이 경우 가산세는 별도로 부과됨).

② 승용차비용

승용차를 운행하는 경우에는 차량 보험료나 유류대, 수리대 등은 물론 차량구매가격까지도 비용처리를 할 수 있다. 다만, 복식부기 의무자(매출액 3억 원, 1억 5,000만 원, 7,500만 원 이상자)는 운행일지를 작성하지 않으면 감가상각비를 포함해 연간 1,500만 원까지 비용처리를 할 수 있다(단, 경차나 9인승 이상 승합차 등은 이런 규제를 적용하지 않는다). 한편 가족 등의 차량을 임차한 경우에는 임차료 및 유류대 등에 대해 비용처리를 할 수 있다.

③ 장비 구입비

컴퓨터나 각종 소모품 등은 당기의 비용으로 처리할 수 있다. 다만, 촬영 장비나 스튜디오 설치비 등은 통상 4~6년 동안 나눠서 비용처리를 해야 한다(감가상각비).

④ 경조사비 등

경조사비는 건당 20만 원 내에서는 비용으로 인정되므로 청첩장 사본 등을 보관하도록 한다. 핸드폰 사용료나 식대, 도서비, 명절 선물비, 휴가비 등도 모두 비용으로 인정받을 수 있다. 접대비는 보통 연간 3,600만 원까지 사용할 수 있으며, 종교단체 등에 기부하면 일정 한도(10~100%) 내에서 비용처리를 할 수 있다. 참고로 마트 등에서 지출한 가사 관련 비용은 비용처리를 하지 않도록 한다.

셋째, 소득공제와 세액공제 항목을 이용한다.

사업자가 종합소득세 신고 때 소득공제를 받을 수 있는 항목은 크게 인적공제(기본공제와 추가공제 등)와 물적공제(연금보험료 공제, 노란우산공제 등)로 나눠진다. 인적공제 중 기본공제는 대상자 1명당 150만 원까지 적용되며, 이 외에 부모 등에 대해 경로우대공제(100만 원) 등을 추가로 공제받을 수 있다. 한편 노란우산공제는 연 최대 500만 원까지 소득공제가 적용되므로 가입을 해두는 것도 나쁘지 않아 보인다. 한편 산출세액에서 직접 공제하는 세액공제에는 투자세액공제, 연금계좌 세액공제, 외국납부세액공제, 자녀 세액공제 등이 있으므로 이들 항목도 알아두면 좋을 것으로 보인다. 이 외에 세액감면제도도 검토하도록 한다.

✏️ Tip 유튜버·SNS마켓 사업자의 표준소득률

다음 표준소득률은 동종업계 사업자가 신고한 소득률을 평균한 것이다. 종합소득세 신고 시 참고하기 바란다.

업종코드	세분류	세세분류	단순경비율	표준소득률
921505	방송 프로그램 제작업	미디어콘텐츠 창작업 (인적 · 물적 시설 있음-과세사업자)	80.2%	19.8%
940306	기타 자영업	1인 미디어콘텐츠 창작자 (인적 · 물적 시설 없음-면세사업자)	64.1%	35.9%
525104	통신판매업	SNS마켓	86.0%	14.0%

N잡러에 대한 관심이 뜨겁다. 인터넷이나 유튜브 등을 기반으로 장소에 구애받지 않고 자유스럽게 일하면서 돈을 벌 수 있는 직업들이 속속 등장하면서 그렇다. 이러한 현상은 앞으로도 지속될 가능성이 높다. 다음에서는 N잡러에 대한 소득세 정산법 등은 어떻게 되는지 알아보자. 참고로 세법에서는 이들에 대해 별도의 정산법을 두고 있지 않다.

1. N잡러와 세무상 쟁점

1) N잡러

본업을 포함해 2개 이상의 직업을 가진 사람들을 말한다. 주로 앞에서 본 프리랜서 직종이 이에 해당한다.

2) N잡러와 세무상 쟁점

첫째, 소득구분이 중요하다.
N잡러가 얻는 소득들은 매우 다양할 수 있다.

- 원천징수대상 사업소득→부가세가 면제되는 인적용역에 해당하면 지급금액의 3.3%로 원천징수가 된다.
- 기타 소득→일시적으로 용역을 제공할 때 기타 소득으로 구분하며 지급금액의 8.8%를 원천징수한다.
- 일용직 근로소득→정해진 일당을 받은 것으로 일당 15만 원까지는 원천징수를 하지 않는다. 그 초과분은 6.6%로 원천징수한다.

≫ 이러한 소득구분에 따라 소득세 정산방법이 달라진다.

둘째, 사업장을 갖추거나 고용을 하면 부가세 과세사업자등록을 해야 한다.

N잡러는 통상 사업장이 없이 홀로 인적용역을 제공하므로 부가세가 없다. 그리고 사업자등록을 하지 않아도 미등록 가산세가 없다. 하지만 이들이 사업장을 갖추거나 직원을 고용하면 부가세 과세사업자로 등록해야 하며 미등록 시 가산세가 부과된다.

>> 잘나가는 유튜버나 블로거, 연예인 기타 프리랜서들이 알아둬야 할 정보에 해당한다.

셋째, 매출이 많으면 세법상 협력의무를 이행해야 한다.

연간 매출액이 복식장부 수준(프리랜서의 경우 7,500만 원 이상)이 되면 앞에서 본 사업용 계좌신고, 복식장부 작성 등 여러 가지 의무가 부여된다.

>> 이에 대해서는 이 책에서 충분히 설명했으므로 본문을 참고하도록 하자.

2. N잡러의 소득세 정산법

N잡러의 소득세는 소득의 종류에 따라 다양하게 바뀐다. 발생하기 쉬운 유형별로 이를 살펴보자. 참고로 소득세 정산방식에는 종합과세, 분리과세, 선택적 분리과세, 분류과세(양도소득세, 퇴직소득세)가 있다.

1) 3.3% 사업소득이 있는 경우

대부분의 N잡러인 프리랜서는 지급받은 금액의 3.3%로 원천징수가 되는 경우가 많다. 물론 거래상대방이 원천징수를 하지 않은 경우에는 전액을 받게 될 것이다(이 경우 국세청에 보고가 누락되어 소득 탈루가 일어나기 쉽다). 이러한 사업소득이 발생하면 앞에서 본 프리랜서의 종합과세방식으로 세금을 정산하게 된다. 이를 요약하면 다음과 같다.

> · 소득금액=수입금액−필요경비(장부 또는 경비율)
> · 과세표준=소득금액−소득공제
> · 산출세액=과세표준×세율(6~45%)
> · 결정세액=산출세액−세액공제·세액감면
> · 납부세액=산출세액−기납부세액(3%, 0.3%는 지방소득세로 별도 정산)

2) 8.8% 기타 소득이 있는 경우

기타 소득은 수입에서 비용*을 제외한 소득금액에 따라 정산방법이 달라진다.

*일반적으로 수입의 60%만큼 비용으로 인정된다.

① 300만 원 초과

다른 사업소득과 합산해 종합과세로 정산해야 한다.

② 300만 원 이하

300만 원 이하이면 다른 소득과 합산하지 않고 원천징수로 납세의무가 종결되나 본인의 선택에 의해 다른 소득과 합산해 정산할 수 있다. 후자의 경우 8.8%에 해당하는 세액을 환급받을 때 필요한 조치에 해당한다.

3) 일용직 소득이 있는 경우

일당 15만 원까지는 원천징수를 하지 않으며 그 초과분은 6.6% 원천징수로 납세의무가 종결된다(분리과세).

4) 기타

이 외에 근로소득이 있는 상태에서 사업소득이 발생하거나 기타 소득이 발생하면 앞에서 본 내용을 토대로 소득세를 정산한다. 예를 들어 근로소득자가 부동산 매매업을 통해 소득을 창출한 경우, 다음 해 5월 중에 연말정산 자료와 매매업 소득 자료를 합산해 소득세를 정산한다는 것이다.

> ✏️ **Tip**　　**N잡러와 4대 보험의 관계**
>
> N잡러는 벌어들인 소득의 형태에 따라 4대 보험 가입의무의 관계가 달라진다.
>
> **1. 근로소득이 발생한 경우(정직원)**
> 원칙적으로 4대 보험 가입의무가 있다. 회사에서 급여지급 시 건강보험료 등을 원천공제한다.
>
> **2. 일용직 근로소득이 발생한 경우(일용직)**
> 이들도 4대 보험 가입의무가 있다. 다만, 통상 1개월 이상 근무 & 월 8일 또는 60시간 이상 근무 등의 요건을 충족해야 한다. 회사에서 급여지급 시 보험료를 원천공제한다.
>
> **3. 3.3% 사업소득이 발생한 경우(프리랜서)**
> 4대 보험 가입의무는 없다. 이러한 프리랜서는 피부양자로 등록될 수 있으며, 그렇지 않으면 지역에서 건강보험과 국민연금에 가입해야 한다. 다만, 직장인에게 사업소득이 추가되면, 종합소득금액(수입-비용)이 2,000만 원을 초과할 때 지역에서 별도로 건강보험료를 내야 한다. 국민연금은 프리랜서가 직원을 고용하지 않는 이상 별도로 부과되지 않는다.
>
> **4. 8.8% 기타 소득이 발생한 경우(기타 소득자)**
> 기타 소득도 4대 보험 가입의무는 없다. 기타 소득자도 앞의 프리랜서처럼 건강보험 등의 관계가 형성된다.

07

법인으로
사업하기
(법인전환 포함)

법인의 장단점

처음 사업을 시작하거나 사업을 진행하면서 법인에 관한 관심을 가지는 경우가 많다. 법인에 대한 장점이 많기 때문이다. 하지만 법인은 개인보다 법적인 규제가 많으므로 미리 법인에 대한 장단점을 명확히 이해하고, 자신의 상황에 맞는 사업의 형태를 제대로 정할 필요가 있다. 다음에서 법인에 관한 장단점을 알아보자. 참고로 이러한 정보는 소득이 많은 N잡러에게도 매우 유용할 것이다.

1. 법인의 장점

첫째, 저렴한 법인세율에 있다.

개인은 6~45%(6.6~49.5%), 법인은 9~24%(9.9~26.4%)의 세율이 적용된다. 따라서 이 세율만 보면 법인의 세금이 더 작게 나올 가능성이 크다.

▶▶ 법인은 앞의 법인세 외에 주주에게 배당소득세가 나올 수 있으며, 청산 시 청산소득에 대해 법인세가 추가로 과세될 수 있다. 물론 배당을 유보하거나 청산을 하지 않으면 앞의 법인세만 내면 된다. 이러한 상황에서는 법인이 절대적인 우위를 갖게 된다.

구분	개인	법인	비고
사업소득	6~45%	9~24%	
배당소득	–	14%	무배당 시 이연 가능
청산소득	–	9~24%	계속기업 가정 시 발생하지 않음.

둘째, 비용처리의 폭이 넓다.

개인은 확실한 비용을 제외하고는 대부분 업무 무관 비용이나 가사 비용으로 취급당할 수 있다. 업무와의 관련성을 입증하기가 힘들기 때문이다. 대표적인 것이 바로 이자 비용이다. 이 외 대표자의 인건비도 비용으로 처리하지 못한다. 하지만 법인은 개인과 구분되고, 법인의 계좌 등을 통해 지출되므로 업무 관련성을 입증하기가 한결 쉽다. 이 외 대표이사의 급여가 인정되어 개인보다는 비용처리의 폭이 넓다.

※ 개인과 법인 비용처리의 폭 비교

구분	개인	법인	비고
대표자 인건비	불인정	인정	
일반비용	가사비용 등 불인정	좌동	법인은 대부분 업무 관련성으로 인정받음.
대표자 건강보험료	신고된 종합소득에 따라 부과	신고된 급여소득에 따라 부과	개인은 조절 불가능하나 법인은 가능

≫ 대표이사의 급여는 이사회에서 결정된 범위 내에서 자율적으로 결정할 수 있다. 따라서 이익이 많이 나면 급여를 인상할 수도 있고, 그 반대면 인하할 수도 있다. 이러한 급여 조절원리는 4대 보험에도 적용될 수 있다.

셋째, 대외 공신력이 높다.

주식회사 등 법인은 상법상 조직체계(이사회 등 구성)를 갖추고 운영되므로 개인보다는 신뢰도가 높다. 이러한 점을 발판으로 사업 규모를 키울 수 있는 장점이 있다.

2. 법인의 단점

첫째, 상법이나 세법 등의 규제가 세다.

법인은 주주와 채권자 등을 보호해야 하므로 상법이나 세법에서 다양한 규제장치를 두고 있다. 예를 들어 법인의 자금을 무단으로 인출하면 이를 가지급금으로 보고, 이에 대한 이자(4.6%)를 계산해 법인세와 소득세를 부과한다.

※ 개인과 법인의 자금 사용에 대한 차이

구분	개인	법인
계좌 종류	사업용 계좌(복식부기 의무자)	법인계좌*
무단인출 시 법적인 제재	없음.	가지급금, 횡령 등

* 법인은 개인계좌를 사용해도 가산세 제재는 없다. 다만, 내부관리를 위해서는 법인계좌를 이용하는 것이 좋다.

둘째, 관리비용이 많이 들어간다.

법인의 수익과 비용은 통장과 증빙 등을 근거로 관리가 되어야 한다. 한편 법인과 특수관계에 있는 임직원이나 주주 그리고 거래처 등과의 거래도 정상적으로 해야 문제가 발생하지 않는다. 법인은 이러한 업무를 관리하는 데 다양한 비용이 발생한다.

셋째, 배당 및 청산절차가 있다.

법인은 이익 중 일부는 법인세로 내고, 나머지는 사내에 잉여금으로 쌓아두게 된다. 이러한 재원은 향후 배당이나 자본금 전입 등에 사용할 수 있는데, 이 과정에서 다양한 세무상 쟁점이 파생한다. 예를 들어 현금배당을 하거나 주식배당을 하면 주주에게 배당소득세가 부과된다. 이 외에도 법인을 청산할 때에는 청산과정이 있고 이 과정에서 법인세나 배당소득세가 추가로 부과되기도 한다.

3. 적용 사례

사례를 통해 앞의 내용을 확인해보자.

> **[자료]**
> K 씨가 영위하는 사업은 서비스업으로 올해의 실적은 다음과 같이 예상된다. 물음에 답하면?
>
> · 매출 : 10억 원
> · 비용 : 5억 원

Q1 올해 소득세는 얼마나 예상되는가? 단, 자료 외는 무시한다.

당기순이익 5억 원에 대한 소득세 예상액은 다음과 같다. 지방소득세는 고려하지 않는다(이하 동일).

• 산출세액 : 5억 원×40%-2,594만 원(누진공제)=1억 7,406만 원

Q2 법인으로 운영한 경우라면 앞의 결과는?

당기순이익 5억 원에 대한 법인세 예상액은 다음과 같다.

• 산출세액 : 5억 원×19%-2,000만 원(누진공제)=7,500만 원

Q3 **앞의 경우 개인으로 하는 것이 좋은가? 법인으로 하는 것이 좋은가?**

단정적으로 결론을 내릴 수 없다. 다만, K 씨의 관점에서 부담하는 소득세가 과도하다면 법인세와의 비교를 통해 선택하는 것이 좋다.

≫ 법인은 단점보다는 장점이 커야 실익이 있다. 다음에서 개인과 법인의 선택기준을 좀 더 구체적으로 살펴보자.

✎ Tip 개인과 법인사업의 장단점 요약

구분	개인	법인
장점	· 세금처리법이 간단하다. · 자금 사용이 비교적 자유롭다. · 세후 이익 처분에 대한 제한이 없다.	· 소득이 많은 경우 개인사업자보다 세금이 약하다. · 대표이사의 급여 및 법인이 지출한 비용은 모두 인정된다. · 4대 보험료가 비교적 저렴하다. · 대외 공신력이 높다.
단점	· 소득이 많은 경우 세금이 많다. · 매출이 많은 경우 성실신고확인제도를 적용받는다. · 비용처리가 제한적이다(대표자의 급여는 비용으로 불인정). · 4대 보험료가 많이 나온다.	· 관리비용이 많이 들 수 있다. · 자금 무단지출 시 규제를 적용받는다. · 이익배당에도 세금이 부과된다. · 주주와 대표이사 등에 대한 부당행위계산부인제도 등을 적용받는다.

개인과 법인의 선택기준

앞으로 창업할 예정에 있거나 현재 개인사업 중에 있는 상황에서 법인을 선택하는 기준에 대해 알아보자. 물론 앞에서 보았지만, 법인의 선택기준으로는 '세금의 크기'가 절대적이다. 따라서 이 부분이 명확히 구분되면 법인으로 운영하는 것이 좋을 것이고, 그 외는 실익분석을 정확히 할 필요가 있다. 다음에서는 창업 초기와 창업 후를 나눠 이에 대한 선택기준을 살펴보자.

1. 창업 초기에 법인을 선택하는 기준

1) 처음부터 법인설립

일반적으로 창업을 할 때는 매출액을 예상하기도 힘들고, 또 투자비도 많아 이익이 많이 나는 경우가 드물다. 이러한 상황에서 법인을 만들면 상법이나 세법 등의 규제를 많이 받아 관리비용도 많이 들고 신경써야 할 것들이 많다. 따라서 매출 등이 보장되거나 법인으로 꼭 사업을 진행해야만 하는 상황이 아니라면, 개인부터 시작하는 것이 좋을 것으로 보인다.

2) 개인으로 시작 후 추후 법인설립

개인으로 사업을 진행하고 매출액이 일정 수준에 도달하면 이익도 많이 증가하게 된다. 이때에는 소득세 부담이 크기 때문에 법인을 검토할 필요가 있다.

- 간편장부대상자에서 복식부기 의무자로 넘어가는 경우→복식부기 의무자는 세법상의 규제가 많은 한편, 세 부담도 늘어날 가능성이 크기 때문에 적극적으로 법인을 검토한다.
- 성실신고사업자가 되거나 될 예정에 있는 경우→개인이 성실신고를 적용받으면 사후검증 등이 강화되므로 이 경우 법인의 필요성이 증가한다. 다만, 이때 성실신고사업자가 법인전환 시 전환 후 3년간은 법인에 대한 성실신고를 적용받게 된다는 점에 유의해야 한다. 참고로 법인전환이 아닌 새로운 법인을 설립하는 경우에는 이러한 제도를 적용받지 않는다.

2. 창업 후에 법인을 설립하는 기준

개인으로 창업한 후에 사업의 내용이 안정적으로 되면 앞에서 본 것처럼 복식부기 의무자가 되는 한편, 성실신고사업자가 될 수 있다. 이 경우 법인을 모색하게 되는데, 이때 다양한 기준이 있을 수 있다.

1) 개인사업을 폐업하고 별도의 법인을 설립하는 방법

개인사업을 바로 접고 법인을 신설하는 방법이다. 이는 개인과 법인은 독립적인 관계가 되므로 폐업과 신설에 영향을 미치지 않는다.

▶ 개인 : 별도로 폐업절차를 밟는다.
▶ 법인 : 법인은 별도로 신설한다.

◈ 이러한 유형은 주로 개인에게 자산과 부채가 없는 상황에서 이루어질 수 있다. 만약 개인사업체에 자산과 부채가 많다면 다음과 같은 문제점이 발생한다.

- 자산 중 재고자산이 많은 상태에서 이를 법인에 이전 시 이를 재화의 공급으로 보아 세금계산서를 발급해야 한다.
- 이때 법인에 이전되는 재화에 대해서는 시가로 수입금액을 잡아야 하므로 소득세가 왕창 나올 수 있다.*

  * 소득세 집행기준 24-51-8 [폐업 등의 경우 재고자산의 총수입금액 계산]

  ① 사업장을 사업양수도 방법에 의해 법인으로 전환하거나 타인에게 일괄 양도하는 경우 양도자산에 포함된 재고자산은 사업양수도 계약 체결일 현재 해당 거주자와 특수관계 없는 자와의 정상적인 거래에서 형성되는 가액을 총수입금액에 산입한다.

- 만일 사업용 부동산을 보유하고 있다면 개인은 양도소득세, 법인은 취득세를 내야 한다(물론 조특법에서 정하고 있는 현물출자나 사업양수도 방식에 의하면 취득세 등을 일부 면제받을 수 있다).
- 개인이 폐업하면서 부채를 갚지 않으면 법인으로 이전되어야 한다. 이때 이전절차가 까다로울 수 있다.
- 직원은 승계하지 않을 수 있다. 이때에는 퇴직금 등이 정산되어야 한다.

결국, 이러한 유형은 주로 자산이 없는 사업유형에서 안성맞춤이 될 것으로 보인다. 대표적으로 인적용역 사업자(즉 프리랜서)가 이에 해당한다.

2) 개인사업을 유지하고 별도의 법인설립

개인사업을 유지하는 한편, 별도의 법인을 설립하는 방법이다.

▶ 개인 : 개인은 그대로 유지한다.
▶ 법인 : 법인은 별도로 신설한다.

한 업종도 앞과 같이 운영할 수 있다. 이 경우 다음과 같은 세무관리가 필요하다.

- 개인과 법인을 구분해 경리할 것
- 개인과 법인은 특수관계에 해당하므로 세법상 부당행위계산부인 제도에 유의할 것

≫ 실무에서 보면 앞과 같이 개인과 법인(또는 개인과 개인, 법인과 법인) 등의 형태로 사업장을 2개 이상 가지고 있는 경우가 많다. 이때에는 개인과 법인의 수익과 비용이 정확히 구분되지 않으면 불필요한 오해를 불러일으키기 쉽다. 따라서 이러한 상황에서는 법인은 법인카드로 비용을 집행하며, 개인은 개인카드로 비용을 집행하는 것이 좋다.

3) 개인사업을 법인으로 전환하는 방법

개인사업체에 자산과 부채가 많은 상황이라면 다음 세 가지 방법의 하나를 선택해 법인전환을 도모할 수 있다.

첫째, 일반사업양수도 방법

이는 사업 자체를 법인에 돈을 받고 넘기는 것을 말한다. 예를 들어 음식점업을 영위하면서 시설비 1억 원, 영업권 1억 원 등 2억 원에 넘기는 식이 된다. 이 중 시설비의 양도차익(양도가액-장부가액)은 사업소득으로 과세하나, 영업권은 기타 소득(필요경비 60%)으로 과세한다. 단, 부동산과 함께 양도되는 영업권은 기타 소득이 아닌 양도소득에 해당해 양도세로 과세한다. 참고로 앞의 시설비와 영업권에 대해서는 부가세 과세 여부를 판단해야 한다. 재고자산이 있는 경우도 마찬가지다.

▶ 일반과세자 : 시설비와 영업권에 대해 10%의 부가세가 발생한다.
▶ 간이과세자 : 시설비와 영업권에 대해 업종별 부가율×10%의 부가세가 발생한다.
▶ 면세사업자 : 시설비와 영업권에 대해 부가세가 면제된다.

⊘ 부가세 없이 사업양수도를 하고 싶다면 종업원까지 그대로 포괄승계가 되어야 한다. 한편 부동산에 대한 세 감면을 받기 위해서는 조특법이나 지특법에서 규정한 요건(순자산가액 이상 자본금 출자 등)을 갖춰야 한다.

둘째, 세 감면 사업양수도 방법

이는 개인사업자가 보유한 부동산에 대한 세 감면(양도세 이월과세와 취득세 감면)을 받기 위해 조특법(제32조)이나 지특법(제57조의2)에서 규정하고 있는 요건*을 갖춰 법인전환을 하는 방법을 말한다. 양수도 방법은 법인의 현금으로 사업을 인수하는 방법을 말한다.

* 개인사업체의 순자산가액(자산-부채) 이상으로 법인을 설립하는 등의 요건이 있다.

⊘ 이 방법으로 사업을 법인에 포괄적으로 양수도하면 부가세 면제, 양도세 이월과세(단, 주택임대업은 제외), 취득세 감면(단, 부동산 임대업과 공급업은 제외)을 받을 수 있다.

셋째, 현물출자 방법

이는 앞의 세 감면 사업양수도처럼 개인사업자가 보유한 부동산을 법인설립 때 자본금으로 출자하는 방법을 말한다. 이렇게 하면 현물출자를 하면 양도세 이월과세와 취득세 감면 등이 주어진다. 현물출자는 개인 부동산 등을 법인의 자본금에 출자하는 것을 말한다.

⊘ 이 방법으로 사업을 법인에 현물출자하면 사업양수도처럼 부가세 면제, 양도세 이월과세(단, 주택임대업은 제외), 취득세 감면(단, 부동산 임대업과 공급업은 제외)을 받을 수 있다.

법인으로 사업을 하면 달라지는 것들

개인으로 사업을 운영하는 사업자는 법인이 다소 생소하게 느껴질 수 있다. 회사의 운영방식, 결산, 세금 등 모든 것이 생소할 수 있기 때문이다. 하지만 법인의 속성을 이해하고 세법의 내용을 대략 이해할 수 있다면 바로 따라잡을 수 있을 것으로 보인다. 다음에서는 개인에서 법인으로 사업형태가 바뀔 때 알아둬야 할 내용을 살펴보자.

1. 세목

법인이 되면 개인이 행하던 부가세, 소득세, 원천세 등이 어떤 식으로 변경되는지 살펴보자. 이 중 법인세가 중요하다. 세율 차이가 확실히 나기 때문이다.

1) 부가세

개인은 부가세를 1년에 1~2회 정도 신고하지만, 법인은 분기별로 4회를 신고한다. 참고로 법인은 간이과세를 적용받지 못한다.

2) 법인세

개인은 다음 해 5월 중에 소득세를 신고하지만, 법인은 다음 해 3월 중에 법인세를 신고한다(12월 말 법인의 경우). 소득세와 법인세의 과세표준 및 세율 등에서 차이가 있다. 참고로 세후 이익의 처분에 대해서는 개인은 아무런 제한이 없지만, 법인은 배당으로 지급하거나 아니면 법인에 남겨둬야 한다(상법).

※ 소득세와 법인세 비교

구분	개인	법인
각 연도의 소득	소득세(6~45%)	법인세(9~24%)
배당소득(주주)	없음.	소득세(14%, 6~45%)
청산소득	없음.	법인세(9~24%)

▶▶ 개인은 소득금액을 기준으로 건강보험료가 발생하나, 법인은 개인의 근로소득을 기준으로 건강보험료가 책정된다.

3) 원천세
원천세는 법에 따라 징수하는 것으로 개인과 법인 간의 차이가 없다.

2. 자금 사용

1) 개인
개인은 사업용 계좌에서 생활비 등을 찾거나 개인 돈을 입금해도 아무런 문제가 없다. 참고로 사업용 계좌제도는 개인사업자 중 복식부기 의무자에게 적용된다. 즉 이들은 국세청에 등록한 계좌를 통해 매출 대금을 입금해야 하고, 인건비 등 주요 비용에 대해서는 이를 통해 출금해야 한다. 만일 이러한 의무를 지키지 않으면 가산세 등의 불이익이 주어진다.

2) 법인

법인은 사업용 계좌제도는 없지만, 원칙적으로 법인계좌를 통해 입출금이 되어야 한다. 이때 무단인출을 하면 가지급금으로 분류되며, 대표 등이 입금한 돈은 가수금으로 관리된다. 전자의 경우 업무와 관련 없이 대여한 자금에 대해서는 4.6% 상당의 이자를 계산해 법인의 수익과 대표이사 등의 상여로 처리해 법인세와 소득세를 부과한다. 후자의 경우 법인의 운영자금이 부족하면 개인이 이를 조달하게 되는데, 이는 법인이 갚아야 할 돈이 되므로 이를 부채(가수금)로 장부에 계상하게 된다. 개인들은 이러한 회계 처리가 필요 없다.

3. 비용처리

1) 개인

개인의 지출은 모두 비용으로 처리할 수 없다. 가사용으로 사용된 경우가 많기 때문이다. 한편 대표자의 인건비는 필요경비로 인정되지 않는다.

2) 법인

법인은 개인들보다 비용처리 면에서 그 폭이 넓다. 우선 법인카드 등을 통해 지출된 것들은 무조건 장부에 반영한 후 업무 관련성을 따지기 때문이다. 한편 법인대표자의 인건비는 대부분 비용으로 인정된다.

>> 법인은 지출항목별로 증빙과 법인계좌의 내용이 일치되어야 하므로 장부관리가 촘촘해진다.

4. 장부작성의무 및 성실신고확인제도 등

1) 개인

개인은 간편장부와 복식장부 두 종류가 있으며, 매출액 등에 따라 그 종류가 달라진다. 한편 장부를 작성하지 않으면 경비율 제도가 적용된다. 그리고 매출액에 따라 성실신고확인제도가 적용된다. 이들은 법인이 아니므로 외부감사제도를 적용받지 않는다.

2) 법인

법인은 복식부기로 장부를 작성해야 하며, 이들에 대해서는 경비율 제도를 적용하지 않는다. 한편 이들도 성실신고확인제도가 적용되는데 개인과는 다르게 주업이 임대업인 법인, 성실신고사업자인 개인에서 법인으로 전환한 지 3년 내 법인 등에 적용한다. 법인은 외부감사제도가 적용된다.

※ 개인과 법인의 장부작성의무 등 비교

구분	개인	법인
장부작성의무	간편, 복식	복식
장부 미작성 시 소득파악	경비율 제도	조사
성실신고확인제도	업종별로 광범위하게 적용함.	· 부동산 임대업이 주업인 법인 등 · 성실신고확인대상 사업자가 법인 전환한 후 3년 이내의 법인
외부감사제도	적용되지 않음.	적용함(자산, 부채, 매출, 종업원 수 등의 요건 있음).

5. 재산권 행사

1) 개인

개인은 사업 자체를 양도할 수 있으며, 이때 통상 시설비와 영업권에 대한 대가를 받을 수 있다. 또한, 개인은 사업체를 상속이나 증여할 수 있다.

>> 사업체에 대한 상속이나 증여가 발생하면 보유한 재산과 부채를 정확히 평가하고 세법상 영업권(다음 식)을 계산해 재산총액에 합산시켜야 한다는 점에 주의해야 한다.

[최근 3년간의 순손익액의 가중평균액의 100분의 50에 상당하는 가액-(평가 기준일 현재의 자기자본×10%)]×3.7908(기간 5년, 이자율 10%의 정상연금 현가 계수)

2) 법인
법인은 주식이라는 제도가 있으므로 세법에서 정하는 대로 주식평가(상장주식은 ±2개월, 비상장주식은 가중평균)를 제대로 해야 한다. 이후 해당 주식은 양도, 상속, 증여 등을 할 수 있게 된다.

6. 사업에 관한 의사결정

1) 개인
개인은 사업주가 모든 의사결정을 할 수 있다. 개인은 상법의 규제를 적용받지 않는다.

2) 법인
회사(법인)의 기관(주주총회, 이사회, 대표이사, 감사 등)을 통해 각종 의사결정을 행하게 된다. 이는 상법에서 정한 것으로 세법은 이를 지원하기 위해 주주총회를 통과하지 않은 임원인건비는 비용으로 인정하지 않는 식으로 대응하고 있다.

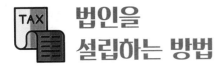

법인을 설립하는 방법

앞과 같이 법인에 대한 타당성 분석을 끝냈다면 언제든지 법인을 설립할 수 있다. 이러한 법인은 개인과 독립적인 관계에 있으므로 개인과 별개로 운영할 수도 있다. 다음에서는 법인을 설립하는 절차에 대해 알아보자.

1. 법인설립등기

법인으로 운영하기 위해서는 사업자등록 이전에 법인설립등기부터 해야 한다. 다만, 이때 상호나 본점 소재지 등에 대한 의사결정이 있어야 한다. 참고로 자본금이 10억 원 미만인 법인의 경우 이사회를 구성할 수 없는 등 일반법인보다 설립절차가 비교적 간단하다. 이를 비교하면 다음과 같다.

※ 자본금 10억 원 이상과 그 미만인 법인의 비교

구분	10억 원 이상	10억 원 미만
이사의 수	3인 이상	1~2인
이사회 구성	구성 ○	구성 X(이사 3인 이상 시만 구성)
감사의 수	1인 이상	임의
주주총회 개최	당연	좌동

※ 법인설립 시 사전에 정해야 할 것들

구분	내용	법인이 결정할 사항
1. 상호	대법원 인터넷 등기서(상호 찾기) 이용	상호( )
2. 회사 유형 선택	주식회사와 유한회사 중 결정	주식회사( ), 유한회사( )
3. 본점 소재지	1. 자택으로 할 것인지 2. 임차로 할 것인지 등 결정	자택( ) 임차( )
4. 자본금 액수	자본 규모 결정 ≫ 이론상 100원 이상도 가능	자본금(원)
5. 주주구성	1. 참여자 2. 지분율 등 결정	주주(명) 주주명단 및 지분율 (, %) (, %) (, %)
6. 이사진 구성	참여자 등 결정	이사(명) 이사명단 ( ) ( ) ( )
7. 대표이사 선임	위 이사 중 선임 결정	대표이사(명) 대표이사명( )
8. 감사 선임	감사 선임 결정	감사(명) 감사명( )
9. 정관 작성	1. 사업 목적 결정 2. 임원 보수, 퇴직급여에 관한 사항 등 　결정 3. 기타	법무사 작성(세무대리인은 세무상 쟁점 검토)
10. 설립등기	설립등기신청서에 서류 첨부	법무사 작성 및 등기신청
11. 법인설립신고 및 사업자등록 신청	법인설립신고서 등 제출	본인 또는 세무대리인

≫ 1인법인이나 가족법인에 대한 다양한 세무상 쟁점은 저자의 베스트 셀러인《가족법인 이렇게 운영하라》를 참조하면 많은 것들을 정리할 수 있을 것이다.

2. 법인설립신고 및 사업자등록 신청

법인설립등기가 되었다면 이후 관할 세무서에 법인설립신고와 사업자등록을 동시에 신청할 수 있다. 이때 인허가업종의 경우에는 미리 관할 지자체를 통해 인허가를 득해야 한다.

사업자등록 시 신청서류 등은 PART 02를 참조하기 바란다.

3. 적용 사례

사례를 통해 앞의 내용을 확인해보자.

K 씨는 연예인으로 법인을 설립하려고 한다. 물음에 답하면?

[자료]
· 연간 10억 원의 수입이 발생하고 있음.
· 사업상 필요경비는 대략 수입의 20% 수준임.

Q1 이 경우 예상되는 소득세는?

사업소득 금액이 8억 원 정도 되고, 이에 세율 42%(누진공제 3,594만 원)를 적용하면 소득세는 3억 원(지방소득세 포함 시 3.3억 원)가량이 된다.

Q2 만일 법인으로 만들면 법인세는 얼마나 되는가?

법인이익 8억 원에 대해 세율 19%(누진공제 2,000만 원)를 적용하면 법인세는 1억 5,200만 원(지방소득세 포함 시 1억 6,720만 원)이 된다.

≫ 이때 법인의 주주는 K 씨를 포함한 제삼자(가족 등)가 될 수 있으며, 이사나

감사 등은 K 씨를 포함해 제삼자를 선임할 수 있다. 이 경우 K 씨에게 지급되는 보수 등은 세법상 근로소득으로 처리된다.

Q3 만일 법인으로 만들면 부가세가 발생하는가?

물적 시설과 인적 시설을 갖추면 부가세 과세사업이 되므로 이 경우 연예 매출이 발생하면 부가세가 발생한다. 따라서 법인은 세금계산서를 발급하고 매출세액을 징수해 납부해야 한다.

≫ 이 경우 법인이 부담한 매입세액은 매출세액에서 공제를 받을 수 있다(일반 과세자의 경우).

Q4 신설된 법인이 K 씨에게 지급하는 소득은 사업소득인가? 근로소득인가?

이는 신설된 법인과 K 씨의 관계에 따라 소득의 종류가 구분될 것으로 보인다. 만약 임원으로서 사전에 정해진 보수(성과급 포함)를 받는다면 이는 근로소득에 해당할 것이며, 직원으로서 고용계약에 의한 것이라면 역시 근로소득에 해당한다. 하지만 고용계약이 아닌 자유직업 소득의 성격이라면 사업소득에 해당할 것으로 보인다(이 경우 3.3%로 원천징수를 해야 함).

≫ 소법상 소득의 구분오류에 따른 신고불성실 가산세는 없으나 지급명세서 제출오류에 대해서는 가산세가 있음에 유의해야 한다.

Q5 앞 사례의 K 씨는 어떤 식으로 세무관리를 해야 하는가?

법인의 경우 특수관계에 있는 임직원에 대한 세법상의 규제가 심하므로 인건비를 포함한 모든 지출은 계약서 등 객관적인 근거하에 이루어지도록 해야 한다.

법인전환 전에 점검해야 할 것들

개인사업자가 법인운영에 대한 타당성을 확인했다면 법인전환에 나설 수 있다. 여기서 법인전환이란 개인사업을 법인이 이어받는 것을 말한다. 따라서 개인과 신설된 법인은 단절되는 것이 아니라 연결되어 있으므로 다양한 세무상 쟁점이 발생한다. 다음에서 법인전환의 실익과 법인전환 전에 점검해야 할 것 등을 살펴보자.

1. 법인전환의 실익과 문제점

1) 법인전환의 실익
법인전환을 하면 다음과 같은 효과를 얻을 수 있다.

첫째, 저렴한 법인세 효과를 누릴 수 있다.
둘째, 비용처리를 늘릴 수 있다.
셋째, 주식으로 재산권 행사를 할 수 있다.

2) 법인전환 시 문제점
법인전환 시 다음과 같은 점이 문제점에 해당한다.

첫째, 법인전환에 따른 비용이 발생한다.

둘째, 재고자산이 많으면 부가세가 과세되는 한편, 재고자산을 법인에 양도하는 것으로 보기 때문에 소득세가 많이 나올 수 있다.

셋째, 부동산이 있는 경우 양도세와 취득세가 발생할 수 있다.

넷째, 최근 3년간 이익이 많은 경우 영업권이 발생하며, 이의 누락 시 세금추징이 발생할 수 있다.

다섯째, 개인 성실신고사업자가 법인전환 후 3년간은 법인에 대한 성실신고확인제도가 적용된다. 성실신고사업자가 아닌 개인이 법인전환을 하면 법인에 대한 성실신고확인제도가 적용되지 않는다.

2. 법인전환의 방향

법인전환은 단점보다는 장점이 많을 때 시도할 수 있어야 한다. 따라서 개인의 소득세가 많은 상태에서 법인전환을 시도하는 것이 좋다. 물론 이때 발생하는 전환비용의 크기를 확인하고, 재고자산과 부동산 관련 세무상 쟁점의 해소, 영업권 문제 등을 검토해야 한다.

3. 법인전환 전에 검토해야 할 것들

법인전환 전에 반드시 검토해야 할 것들을 알아보자.

1) 전환비용

개인사업을 법인으로 전환하면 다음과 같은 비용이 발생한다.

- 결산비용 : 법인전환을 위해 법인전환일*에 맞춰 결산을 진행한다. 이때 이에 대한 수수료가 발생한다.

  * 법인전환일은 영업권 평가 등을 할 때 영향을 준다. 예를 들어 2023년 10월에 법인전환을 하

면 영업권 평가 시 3년간 순손익액의 가중평균액은 2020~2022년 3년간의 손익을 기준으로 계산한다. 따라서 2023년의 매출과 이익이 늘어날 것으로 예상하면 2023년 중에 법인전환을 시도하면 도움이 될 수 있다. 다만, 영업권 평가에 필요한 자기자본은 법인전환일 현재인 2023년 10월을 기준으로 한다. 따라서 이 경우 가결산이 필요하다.

- 부동산이 있는 경우 감정평가를 받아야 한다(단, 유한회사는 감정평가를 생략할 수 있다. 저자 문의).
- 취득세 : 일반적으로 4%에서 발생한다. 다만, 수도권 과밀억제권역 내에서 설립 시에는 2배로 취득세가 중과세될 수 있다.
- 법인자본금 등록세 : 등록한 자본금의 0.4%(과밀억제권역 내는 1.2%)만큼 등록세가 발생한다.
- 채권비용 : 국민주택채권을 매입해야 하며 이 과정에서 채권할인 비용이 발생한다(채권매입가의 10~13% 정도의 할인비용 발생).
- 세무 컨설팅 비용 : 앞의 절차 통제 및 각종 신고업무대행비용 등을 말한다.

2) 재고자산 관련 문제점 검토

재고자산은 상품이나 제품 등을 팔기 위해 개인이 보관하고 있는 재화를 말한다. 이러한 재고를 신설된 법인에 넘기면 이에 대한 소유권이 법인에 넘어가므로 세법은 이를 재화의 공급으로 보게 된다. 따라서 이때 부가세 문제가 발생하는 한편, 해당 재화의 시가를 수입금액으로 보아 소득세를 정산해야 한다.

※ 소득 46011-2126, 1996. 7. 27

사업을 영위하는 거주자가 사업양수도 방법에 따라 법인전환을 하는 경우 당해 거주자의 소득금액 계산에 있어서 양도된 재고자산의 시가 상당액은 당해 사업을 양도하는 때에 총수입금액에 산입하고, 이에 대응하는 취득원가는 필요경비에 산입하는 것임.

Q 재고자산이 많은 경우의 대책은?

재고자산이 많으면 부가세와 소득세 문제가 동시에 발생하므로 재고를 최소화해야 한다(반품 등의 조치가 필요함). 참고로 사업에 관한 모든 권리와 의무가 포괄적으로 승계되면 부가세는 생략할 수 있다. 다만, 이때에도 소득세 과세문제가 있으므로 주의해야 한다.

3) 부동산 관련 문제점 검토

부동산이 포함된 상태에서 법인전환을 하면 개인은 양도소득세, 법인은 취득세 등의 문제가 발생한다. 이때 감정평가를 받게 되면 이를 기준으로 양도세와 취득세를 계산해야 한다.

≫ 이에 대해서는 세법에서 정하고 있는 세 감면 법인전환을 도모해야 한다. 요건을 충족하면 양도세 이월과세와 취득세 감면을 받을 수 있기 때문이다. 다만, 부동산 임대업의 경우에는 취득세 감면을 받을 수 없음에 유의해야 한다 (2020. 8. 12 이후 전환분).

구분	양도세	취득세
근거 규정	조특법 제32조	지특법 제57조의2 제4항
적용내용	전환법인이 이월과세 받은 부동산을 양도 시 과세하는 방법(이월과세)	취득세 75% 감면
적용대상	양도세 과세대상 자산 (단, 임대주택은 제외)	취득세 과세대상 자산 (단, 부동산 임대업과 매매업은 제외)
적용요건	조특법 제32조의 현물출자 또는 사업양수도 방법으로 법인 전환할 것	좌동
사후관리	전환 후 5년 이내에 해당 사업 폐지 또는 주식을 50% 이상 처분하는 경우 이월과세 박탈	좌동(해당 재산처분 등 추가)

4) 영업권 문제점 검토

개인의 사업에 대한 이익이 많은 상태에서 법인전환을 하게 되면 영업권이 발생할 수 있다. 따라서 이때에는 영업권을 측정해 이에 대한 세무상 쟁점을 검토해야 한다.

• 영업권 계산 산식

> [최근 3년간의 순손익액의 가중평균액의 100분의 50에 상당하는 가액-(평가 기준일 현재의 자기자본×10%)]×3.7908(기간 5년, 이자율 10%의 정상연금 현가 계수)

• 예를 들어 최근 3년간의 순손익액의 가중평균액이 1억 2,000만 원이고, 자기자본이 3억 원이라면 영업권은 다음과 같이 계산된다.

- (1억 2,000만 원×50%-3억 원×10%)×3.7908=113,724,000원

Q1 법인전환 시 위 영업권에 대한 대가를 받으면 개인은 어떤 세금을 내는가? 단, 편의상 영업권소득은 1억 원이라고 하자(이하 동일).

사업을 양수도하면서 받은 영업권은 기타 소득으로 보게 된다. 이때 필요경비율은 60%다. 따라서 1억 원의 40%인 4,000만 원을 다른 사업소득 등에 합해 종합과세를 적용받게 된다.

≫ 부동산과 함께 이전되는 영업권은 기타 소득이 아닌 양도소득에 해당한다. 다만, 이때 부동산 외 비품 등과 함께 이전되는 경우에는 부동산과 그 외 자산을 감정평가액, 기준시가, 장부가액, 취득금액을 순차적으로 적용해 안분계산한다(재산세과-2065, 2008. 7. 31). 따라서 이때 부동산 관련 영업권은 양도소득으로, 기타 자산과 관련된 영업권은 기타 소득으로 과세가 되어야 할 것으로 보인다.

Q2 영업권 대가를 지급한 법인은 어떤 식으로 세무처리를 해야 하는가?

무형자산으로 계상하고 향후 5년간 감가상각을 통해 비용처리를 할 수 있다.

Q3 개인과 법인의 두 관점에서 보면 영업권 계상이 도움이 되는가?

예를 들어 영업권이 1억 원(필요경비 공제 후 6,000만 원), 개인의 소득세율은 45%, 법인세율은 19%가 적용된다고 하자. 이 외 지방소득세, 배당소득세 등은 고려하지 않는다.

- 개인의 소득세 증가 : 4,000만 원×45%=1,800만 원
- 법인의 법인세 감소 : 1억 원×19%=1,900만 원

≫ 영업권은 개인의 소득세를 증가시키나 법인의 법인세 등을 감소시킨다. 따라서 이를 장부에 계상하는 것이 좋은지는 상황에 따라 달라진다고 할 수 있다.

Q4 영업권에 대해서는 세금계산서를 발급해야 하는가? 그리고 원천징수는 반드시 이행해야 하는가?

먼저 일반과세자는 세금계산서를 발급해야 하며, 면세사업자는 계산서를 발급해야 한다.

한편 해당 소득이 기타 소득에 해당하는 경우에는 원칙적으로 원천징수의무가 있다. 양도소득에 해당하는 경우에는 이러한 의무가 없다.

5) 법인의 성실신고확인제도 검토

개인사업자 중 성실신고사업자가 법인으로 전환하는 경우 전환일로부터 3년간은 법인에 대한 성실신고확인제도를 적용받게 된다.

6) 기타 이월결손금, 조세감면, 퇴직금 승계 여부 등 검토

이 외 개인사업자의 퇴직금 지급의무, 이월결손금과 조세감면 승계 여부 등도 검토해야 한다.

① 퇴직금 지급의무

개인사업자의 퇴직금은 법인에 승계된다. 다음 통칙을 참조하기 바란다.

※ **소법 기본통칙 29-57…5 [사업의 포괄적 양수도의 경우에 있어서 퇴직금의 필요경비계산]**

① 사업자가 다른 사업자로부터 사업을 포괄적으로 양수도함에 따라 종업원 및 당해 종업원에 대한 퇴직급여충당금을 승계받으면 이를 양수한 사업자의 퇴직급여충당금으로 본다.

② 제1항의 경우와 같이 사업을 포괄적으로 양수도함에 있어 당해 종업원이 승계 시점에 퇴직할 경우 지급할 퇴직금 상당액을 퇴직급여충당금(퇴직보험 등에 관한 계약의 인수를 포함한다. 이하 같다) 또는 부채로 승계받은 사업자는 그 종업원이 실제로 퇴직함에 따라 지급하는 퇴직금과 영 제57조 제2항에 규정하는 퇴직급여추계액은 당해 사업자의 퇴직급여 지급규정 등에 따라 양도한 사업자에게서 근무한 기간을 통산하여 계산할 수 있다.

③ 제2항의 규정과 같이 퇴직급여충당금을 승계받지 아니한 사업자의 경우 영 제57조 제2항에 규정하는 퇴직급여추계액은 양도한 사업자에게서 근무한 기간을 통산하여 계산할 수 없으나, 종업원이 실제로 퇴직함에 따라 지급하는 퇴직금은 사업의 양수도 계약 및 당해 사업자의 퇴직급여 지급규정 등에 따라 근무 기간을 통산하여 계산할 수 있다. 이 경우 근무 기간을 통산함으로써 증가하는 퇴직금도 당해 사업자의 퇴직급여충당금과 상계해야 한다.

④ 제2항의 규정에 따라 퇴직급여충당금 또는 부채를 인계한 양도 사업자는 당해 양수도 시점의 퇴직급여 상당액을 법 제29조 및 영 제57조의 규정에도 불구하고 당해 연도 소득금액 계산상 필요경비에 산입한다.

---

② 이월결손금

개인사업장의 자산과 부채를 법인에 사업포괄 양수도 방식으로 양도하는 경우 이월결손금은 승계되지 아니한다.

※ 서이46012-10141, 2001. 9. 10

개인이 영위하던 사업을 포괄적으로 현물로 출자하여 법인으로 전환하는 경우 개인사업에서 발생한 결손금은 당해 법인의 각 사업연도의 소득에 대한 법인세의 과세표준을 계산하면서 이를 공제할 수 없는 것임.

③ 조세감면

개인사업자에게 적용되는 조세감면제도는 전환된 법인이 승계받을 수 있다.

※ 조특, 법인세과-712, 2012. 11. 22

조특법 제144조의 규정에 따른 이월세액이 있는 개인사업자가 같은 법 제32조의 규정에 따른 사업양수도 방법으로 법인전환을 하는 경우 당해 이월세액은 개인사업자의 이월공제 기간 내에 전환법인이 이를 승계하여 공제받을 수 있는 것임.

법인전환 방법의 선택과 절차

법인전환은 개인사업체의 자산과 부채 등의 기본자산과 인적자원 등을 법인에 이전해 사업을 계속하는 방법을 말한다. 따라서 이 과정에서 개인기업은 폐업하는 한편, 법인을 설립한 후 법인에 자산 등을 이전한후 운영을 하게 된다. 다음에서 법인을 전환하는 방법과 이에 대한 절차를 알아보자.

1. 법인전환 방법

1) 일반사업양수도 방법

이는 개인사업체를 법인에 돈을 받고 파는 방법을 말한다. 이는 세법에서 규정하고 있는 세 감면 사업양수도 방법(다음 ②)이 아니므로 세법상 의무를 다해야 한다.

- 자산 중 재고자산, 기계장치, 비품, 사업용 건물(토지는 제외), 특허권, 영업권 등 양도 시 부가세가 발생한다(단, 4,800만 원 이하 간이과세자와 면세사업자는 제외). 따라서 이 경우 세금계산서를 발급해야 한다.
- 부동산의 경우 개인은 양도세를 내야 하고, 법인은 취득세를 부담해야 한다.

- 부채는 법인이 승계해도 되고 하지 않아도 문제가 없다.
- 직원의 승계의무는 없다.

▶▶ 만일 재고자산이 많다면 직원까지 승계하는 포괄양수도로 사업을 양수도 하면 된다. 다만, 이 경우 소득세 문제가 있으므로 재고를 최대한 줄여야 한다.

2) 세 감면 사업양수도 방법

이는 개인기업주가 시가로 평가한 자산에서 부채를 차감한 순자산가액 이상으로 법인을 설립하고, 자산과 부채 그리고 직원을 그대로 법인에 양도(승계)하는 방식을 말한다. 이를 세법상 세 감면 사업양수도라고 한다. 이 방식으로 법인전환을 하면 다음과 같은 혜택을 받을 수 있다.

- 개인이 법인에 양도하는 재고자산 등에 대해서는 부가세를 면제한다.
- 개인이 법인에 양도하는 부동산에 대해서는 양도세 이월과세, 취득세를 감면한다. 다만, 주택임대업의 경우 양도세 이월과세를 적용받을 수 없으며, 주택임대업을 포함한 모든 부동산 임대업의 경우 취득세 감면도 받을 수 없다.

▶▶ 이 방법은 사업용 부동산이 없다면 앞의 1)과 큰 차이가 없다. 따라서 재고자산이 많은 상태에서 포괄양수도가 되면 부가세는 면제되지만, 소득세가 크게 나올 수 있다.

3) 세 감면 현물출자 방법

자본금을 현금이 아닌 현물로 출자해 법인을 설립하는 방법을 말한다. 이 방법은 법인에 돈이 없는 상태에서 개인 부동산을 자본금화할 때 유용하다. 세법은 조특법 등에서 규정한 방법대로 현물출자하면 사업양수도처럼 세 감면을 적용한다. 하지만 이 방법을 선택하면 시간이 걸리고 전환비용이 많이 들어가는 단점이 있다.

※ 세 감면 사업양수도와 현물출자의 비교

구분	사업양수도	현물출자
개념	개인사업자가 법인을 설립한 후, 법인에 개인사업자의 사업용 고정자산을 포괄적으로 양수도하는 것(현금 수령)	개인사업자가 자기의 사업용 고정자산을 현물로 출자해서 법인을 설립하는 것(주식을 수령)
요건	· 소비성 서비스업(무도업 등)이 아닐 것 · 자본금 요건을 충족할 것(오른쪽과 같음) · 법인설립 후 3개월 이내 사업을 양수도할 것	· 소비성 서비스업(무도업 등)이 아닐 것 · 설립법인의 자본금이 법인으로 전환하는 사업장의 순자산가액(=시가평가 자산가액 - 충당금 등을 포함한 부채액) 이상일 것
실무에서의 선택	법인에 자금이 풍부한 경우	법인에 자금이 부족한 경우

2. 적용 사례

사례를 통해 앞의 내용을 확인해보자.

K 씨는 다음과 같은 자산과 부채를 보유하고 있다. 물음에 답하면?

[자료]
· 재고자산 1억 원
· 사업용 건물(토지 제외) 취득가액 1억 원(감정가액 9억 원)
· 사업용 부채 2억 원

Q1 K 씨가 앞의 자산을 법인에 양도(또는 현물출자)하면 부가세는 얼마나 될까?

재고자산과 건물의 시가의 합인 10억 원(1억 원+9억 원)의 10%인 1,000만 원이 발생한다.

Q2 K 씨가 앞의 건물을 법인에 양도(또는 현물출자)하면 양도세는 얼마나 예상되는가? 단, 양도차익 8억 원에 대해서 40%의 세율을 적용한다.

가정에 따라 8억 원에 40%를 곱하면 3.2억 원이 된다.

Q3 법인이 사업용 건물을 취득함에 따른 취득세는 얼마인가? 단 취득세율은 4%를 적용한다.

감정가액 9억 원의 4%인 3,600만 원이 된다.

Q4 앞 재고자산과 건물에 부과되는 부가세 없이 거래하고 싶다면 어떻게 해야 하는가?

이 경우 다음과 같이 거래하면 된다.

① 일반사업양수도 방법→직원까지 포괄양수도 하면 부가세 없이 거래할 수 있다.

② 세 감면 사업양수도 방법→직원까지 포괄양수도 하면 부가세 없이 거래할 수 있다. 이는 앞의 ①과 내용이 같다.

③ 세 감면 현물출자방법→직원까지 포괄양수도 하면 부가세 없이 거래할 수 있다. 이는 앞의 ①과 ②와 같다.

Q5 앞 건물에서 발생한 양도소득세를 이월과세받고 싶다면 어떻게 해야 하는가?

① 일반사업양수도 방법→조특법에 따른 사업양수도가 아니므로 사

업양수도 시 양도소득세를 내야 한다.

② 세 감면 사업양수도 방법→조특법에서 정한 요건(순자산가액 이상 출자해서 법인설립 등)을 갖추면 양도소득세 이월과세를 받을 수 있다.

③ 세 감면 현물출자방법→조특법에서 정한 요건(순자산가액 이상 출자해서 법인설립 등)을 갖추면 양도소득세 이월과세를 받을 수 있다. 이는 앞의 ②와 내용이 같다.

Q6 법인이 건물을 취득할 때 발생한 취득세 감면을 받고 싶다면 어떻게 해야 하는가?

① 일반사업양수도 방법→조특법에 따른 사업양수도가 아니므로 취득세 감면을 받지 못한다.

② 세 감면 사업양수도 방법→지특법에서 정한 요건(순자산가액 이상 출자해서 법인설립 등)을 갖추면 취득세 감면을 받을 수 있다(단, 부동산 임대업 및 공급업 자산은 제외).

③ 세 감면 현물출자방법→지특법에서 정한 요건(순자산가액 이상 출자해서 법인설립 등)을 갖추면 취득세 감면을 받을 수 있다(단, 부동산 임대업 및 공급업 자산은 제외). 이는 앞의 ②와 내용이 같다.

Q7 앞의 물음을 통해 법인전환방법은 어떻게 선택하는 것이 좋을까?

첫째, 부동산이 없다면 일반사업양수도 방법으로 한다. 단, 이 경우 재고자산은 최소화해야 한다.

≫ 사업용 부동산이 없거나 가치가 별로 없음에도 불구하고 세 감면 법인전환의 방법을 선택하면 애꿎은 돈만 날리게 된다.

둘째, 부동산이 있어 양도소득세 이월과세와 취득세 감면이 필요하다면 세 감면 법인전환방법을 선택한다.

≫ 단, 부동산 임대업과 부동산공급업은 이러한 방법을 취해봤자 말짱 도루묵이다. 물론 부동산 가치가 얼마 안 되는 사업용 부동산도 마찬가지다. 또 상속세 절세를 위한답시고 법인전환을 하면 그렇지 못한 결과를 마주하면서 당황하게 될 것이다.

셋째, 세 감면 법인전환방법 중 사업양수도는 신설법인에 현금이 많은 경우, 현물출자는 신설법인에 현금이 없는 경우에 고려해볼 수 있다.

≫ 다만, 세 감면 법인전환은 절차가 있어 법인전환비용이 많이 발생한다는 단점이 있음에 유의해야 한다. 따라서 법인전환 전에 반드시 실익분석을 해야 한다. 지금은 세 감면 법인의 전환시대는 아닌 것으로 보인다.

✏️ Tip 세 감면 법인전환 절차

세 감면 법인전환에는 사업양수도와 현물출자가 있다. 이러한 방법을 선택하면 과중한 법인전환비용이 발생할 수 있다. 따라서 부동산이 없다면 일반사업양수도 방법을 선택하면 좋을 것으로 보인다.

1. 세 감면 사업양수도
사업양수도는 법인을 설립한 후에 사업에 관한 권리·의무를 해당 법인에 양도하는 것을 말한다. 이때 개인사업자는 사업의 양도대가를 현금으로 받는 것이 원칙이다. 여기서 중요한 것은 법인설립 시 개인사업체의 순자산가액 이상을 자본금으로 해서 현금을 조달해야 하며, 법인전환일로부터 3개월 이내에 사업양수도가 되어야 한다는 것이다.

개인	법인
▶ 결산(전환일 기준) -법인전환일 기준 재무제표 작성	▶ 법인설립 · 개인사업체의 순자산가액 이상 현금으로 　자본금조달 · 개인사업자가 발기인(주주)으로 참여 · 개인사업자가 대표이사가 될 필요는 없음. ▶ 사업자등록신청

▼

개인	법인
▶ 순자산가액 확인 · 시가(영업권 미반영)-감정가액	

▼

개인	법인
▶ 사업양수도계약 · 법인설립일로부터 3개월 이내 　체결	▶ 사업양수도에 따른 대금지급(법인설립 후 3개 　월 이내) ※ 모든 권리·의무가 이전되어야 하므로 이에 　대한 확인절차가 중요함. 주총 특별결의와 이 　사회 승인

▼

개인	법인
▶ 폐업신고와 부가세 신고 · 폐업신고는 지체 없이 · 폐업일의 말일로부터 25일 이내 　부가세 신고	▶ 재산 명의이전 및 취득세 감면신청(취득일 　~60일)

▼

개인	법인
▶ 양도소득세 이월과세*신청 · 양수도 일이 속하는 달의 말일부 　터 2개월 이내 · 포괄양수도계약서, 이월과세 적용 　신청서 등 제출	

▼

개인	법인
▶ 종합소득세 신고	▶ 법인세 신고

* 이월과세액은 개인사업체의 부채로 보는 것이 타당하다(저자 문의).

≫ 법인전환 시 개인사업에서 발생한 이월결손금은 법인전환 시 전액 소멸하며, 미지급된 퇴직금은 부채로 보아 법인으로 이전된다.

2. 세 감면 현물출자

현물출자는 주로 개인사업자의 자산에 부동산이 있는 경우 이를 신설된 법인에 자본금으로 출자하는 것을 말한다.

개인	법인
▶ 결산(전환일 기준) -법인전환일 기준 재무제표 작성	
▶ 순자산가액 확인 · 시가(영업권 미반영)-감정가액	(개인사업체의 순자산가액 이상 현물 등으로 자본금 조달)
▶ 현물출자계약	▶ 자산의 감정 및 회계감사 ▶ 현물인수 및 검사인의 조사 또는 감정인의 감정(유한회사는 생략) ▶ 정관작성(현물출자가액 등)
▶ 주식 수령	▶ 법인설립등기 및 주식 발급 ▶ 사업자등록신청
▶ 폐업 및 부가세 신고 · 폐업신고는 지체 없이 · 전환일 말일로부터 25일 이내에 부가세 신고	▶ 재산 명의이전 및 취득세 감면신청(취득일 ~60일)
▶ 양도소득세 이월과세신청 · 전환일이 속하는 달의 말일부터 2개월 이내 · 포괄양수도계약서, 이월과세 적용 신청서 등 제출	
▶ 종합소득세 신고	▶ 법인세 신고

〈사례〉

사례를 통해 법인전환 시 주의해야 할 내용을 확인해보자.

Q1 법인으로 전환 시의 장단점은?

우선 장점은 소득에 대한 세금이 법인이 다소 유리하다는 것이다. 소득세율은 6~45%, 법인세율은 9~24% 정도 되기 때문이다. 물론 배당소득세(14%)를 고려하면 세율 차이는 다소 줄어들 수 있다. 이 외에도 법인의 경우 대표이사의 급여도 비용으로 처리할 수 있고, 영업권을 5년에 걸쳐 비용으로 처리할 수도 있다. 다만, 자산과 부채 등을 세법에 맞게 평가해야 하고, 자산인 영업권에 대해 개인에게 소득세가 발생하는 것 등은 단점으로 지적된다.

Q2 법인전환은 사업양수도의 방법으로 할 수 있다. 이는 어떤 방법을 말하는가?

사업양수도는 사업 자체를 대가를 주고받고 매매하는 것을 말한다. 즉 사업 자체가 상품이 되는 셈이 된다. 이러한 사업양수도는 개인과 개인, 개인과 법인 간에 발생할 수 있다. 따라서 K 씨는 자신이 설립한 법인에 사업 자체를 양도할 수 있다.

Q3 자산과 부채의 가액은 어떻게 정해지는가?

사업 자체도 하나의 상품이 되는 것이므로 거래 당사자가 협상 때문에 정하면 그만이다. 다만, 세법은 거래 당사자가 특수관계에 해당하는 경우에는 편법거래가 등장할 수 있으므로 이에 대해 다음과 같이 규제하고 있다. 따라서 특수관계에 해당하는 경우에는 최대한 세법상의 기준에 따르는 것이 좋을 것으로 보인다.

· 사업양도인 : 저가로 양도하면 소법상 부당행위계산부인제도, 고가로 양도하면 상증법상 증여의제 제도를 적용한다.
· 사업양수인 : 저가로 양수한 경우 법인은 별다른 조치는 없지만, 이익을 본 주주한테는 증여의제 제도를 적용한다(상증법 제45조의5). 고가로 양수한 경우에는 법인에 대해서는 법법상 부당행위계산부인제도를 적용한다.

구분	사업양도인	사업양수인
저가 양도	소법상 부당행위계산부인	· 개인 : 증여세 · 법인 : 주주 증여세
고가 양도	증여세	· 개인 : 없음. · 법인 : 법법상 부당행위계산부인, 취득금액 시가로 정정

Q4 사례의 경우 자산과 부채의 가액은 어떻게 정하는 것이 좋은가?

통상 법인전환은 특수관계에 있는 자 간에 일어나므로 자산과 부채는 세법상의 기준
에 따라 정해야 한다. 이에 세법은 시장에서 거래된 가액이 없으면 감정평가액을, 감
정가액이 없으면 상증법에서 규정하고 있는 방법을 따르라고 하고 있다. 예를 들어
상품의 경우 우선 이를 처분할 때에 취득할 수 있다고 예상되는 가액으로 하되, 그 가
액이 확인되지 아니할 때는 장부가액으로 하도록 하고 있다(상증령 제52조 제2항 제2
호). 이러한 문제들은 실무에 해당하므로 전문가들의 도움을 받으면 대부분 해결된다.

Q5 K 씨가 신설된 법인에 사업 자체를 세법상의 가격보다 저가로 양도했다. 이
경우 어떤 문제가 있는가?

특수관계에 있는 법인에 저가로 양도하는 경우에는 소법상 부당행위계산부인제도,
법인의 주주에게는 증여세가 부과될 수 있다. 다만, 전자의 경우 거래금액이 시가의
5%를 벗어나거나 차액이 3억 원 이상 발생해야 한다. 후자의 경우 거래금액이 시가
의 30%를 벗어나거나 차액이 3억 원 이상 발생해야 하고, 주주가 받은 이익이 개인
당 1억 원 이상이 되어야 한다(상증법 제45조의5 등 참조).

부동산 임대업은 법인전환이 좋지 않은 이유

개인이 부동산 임대업을 영위하는 중에 상속세 대비 관점에서 법인 전환을 생각하는 경우가 많다. 하지만 법인전환 시 감정평가를 받고 향후 주식을 평가할 때 부동산을 시가로 평가하므로 오히려 상속세가 증가하는 문제점이 발생한다. 다음에서는 부동산 임대업의 법인전환에 대한 타당성 분석을 해보고자 한다.

1. 임대사업자가 법인을 생각하는 동기

임대사업자가 법인을 생각하는 동기는 크게 두 가지 정도가 된다.

첫째, 소득세가 많다.

임대업에 대한 소득세가 많은 이유는 필요경비가 적고 세율도 높기 때문이다. 법인은 이러한 문제점을 해결해줄 것이다.

둘째, 상속에 대비하고 싶다.

법인으로 전환해 주식으로 보유하게 되면 언제든지 증여나 매도를 할 수 있으므로 상속에 도움이 될 것이다.

2. 임대업을 법인으로 전환하기 힘든 이유

현재 많은 임대소득세를 내고 있고 상속세가 걱정된 층에서는 법인 전환을 고려하는 것이 인지상정이지만, 다음과 같은 점에서 법인전환이 쉽지 않다.

첫째, 취득세가 많이 나온다.

2020년 8월 12일부터 부동산 임대업을 법인전환 시 취득세 감면이 없어졌다. 따라서 10억 원짜리 임대 부동산을 법인전환하면 4.6%인 4,600만 원을 취득세로 내야 한다. 만일 법인 중과세 규정이 적용되면 두 배 이상 취득세가 증가하게 된다.

≫ 이러한 비용 외에 다양한 전환비용이 발생함을 앞에서 알 수 있었다.

둘째, 상속세가 오히려 증가할 수 있다.

개인이 보유한 부동산은 보충적 평가법(기준시가, 환산가액)을 통해 신고하는 것이 일반적인데, 법인전환을 하게 되면 감정평가를 받아야 하고, 향후 주식 평가 시 시가로 부동산을 평가하기 때문에 오히려 후자가 상속세가 커질 가능성이 높다.

≫ 기준시가로 상속세를 신고한 경우 과세관청에서 평가심의위원회의 심의를 거쳐 감정평가액으로 상속세를 경정하면 이러한 차이는 없어질 수 있다. 하지만 이 제도가 최근 법원에서 제동이 걸리는 등 문제점이 노출되고 있다. 이러한 점을 고려해 대책을 강구해야 할 것으로 보인다(저자 문의).

셋째, 이 외에도 가족이 중심이 된 부동산 임대법인은 법법상의 성실신고 확인제도를 적용받는 것도 하나의 부담이 된다.

3. 적용 사례

K 임대사업자의 재무상태표는 다음과 같다. 각 물음에 답하면?

[자료]
· 자산분류 : 유형자산
· 임대 현황 : 연간 임대료 5억 원 발생함.
· 예상비용 : 임대료의 30%
· 기준시가 : 50억 원
· 임대료 환산가액 : 50억 원
· 예상 감정가 : 80억 원

Q1 K 임대사업자가 법인을 만들면 법인세는 얼마나 나올까?

개인과 법인이 임대하면 임대소득에 대해 종합소득세와 법인세를 내
야 한다. 이를 비교하면 다음과 같다.

구분	개인	법인
임대수입	5억 원	5억 원
-임대비용	1억 5,000만 원	1억 5,000만 원
=임대소득	1억 5,000만 원	1억 5,000만 원
×세율	35%	9%
-누진공제	1,544만 원	-
=산출세액	3,706만 원	1,350만 원

Q2 이 임대사업을 법인으로 경영할 방법은?

개인 임대사업을 법인으로 운영하는 방법을 생각하면 다음과 같은
것들이 있을 수 있다.

개인		법인
① 개인 임대 부동산	현물출자[*1]또는 사업양수도[*2]로 소유권 이전 ⇒	신설법인이 운영
② 개인 임대 부동산	현물출자 또는 사업양수도로 소유권 이전 ⇒	기존법인이 운영
③ 개인 임대 부동산	(소유권 이전 없음) ⇒	건물 관리회사가 위탁관리

[*1] 현금이 아닌 현물(물건)로 자본을 출자하는 것을 말한다. 출자자는 이에 대한 대가로 법인의 주식을 획득한다.

[*2] 법인에 사업 자체를 유상으로 넘기는 것을 말한다. 시장에서 물건을 사고파는 것과 같다. 법인의 주주가 되기 위해서는 별도의 출자과정이 있어야 한다.

Q3 이때 개인에서 법인으로 바꿔서 사업을 진행하면 어떤 문제점이 발생할까?

개인이 앞 Q2의 ①이나 ②의 부동산을 신설법인이나 기존법인에 이전하게 되면 개인에게는 양도소득세 과세문제가, 법인에는 취득세 과세문제가 발생한다.

Q4 앞의 Q3에서 양도소득세와 취득세에 대해 세금혜택을 받기 위해서는 어떤 조건을 충족해야 하는가?

조특법 제32조에서 제시한 요건을 충족하면 양도소득세는 이월과세, 취득세는 면제를 받을 수 있다. 이때 법인전환은 ① 현물출자나 ② 사업양수도에 의한 방법의 하나를 선택하면 된다. 다만, 부동산 임대업은 취득세 감면이 더 이상 적용되지 않음에 유의해야 한다. 사례가 이에 해당한다.

구분	현물출자	사업양수도
개념	개인사업자가 자기의 사업용 고정자산*을 현물로 출자해 법인을 설립하는 것	개인사업자가 법인을 설립한 후, 법인에 개인사업자의 사업용 고정자산을 포괄적으로 양수도하는 것
요건	· 소비성 서비스업(무도업 등)이 아닐 것 · 설립법인의 자본금이 법인으로 전환하는 사업장의 순자산가액(=자산-부채) 이상일 것	· 좌동 · 법인설립 후 3개월 이내 사업을 양수도할 것
적용배제	주택임대업용 자산은 이월과세가 적용되지 않음(2021. 1. 1).	부동산 임대업용 부동산은 취득세 감면을 적용하지 않음(2020. 8. 12 이후 법인전환분).

* 사업에 직접 사용되는 유형자산 및 무형자산을 말한다. 따라서 재고자산과 투자자산은 사업용 고정자산이 아니므로 법인전환 시 감면 혜택이 없다. 따라서 법인전환에 따른 세 감면은 주로 제조업 등의 사업용 부동산 정도에서만 적용될 수 있다.

Q5 앞의 경우 법인도 성실신고확인제도를 적용받는가?

다음 요건을 모두 충족한 법인에 해당해야 한다.

- 해당 사업연도의 상시근로자 수가 5인 미만
- 지배주주와 특수관계인 지분합계가 전체의 50% 초과
- 부동산 임대업이 주업인 법인이거나 이자·배당·부동산 임대소득이 수입금액의 50% 이상인 법인

Q6 앞의 경우 상속세는 줄어들까?

법인전환을 하지 않은 상태에서 상속이 발생하면 보충적 평가방법으로 신고할 수 있다. 하지만 법인전환을 하게 되면 감정평가를 받아야 하므로 주식 가액이 높아진다. 그 결과 상속세가 늘어날 가능성이 커진다.

Q7 앞 사례에서 얻을 수 있는 교훈은?

상속세 절세를 위해 부동산 임대업을 법인전환 하는 것은 득보다 실이 클 가능성이 높다(취득세 등 법인전환비용 과다 발생 및 상속세 부담 증가 등).

개인사업 중에 이익이 많이 발생하거나 안정적인 가업 승계를 위해 법인전환을 하는 경우가 있다. 그런데 이익이 많은 상태에서 법인전환을 할 때 영업권을 빠뜨려 나중에 문제가 되는 경우가 많다. 세법은 이를 자산의 저가 양도로 보아 개인에 대해서는 소득세를 부과하고, 법인의 주주에 대해서는 증여세를 매기는 방식으로 이에 대응하고 있기 때문이다. 다음에서는 법인전환을 할 때 발생하기 쉬운 영업권 누락에 따른 세무상 쟁점 등을 사례를 통해 알아보자.

<사례>

K 씨는 경기도에서 사업을 영위 중이다. 그런데 최근 이익이 급증해 법인으로 전환할 것을 검토하고 있다. 아무래도 개인보다는 법인의 세금이 더 저렴하기 때문이다. 다음 자료를 통해 Q&A 방식으로 사업양수도로 법인전환 시 궁금한 사항들을 정리해보자.

> **[자료]**
> · 법인전환기준일 : 20×0년 12월 31일
> · 법인전환일 현재 자산 30억 원, 부채 20억 원
> · 20×0년 5억 원, 20×9년 5억 원, 20×8년 △5억 원 당기손익 실현

Q1 영업권은 어떤 소득으로 구분되고, 어떻게 세무처리하는가?

영업상의 비밀 등에 대한 대가를 '영업권(권리금)'이라고 한다. 세법은 부동산을 함께 양도하면서 받은 영업권 대가는 양도소득으로 보아 양

도소득세를 매기고, 그 외는 기타 소득으로 보아 종합소득에 합산해 과세한다. 이때 종합소득에 해당하는 경우에는 받은 금액의 40%를 다른 소득에 합산하며, 받을 때 원천징수된 세금(소득금액의 22%, 수입금액의 8.8%)은 기납부세액으로 종합소득 산출세액에서 차감한다.

Q2 법인전환 시 영업권 평가를 누락하면 어떻게 되는가?

개인사업자가 자신이 만든 법인에 사업을 양수도할 때 영업권 대가를 받지 않으면 이는 저가 양도에 해당한다고 한다(조심 2018중 3003, 2018. 11. 16 결정). 따라서 앞에서 본 것처럼 사업양도인에 대해서는 시가에 맞춰 기타 소득을 추가로 과세하고, 사업양수인인 법인의 주주에게는 증여세를 매기게 된다.

Q3 특수관계인 간에 발생한 영업권은 어떻게 평가해야 하는가?

제삼자 간에 사업을 양수도할 때에는 서로 합의한 가격이 있으므로 이에 대한 평가문제는 발생하지 않는다. 하지만 특수관계인 간에는 이해관계가 일치하므로 이에 대한 가격을 쉽게 정할 수가 없다. 이에 세법은 다음과 같은 절차를 두어 이 문제를 해결하고 있다.

첫째, 개인의 영업권은 소령 제98조에 따라 평가하는 것이 원칙이다. 그런데 이 규정을 보면 법법 시행령 제89조 제2항 등을 준용하도록 하고 있다.

둘째, 법법 시행령 제89조 제2항은 다음과 같이 되어 있다.
① 시가가 있는 경우 : 이 가격으로 한다. 여기서 시가는 '해당 거래와 유사한 상황에서 해당 법인이 특수관계인 외의 불특정다수인과 계속 거래한 가격 또는 특수관계인이 아닌 제삼자 간에 일반적으로 거래된 가격이 있는 경우에는 그 가격'을 말한다.

② 시가가 불분명한 경우 : 다음 각 호를 차례로 적용해 계산한 금액에 따른다.

　　1. 감정평가업자가 감정한 가액이 있는 경우 그 가액(감정가액이 2 이상이면 평균액)

　　2. 상증법 제38조·제39조·제39조의2·제39조의3, 제61조부터 제66조까지의 규정

사례의 영업권은 시가가 없는 경우가 일반적이므로 앞 ②에 따라 '감정가액'이 없으면 상증법 제64조 및 상증령 제59조에 따라 평가해야 한다. 다음은 상증령 제59조의 내용에 해당한다.

다음 산식에 의해 계산한 ㉠ 초과이익 금액을 ㉡ 평가 기준일 이후의 영업권 지속 연수(원칙적으로 5년으로 한다)를 고려해서 기획재정부령이 정하는 방법에 따라 환산한 가액

㉠ [최근 3년간(3년에 미달하면 당해 연수)의 순손익액의 가중평균액×50% − (평가 기준일 현재의 자기자본×10%)]

㉡ 각 연도의 수입금액(=초과금액)

$$\dfrac{}{(1+\dfrac{10}{100})n}$$

n : 평가 기준일 때부터의 경과연수

Q4 위 사례에서 영업권평가액은 얼마인가?

㉠ 초과이익 계산

위의 식에 자료상의 정보를 대입하면 다음과 같이 초과이익이 계산된다. 만일 초과이익이 마이너스면 0원으로 한다.

· 최근 3년간의 순손익액의 가중평균액 : [(5억 원×3)+(5억 원×2)+

(-5억 원×1)]/5=4억 원
- 자기자본 : 10억 원
- 초과이익 : 4억 원×50%-10억 원×10%=2억 원-1억 원=1억 원

ⓒ 기획재정부령이 정하는 방법에 따라 환산한 가액

앞에서 계산된 초과이익에 대해 세법은 향후 5년간 계속한다고 가정하고, 이를 평가 기준일 현재 시점에서 평가하도록 하고 있다. 앞의 ⓒ 식에 앞의 ⊙에서 나온 결과를 대입하면 다음과 같다(다음의 Tip 참조).

$$\frac{\text{각 연도의 수입금액}}{(1+\frac{10}{100})n} = \frac{\text{1억 원}}{(1+0.1)^5} = 379{,}080{,}000원$$

Q5 이 사례의 경우 세법상 문제상 어떤 문제가 있는가?

앞에서 계산한 금액 3억 8,000만 원 상당액이 영업권소득인데, 이 금액이 빠졌다. 따라서 이 금액을 사업양도인의 기타 소득으로 보고 관련 세금(가산세 포함)을 추징한다. 참고로 이때 영업권소득의 60%만큼은 필요경비로 인정된다. 한편 양수인인 법인은 저가로 인수한 금액에 대해서는 별다른 조치를 하지 않아도 된다. 저가로 양도하는 것은 자산 가액의 과소계상에 따라 감가상각비가 과소계상되고 그 결과 법인의 이익이 증가해 법인세로 흡수되기 때문이다. 다만, 해당 법인의 주주에게는 증여세가 과세될 수 있는데, 주주별로 증여의제 금액이 1억 원이 넘는 경우에만 과세한다. 사례의 경우 이에 대해 증여세가 과세될 수 있다. 다만, 해당 주주가 K 씨에 해당하면 본인이 본인에게 증여하는 결과가 되므로 이에 대해서는 증여세 과세문제가 없다. 따라서 증여세 과세문제는 자녀 등이 주주가 되었을 때 검토대상이 된다.

Q6 이 사례에서 얻을 수 있는 교훈은?

앞의 사례를 보면 법인전환 전 3개 연도에서 이익이 발생하면 세법상 영업권이 있는 것으로 보게 된다. 따라서 법인전환 시에 이에 대한 평가를 빠뜨리면 자산의 저가 양도에 해당되어 개인과 법인의 주주에게 관련 세금을 추징할 수 있다. 따라서 사업양수도를 통한 법인전환 시에는 세법상의 절차 등을 준수해 불필요한 세무위험을 일으키지 않는 것이 좋다.

✎ Tip 영업권 평가 요약

영업권의 평가는 다음 산식에 의해 계산한 초과이익 금액을 평가 기준일 이후의 영업권 지속 연수(원칙적으로 5년으로 한다)를 고려해 기획재정부령이 정하는 방법에 따라 환산한 가액에 의함.

> ※ 간편법 : [최근 3년간(3년에 미달하면 당해 연수)의 순손익액의 가중평균액[*1]×50% − (평가 기준일[*2] 현재의 자기자본×기획재정부령이 정하는 이자율(10%)]×3.7908(기간 5년, 이자율 10%의 정상연금 현가 계수)

[*1] 3년간의 순손익액의 가중평균액 : 비상장주식 평가 시 적용하는 상증법 시행령 제56조 제1항에 따라 산정한 가액을 말함. 참고로 이 산식을 적용할 때 사업연도별로 산정한 1주당 순손익액 중 (−)가 발생한 사업연도가 있는 경우 해당 사업연도의 순손익액을 '0'으로 보지 않고 (−)그대로 계산하며(서일 46014-11475, 2002. 11. 7), 최근 3년간의 순손익액을 가중평균한 결과 순손익액이 '0'원 이하이면 0원으로 평가하는 것임(상증령 제56조 제1항).

[*2] 평가 기준일 현재의 자기자본 : 원칙적으로 평가 기준일 현재 자산총계에서 부채총계를 뺀 금액을 말함.

≫ 3년간 순손익액의 가중평균을 위해서는 확정된 손익계산서가 있어야 한다. 따라서 사업연도 중에 법인전환을 하면 1년 치의 손익계산서가 아니므로 이를 제외한 그 이전 연도의 손익계산서를 사용해야 한다. 한편 자기자본은 평가 기준일 현재를 기준으로 하므로 사업연도 중 법인전환을 하면 가결산을 해서 자기자본을 계산해야 한다.

신방수 세무사의
N잡러를 위한
1인사업자 세무 가이드북

제1판 1쇄 2023년 9월 25일

지은이 신방수
펴낸이 한성주
펴낸곳 ㈜두드림미디어
책임편집 우민정, 배성분
디자인 김진나(nah1052@naver.com)

㈜두드림미디어
등 록 2015년 3월 25일(제2022-000009호)
주 소 서울시 강서구 공항대로 219, 620호, 621호
전 화 02)333-3577
팩 스 02)6455-3477
이메일 dodreamedia@naver.com(원고 투고 및 출판 관련 문의)
카 페 https://cafe.naver.com/dodreamedia

ISBN 979-11-93210-17-8 (03320)